G. Volgnandt, C. Ehrhardt, D. Volgnandt

# Exportwege

## Wirtschaftsdeutsch
## für die Grundstufe

2

DÜRR + KESSLER

Die einzelnen Kapitel haben geschrieben:
Gabriele Volgnandt (Kap. 2, 3, 6, 7, 8)
Claus Ehrhardt (Kap. 4, 5)
Dieter Volgnandt (Kap. 1, 9, 10)

Projektleitung:
Prof. Dr. Aldo Venturelli (Universität Urbino)

Wissenschaftliche Beratung:
Prof. Dr. Helmut Glück (Universität Bamberg)
Dr. Friederike Schmöe (Universität Bamberg)

Ein besonderer Dank gilt dem DAAD
(Deutschen Akademischen Austauschdienst),
der die Umarbeitung des Manuskripts für die
Veröffentlichung durch ein großzügiges
Rückgliederungsstipendium gefördert hat. – Gabriele Volgnandt

 Hinweis auf Hörtexte der CD

 Hinweis auf Grammatik im Grammatikteil des jeweiligen Kapitels

 Hinweis auf Übungen im Übungsteil des jeweiligen Kapitels

Hinweis: 1 DM ≙ 0,511 €

Sie finden uns im Internet unter:
**www.wolfverlag.de**

Best.-Nr. 5601

1. Auflage $^{4\ 3\ 2\ 1}$ 03 02 01 00
Die letzte Zahl bedeutet das Jahr dieses Druckes.
Alle Drucke dieser Auflage können im Unterricht
nebeneinander verwendet werden.
Verantwortliche Lektorin: Sibylle Krämer

Dürr + Kessler
Haidplatz 2, 93047 Regensburg
Dürr + Kessler ist ein Verlag der Wolf Verlag GmbH & Co KG

© 2000 Wolf Verlag GmbH & Co KG, Postfach 11 06 41, 93019 Regensburg

**ISBN 3-8018-5601-1**

# Vorwort

**Exportwege** ist ein Lehrwerk für Wirtschaftsdeutsch für die Grundstufe, das im Rahmen eines von der EU geförderten LINGUA/LEONARDO-Projekts von 1994–1997 an den Universitäten Urbino (Italien) und Bamberg in Zusammenarbeit mit MIT-Marche (Marche Innovation Training), Ancona, der Copenhagen Business School, dem Konsortium Meccano, Fabriano, sowie zahlreichen deutschen und italienischen Institutionen und Unternehmen entstanden ist.

**Das Lehrwerk** wendet sich an Lernende mit keinen oder geringen Deutschkenntnissen, die – vom Ausland aus – beruflich mit deutschen Geschäftspartnern zu tun haben, sich auf ein wirtschaftswissenschaftliches Studium (z. B. Fachhochschulen) in Deutschland vorbereiten oder ein Aufbaustudium absolvieren wollen.
„Exportwege" bereitet auf die Prüfungen *Zertifikat Deutsch* und *Zertifikat Deutsch für den Beruf* vor.

**Das Lehrwerk** besteht aus drei Bänden mit jeweils 10 Kapiteln, CDs mit vielfältigen Hörtexten (u. a. Interviews mit Vertretern der deutschen Wirtschaft) und Sprechübungen. Die Arbeitsbücher zu den einzelnen Bänden enthalten weiterführende Übungen zu den Kapiteln, Glossare, Lösungen zu Übungen aus dem Lehr- und Arbeitsbuch sowie die Transkriptionen der Hörtexte. Die 10 Kapitel bestehen jeweils aus drei Teilen:

## Themen und Situationen
Diese Teile gliedern sich in kleine Abschnitte (A, B, C etc.), die in Unterrichtseinheiten (meist 90 Minuten) behandelt werden können. Sie enthalten die Texte und Materialien, die für den Lernfortschritt verbindlich sind und sollten daher vor allem in Band 1 von „Exportwege" alle behandelt werden.

## Grammatik
Eine übersichtliche Darstellung der Grammatikregeln erleichtert die selbstständige Arbeit mit dem Lehrbuch.

## Übungen
Der Übungsteil ist zur Vertiefung und zum Selbststudium gedacht.

**Bei der Auswahl** und Darstellung der Themen und Situationen haben wir die **Außenperspektive** gewählt. Nicht der Wirtschaftsalltag in einem deutschen Unternehmen, sondern die „kommunikativen Schnittstellen", in denen ausländische Geschäftsleute auf deutsche Partner treffen, stehen im Mittelpunkt. Sie sind zusammen mit deutschen und ausländischen Unternehmen gründlich recherchiert worden. Die daraus entwickelten Fallstudien erstrecken sich über mehrere Kapitel. Daher erscheinen die handelnden Personen öfter und bieten so Identifikationsmöglichkeiten. Die Lernenden sind aber nicht Beobachter, sondern Teil der Handlung. Eigenständig oder im Team lösen sie Aufgaben und recherchieren dabei auch mit Hilfe neuer Medien (z. B. Internet).
„Exportwege" liegt eine **zyklische Progression** zugrunde. Grammatische und inhaltliche Themen werden wieder aufgenommen (z. B. Messe), so dass sich der Lernende mit demselben Phänomen wiederholt, aber mit erhöhter Sprachkompetenz auseinander setzen kann. Um sowohl Lernenden als auch Lehrern individuelle Erarbeitungsmöglichkeiten anzubieten, sind die Kapitel v. a. in Band 2 und 3 nach einem **Modulsystem** aufgebaut. Die Teile A, B, C, D etc. können, müssen aber nicht in allen Fällen in der vorgeschlagenen Reihenfolge erarbeitet werden.
Schließlich haben wir bewusst vielfältige Texte, Bilder und Themen aus den Bereichen Kultur, Geschichte und Gesellschaft einbezogen, um auch auf diesem Weg Zugangsmöglichkeiten zu deutschen Geschäftspartnern zu ermöglichen.

Bei allen beteiligten Firmen, Institutionen und Personen möchten wir uns für die großzügige Unterstützung recht herzlich bedanken. Besonderer Dank gilt Helmut Glück und Friederike Schmöe für die wissenschaftliche Beratung.

Wir wünschen Ihnen viel Spaß und Erfolg mit „Exportwege".

Aldo Venturelli

Gabriele Volgnandt
Claus Ehrhardt
Dieter Volgnandt

# Inhaltsverzeichnis

| Kapitel | Inhalt | Grammatik | Sprech-handlungen | Landeskunde |
|---|---|---|---|---|
| **6**<br>Seiten<br>115 – 140 | **Wirtschafts-regionen**<br>A Wirtschaftsregionen in Deutschland<br>B Made in Germany – die Geschichte der Hannover-Messe<br>C Der Maschinenbau in Deutschland<br>D Unternehmensformen | Präteritum (unregelmäßige und regelmäßige Verben)<br>Wiederholung Komparativ und Superlativ | Rechtsform und Struktur eines Unternehmens beschreiben<br>Gesprächsnotizen anfertigen<br>Schaubilder versprachlichen | Wirtschaftsregionen<br>Metall verarbeitende Industrie,<br>Rechtsformen und Unternehmensstrukturen,<br>deutsche Nachkriegsgeschichte<br>soziale Marktwirtschaft |
| **7**<br>Seiten<br>141 – 163 | **Eine Reise mit Hindernissen**<br>A Einladung zum Firmenjubiläum<br>B Am Flughafen<br>C In der Apotheke<br>D Einkaufen in Stuttgart<br>E Die Lufthansa | indirekte Fragesätze<br>Einführung Konjunktiv II der Höflichkeit (würden + Infinitiv, Modalverben) | Besuchstermine vereinbaren, Flug buchen, sich beschweren etc.<br>Gegenstände, Kleidung beschreiben | Reisen in Deutschland<br>öffentlicher Nahverkehr<br>Informationen über die Lufthansa |
| **8**<br>Seiten<br>164 – 182 | **Das Firmenjubiläum**<br>A Vorbereitung eines Firmenjubiläums<br>B Interview mit einem Vertreter der Fa. Trumpf<br>C Firmenjubiläum – Präsentation der Produktionsanlagen<br>D Firmengründungen | Passiv Präsens, Präteritum und Perfekt<br>Passiv mit Modalverben<br>Passiv im Nebensatz<br>Partizip II + sein | Produktionsanlagen vorstellen<br>Rückfragen stellen<br>offizielle und private Einladungen aussprechen, annehmen und höflich ablehnen<br>Small Talk | Werkzeugmaschinenbau in Deutschland<br>Firmengründungen in Deutschland<br>Siezen – Duzen<br>Trinksprüche/ Glückwünsche, offizielle und private Einladungen |
| **9**<br>Seiten<br>183 – 206 | **Vor der Internationalen Möbelmesse**<br>A Vorüberlegungen zu einer Messe<br>B Überlegungen zum Messestand<br>C Von Goethes Küche zur Frankfurter Küche<br>D Deutsche und ihre Wohnung | Substantivierungen und ihre Auflösung<br>Plusquamperfekt<br>Temporalsätze: als, nachdem, bevor etc.<br>Präpositionale Ausdrücke: bei, während, vor etc. | Schaubilder versprachlichen<br>Informationen über eine Messe einholen<br>Messeberichte verstehen können<br>Rückfragen stellen<br>Vor- und Nachteile erörtern | Messewesen und Messebeteiligung in Deutschland<br>Entwicklung der Küchen in Deutschland<br>Wohnen/Familie |
| **10**<br>Seiten<br>207 – 231 | **Messeaktivitäten**<br>A Schein und Sein – Zur Funktion des Designs<br>B Messeaktivitäten<br>C Die Wirtschaft in der Presse | Indirekte Rede<br>Konjunktiv I (Gegenwart und Vergangenheit, nur 3. Pers. Sing. u. Plur.) | Information über die Wirtschaft verstehen, wiedergeben<br>ein Produkt präsentieren<br>Protokolle verstehen | Medien in Deutschland: Wirtschafts- und Branchenzeitungen<br>Wirtschaftsinformationen im Internet |
| **Anhang**<br>Seiten<br>232 – 240 | Glossar<br>Unregelmäßige Verben<br>Grammatikregister/Abkürzungen<br>Adressen von deutschen Institutionen, Verbänden und Gesellschaften | | | |

# 1 — Eine Reise nach Deutschland

*In diesem Kapitel finden Sie folgende Themen:*

A: Vorbereitung einer Geschäftsreise, B: Hotelsuche, C: Reservierung,
D: Ankunft in Stuttgart, E: Stuttgarter Impressionen

## A — Vorbereitung einer Geschäftsreise

### A 1   Eine Überraschung zum Arbeitsbeginn. Hören Sie, was Angela sagt.

Die junge Frau auf dem Bild ist Dottoressa Angela Bellavista. Sie arbeitet in der Exportabteilung von Celestini in Fabriano. Dort ist sie die Assistentin des Abteilungsleiters Fini. Sie studiert gerade einen Stadtplan und einen Hotelführer, als das Telefon auf ihrem Schreibtisch läutet.

→ Angela: Celestini, Bellavista. Pronto, pronto! – Ah, Axel. Wie schön, dass du anrufst. Ich wollte dich auch gerade anrufen und dir sagen, . . .

→ Axel: . . .

→ Angela: Nein, aus unserer Fahrradtour im Mai wird nichts. Ich kann den Urlaub nicht mehr nehmen.

→ Axel: . . .

→ Angela: Nein, ich mach' keine Witze. Axel, ich kann wirklich nicht. Ich finde das auch schade. Aber stell dir vor, gerade in der Woche muss ich für die Firma nach Stuttgart.

→ Axel: . . .

→ Angela: Aber ich weiß es doch erst seit heute Morgen. Und da wollte ich dich sofort anrufen. Tut mir echt Leid, aber das ist meine erste Geschäftsreise.

→ Axel: . . .

→ Angela: Aber natürlich habe ich nicht vergessen, dass du am 7. Geburtstag hast. Jetzt hör' mal zu: Herr Fini hat heute Morgen einen Unfall gehabt. Und da hat der Chef gesagt, dass ich die Reise organisieren soll und für Fini gehen muss.

→ Axel: . . .

→ Angela: Wer ist Fini? Aber das weißt du doch! Herr Fini ist der Leiter der Exportabteilung, mein Chef. Und der hatte heute Morgen einen Autounfall, und jetzt muss ich mich um die Sache kümmern.

→ Axel: . . .

→ Angela: Nein, er ist nicht schwer verletzt. Herr Longhi war schon im Krankenhaus. Die Ärzte glauben, dass er bald wieder gesund ist.

→ Axel: . . .

→ Angela: Aber natürlich mache ich das. Aber Liebling, jetzt sei doch nicht gleich so böse. Du weißt doch, dass ich erst seit sechs Monaten in der Firma bin. Da kann ich doch dem Chef nicht einfach sagen, dass ich keine Lust habe. Und das ist doch die Chance! Stell dir vor, die Vorverhandlungen darf ich sogar ganz alleine führen. Und Koch ist ein wichtiger Kunde.

→ Axel: . . .

| → | Angela: | Das weiß ich nicht. Wir können die Radtour doch verschieben. Aber da fällt mir 'was ein. Der 8. Mai ist doch in Deutschland dieses Jahr ein Feiertag. Da kannst du doch am Mittwoch nach Stuttgart kommen. Und ich kann am 9. Mai vielleicht frei nehmen. Dann haben wir das ganze Wochenende für uns. |
| → | Axel: | . . . |
| → | Angela: | Gut. Dann überleg's dir. Ich kümmere mich schon mal um ein Zimmer für uns. Ciao. |
| → | Axel: | . . . |
| → | Angela: | Aber natürlich liebe ich dich. Nein, da ist nichts mit Longhi. Also hör mal. Dann bis bald und vergiss deinen Italienischkurs nicht. |

● **Richtig oder falsch?**

|  | Ja | Nein |
|---|---|---|
| Bei dem Anruf handelt es sich um ein Geschäftsgespräch. | ○ | ○ |
| Der Anruf kommt aus Deutschland. | ○ | ○ |
| Angela muss einen geplanten Urlaub verschieben. | ○ | ○ |
| Ihr Chef hat am 7. Mai Geburtstag. | ○ | ○ |
| Axel kommt auch nach Stuttgart. | ○ | ○ |

● **Was erfahren Sie über Angela? Was erfahren Sie über Axel? Was erfahren Sie über Herrn Fini? Machen Sie sich Notizen.**

| Angela | Axel | Fini |
|---|---|---|
| | | |
| | | |
| | | |
| | | |

Sie haben nur die Stimme von Angela gehört. Überlegen Sie, was hat Axel gesagt?

A 2  **Hat Angela sich richtig verhalten?**

Soll Axel auf dem gemeinsamen Fahrradurlaub zu seinem Geburtstag bestehen?

Ich glaube, dass ...
Ich bin der Ansicht, dass ...

... das private Glück vor der eigenen Karriere stehen muss.

... Männer ihre Frauen nicht zur Aufgabe ihrer Karriere zwingen dürfen.

G1,2 Seite 21
Ü1 Seite 23

Angela muss ihre Geschäftsreise vorbereiten. Sie hat das noch nie gemacht. Das ist nämlich ihre erste Reise für Celestini. Haben Sie selbst schon Geschäftsreisen gemacht? – Wenn ja, dann geben Sie Angela Tipps. Was muss Angela jetzt machen? Woran muss sie denken?

- das gemeinsame Abendessen mit Herrn Schultheiß
- die Vorbereitung der Reise
- die Zimmer
- die Tickets für den Flug
- den Katalog

*Angela denkt an die Tickets für den Flug.*
*Angela muss an die Tickets für den Flug denken.*

Woran denkt sie noch?

- Herrn Schultheiß von Koch-Küchen ein Fax schicken oder anrufen
- den Katalog für die neue Serie mitnehmen
- die Kostenkalkulation für die neue Serie anfordern
- die Tickets bestellen
- ein gemeinsames Abendessen organisieren
- Herrn Schultheiß rechtzeitig einladen

*Sie denkt daran, dass sie den Katalog für die neue Serie mitnehmen muss.*

# B Hotelsuche

## B 1 Welches Hotel soll Angela nehmen?

Angela liest den Hotelführer und vergleicht ihn mit dem Stadtplan. Sie möchte das Hotel in der Nähe von Koch-Küchen. Herr Longhi möchte ein ruhiges, bequemes Hotel der oberen Kategorie, aber es darf auch nicht zu teuer sein. Außerdem geht Angela gern schwimmen und denkt vielleicht schon an das gemeinsame Wochenende mit Axel. Was meinen Sie, für welches Hotel entscheidet sie sich?

| Hotel Anschrift / Adress Telefon / Phone Fax | Betriebstyp Type Buchcode Code | Zimmer- anzahl No of rooms | | Zimmer mit Bad oder DU/WC | | Nr-Zimmer Schwimmbad/Sauna Rollstuhlgerecht Garage/Parkplatz Radio/Fernseher/Telefon Minibar | | | | | Anzahl Konferenzräume | Max. Kapazität | Restaurant/Bar Diät/Vegetarisch/Vollwert Kreditkarte Kegelbahn Haustiere Aufzug | | | | | | Stadtteil / District |
|---|---|---|---|---|---|---|---|---|---|---|---|---|---|---|---|---|---|---|---|
| | | Anzahl EZ | Anzahl DZ | EZ/sgl. | DZ/dbl. | | | | | | | | | | | | | | |
| **Steigenberger Graf Zeppelin** Arnulf-Klett-Platz 7 70173 Stuttgart Tel. 07 11/20 48-0, Fax 20 48-5 42 | Hotel | 90 | 105 | 305,- bis 375,- | 405,- bis 505,- | • | S Sa | • | G P | R F T | • 12 | 500 | R B | D V Vo | • | • | • | • | Mitte |
| **Inter*Continental Stuttgart** Willy-Brandt -Straße 30 70173 Stuttgart Tel. 07 11/20 20-0, Fax 20 20-12 | Hotel | 6 | 238 | 294,- bis 449,- | 323,- bis 478,- | • | S Sa | • | G P | R F T | • 11 | 600 | R B | V Vo D | • | • | • | • | Mitte |
| **Rieker am Hauptbahnhof** Friedrichstraße 3 70174 Stuttgart Tel. 07 11/22 12 11, Fax 29 38 94 | Hotel garni | 41 | 20 | 158,- bis 178,- | 198,- bis 248 | • | | | G P | R F T | • | | B | | • | • | • | • | Mitte |
| **Pannonia Hotel** Teinacher Straße 20 70372 Stuttgart Tel. 07 11/95 40-0 Fax 95 40-6 30 | Hotel | 51 | 105 | 145,- bis 195,- | 195,- bis 255,- | • | Sa | • | G P | R F T | • 8 | 160 | R B | V Vo | • | • | • | • | Bad Cannstatt |
| **City Hotel** Uhlandstraße 18 70182 Stuttgart Tel. 07 11/2 10 81-0, Fax 2 36 97 72 | Hotel garni | 12 | 19 | 140,- bis 150,- | 180,- bis 210,- | | | | G P | R F T | • | | | | | • | | | Mitte |

⬤ **Was bedeuten die Abkürzungen?**

EZ = _____     DZ = _____

Finden Sie in den Beschreibungen Hinweise für die folgenden Kategorien.

### City Hotel Stuttgart

Das City Hotel Stuttgart, eine innenstadtnahe, neu renovierte Hotelanlage, empfiehlt sich mit seiner angenehmen, individuellen Atmosphäre als ideales Domizil für private und geschäftliche Aktivitäten. Komfort und eine geschmackvolle Einrichtung in den behaglichen und modern ausgestatteten Zimmern, ein Frühstücksraum mit verglastem, sonnigem Wintergarten, zeichnen diese gastliche Atmosphäre aus.

### Steigenberger Hotel Graf Zeppelin Stuttgart

Das STEIGENBERGER GRAF ZEPPELIN, direkt gegenüber dem Hauptbahnhof repräsentiert den Stil eines First-Class-Hotels. Als Treffpunkt von Wirtschaft, Politik und Kultur bietet es alle Vorzüge, die ein modernes City Domizil auszeichnen. Nach den großzügigen Umbauarbeiten erwarten die Gäste ab Mai 1997 195 elegante Zimmer und Suiten sowie 12 Veranstaltungsräume mit modernster Tagungstechnik. Das Graf Zeppelin bietet ein außergewöhnliches gastronomisches Angebot.

### Hotel Rieker am Hauptbahnhof Stuttgart

Das Hotel Rieker liegt unmittelbar gegenüber dem Hauptbahnhof in der neuen Grünoase „Zeppelin-Carré". Komfortabel eingerichtete, schallisolierte Zimmer - für Raucher und Nichtraucher - lassen keine Wünsche offen. Persönlicher Service, Gourmet-Frühstücksbuffet, Hotelbar und eigene Garagenplätze sind für das Hotel selbstverständlich. Dank der optimalen City-Lage erreichen Sie bequem zu Fuß: Staatsgalerie, Oper, Fußgängerzone, Stiftskirche, Schloß- und Marktplatz.

### Hotel Inter*Continental Stuttgart

Das Hotel Inter*Continental Stuttgart, direkt gegenüber dem Schloßgarten gelegen, ist ein zentraler Punkt nicht nur für Tagungen und Veranstaltungen. Das Hotel verfügt über 277 luxuriöse Zimmer (darunter 30 Suiten und eine exklusive Clubetage), zwei Restaurants, 10 Tagungsräume, eine Tages- und Nachtbar sowie 160 Tiefgaragenplätze. Zur Erholung steht den Gästen eine fantastische Bade- und Fitness-Landschaft mit allem Komfort wie Schwimmbad, Sauna, Solarium und Dampfbad zur Verfügung.

### Pannonia Hotel Stuttgart-Bad Cannstatt

Geschmackvoll ausgestattete Zimmer, gemütliche Gasträume, Tagungsräume mit modernster Technik, eine Freizeitanlage mit Whirlpool, Sauna, Solarium und vielen Trainingsgeräten: die Gäste erwarten im neuen Pannonia Hotel in Stuttgarts ältestem Bezirk Bad Cannstatt ein individueller Service und eine private Atmosphäre. Die Lage beim neuen MineralBad Cannstatt, beim Kurpark und beim Kursaal ist geradezu ideal.

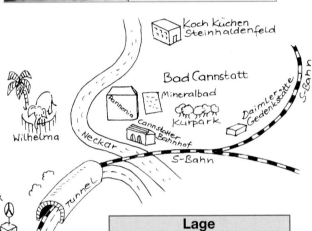

**Unterkunft**

STILVOLL UND BEHAGLICH MÖBLIERTE ZIMMER;

**Lage**

**Gastronomie**

**Service**

INDIVIDUELLER SERVICE

**Erholung**

FREIZEITANLAGE MIT WHIRLPOOL, SAUNA UND SOLARIUM;

REDEMITTEL **Welches Hotel?**

| | |
|---|---|
| Das Hotel bietet (A) | Den Gast erwarten … |
| Das Hotel verfügt über (A) | Das Hotel befindet sich in … |
| Das Hotel empfiehlt sich als (A) | Im Hotel gibt es … |

**B 3  Beschreiben Sie Ihr Wunschhotel. Verwenden Sie die Wörter aus dem Kasten.**

| | | |
|---|---|---|
| die Lage<br>das Hotel, -s<br>das Zimmer, -<br>die Suite, -n<br>das Bad, Bäder<br>das Erholungszen-<br>trum<br>das Freizeitparadies<br>der Tagungsraum,<br>~räume<br>der Gastraum, ~räume<br>das Restaurant, -s<br>die Küche | ausgestattet sein mit   (D)<br>verwöhnen durch   (A)/mit (D)<br>verfügen über   (A)<br>sein<br>sich befinden in   (D)<br>haben<br>bieten<br>liegen | eine regionale<br>Feinschmeckerküche<br>individuell ausgesuchte<br>Spezialitäten<br>aller Komfort<br>behaglich<br>stilvoll möbliert<br>eine internationale Küche<br>verkehrsgünstig<br>im Zentrum, ideal<br>in unmittelbarer Nähe des ...<br>moderne Technik<br>persönlicher Service<br>geschmackvoll, modern<br>schallisoliert, elegant |

*elegante Zimmer und luxuriöse Suiten* ➜     *Unser Hotel ist ausgestattet mit eleganten Zimmern und luxuriösen Suiten.*

*komfortable Tagungsräume* ➜     *Das Hotel verfügt über komfortable Tagungsräume mit moderner Technik.*

*individuell ausgesuchte Spezialitäten* ➜     *Unsere Köche verwöhnen den Gast mit individuell ausgesuchten Spezialitäten.*
*Unsere Küche empfiehlt sich durch individuell ausgesuchte Spezialitäten.*

*persönlicher Service* ➜     *Mit persönlichem Service verwöhnen wir jeden Gast.*

G4 | Seite 22
Ü3 | Seite 24

**B 4  Was erwarten Sie von einem Hotel? Auf Geschäftsreise – als Tourist.**

Woran erkennen Sie ein schlechtes Hotel? Formulieren Sie Ihre Anforderungen in kurzen Sätzen.

*Auf Geschäftsreise erwarte ich von einem Hotel zuerst einmal einen guten Service.*

**B 5  Im Verkehrsbüro**

Sie arbeiten im Verkehrsbüro Stuttgart. Ein Besucher fragt Sie nach einem Hotel. Fragen Sie ihn nach seinen Wünschen und empfehlen Sie ihm dann ein Hotel aus Ihrem Katalog.

**Touristinformations-Service**          **Geschäftsreisende/-r**

Gehen Sie doch ins ...
Das Hotel XY befindet sich in
zentrumsnaher ruhiger Lage und bietet ...

Verfügt das Hotel auch über ... ?

## C — Reservierung

### C 1 Anruf im Hotel

Angela hat sich für ein Hotel entschieden und greift zum Telefon. Bevor Sie den Dialog anhören, werfen Sie noch einen Blick auf ihre Aufgaben.

 ● **Hören Sie jetzt das Gespräch.**

Für welches Hotel hat sich Angela entschieden? Vergleichen Sie die Informationen von Seite 9.

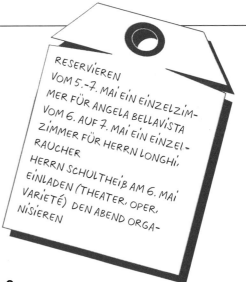

RESERVIEREN
VOM 5.–7. MAI EIN EINZELZIM-
MER FÜR ANGELA BELLAVISTA
VOM 6. AUF 7. MAI EIN EINZEL-
ZIMMER FÜR HERRN LONGHI,
RAUCHER
HERRN SCHULTHEIß AM 6. MAI
EINLADEN (THEATER, OPER,
VARIETÉ) DEN ABEND ORGA-
NISIEREN

### C 2 Was hat Angela reserviert? – Was hat sie vergessen?

Angela hat

reserviert: ◄

_____
_____
_____
_____

► vergessen:

_____
_____
_____
_____

### C 3 Angela ruft noch einmal das Hotel an und korrigiert die Reservierung.

Ergänzen Sie das Gespräch mit den Ausdrücken aus dem Kasten. Hören Sie anschließend den Dialog und vergleichen Sie.

> *Vielen Dank und auf Wiederhören. – Nein, Herr Longhi braucht das Zimmer vom 6. auf den 7. Mai. – Guten Tag, hier Angela Bellavista. Ich habe heute Morgen für die Firma Celestini ein Zimmer vom 5. bis zum 7. Mai reserviert. – Ein Zimmer für Raucher. – Ja, ich brauche noch ein Einzelzimmer für meinen Chef.*

→ Rezeption: Schönen guten Tag, Pannonia-Hotel, Stuttgart. Olga Gersbach am Apparat.
→ Angela: _____
→ Rezeption: Einen Augenblick bitte. – Ja, richtig. Und ein Doppelzimmer vom 8. bis zum 11. Mai. Was kann ich noch für Sie tun?
→ Angela: _____
→ Rezeption: Auch vom 5. bis zum 11. Mai?
→ Angela: _____
→ Rezeption: Gut. Ich habe das Zimmer vorgemerkt. Auch ein Nichtraucherzimmer?
→ Angela: _____
→ Rezeption: Das geht in Ordnung. Ich faxe Ihnen die Reservierung zu.
→ Angela: _____
→ Rezeption: Keine Ursache. Auf Wiederhören, Frau Bellavista.

C 4 **Suchen Sie sich ein Hotel aus der Liste von B 1 aus und spielen Sie eine Reservierung.**

→ ein Doppelzimmer, Übernachtung + Frühstück, 24. 9.–26. 9.
→ ein Einzelzimmer + Bad; Vollpension, 1. 5.–8. 5.
→ ein Einzelzimmer + Dusche/Bad; 1 Übernachtung + Frühstück, 4. 4.
→ für eine Tagung

REDEMITTEL **Reservieren**

| Reservieren | Ich hätte gern ein Einzelzimmer mit Bad vom . . . bis . . .<br>Können Sie mir ein . . . vom . . . bis . . . reservieren? |
|---|---|
| Erkundigen nach Details | Wie viel kostet die Übernachtung?<br>Was kostet das Zimmer?<br>Ist das Frühstück inklusive?<br>Ist das Frühstück im Preis inbegriffen?<br>Wie hoch ist der Preis für die Halbpension/Vollpension?<br>Haben Sie Konferenzräume?<br>Welche Tagungstechnik haben Sie? (Tageslichtprojektor/OHP, Flipcharts, Videorecorder, Tische in U-Form)<br>Haben Sie . . . einen Parkplatz?/eine Garage? |
| Verhandeln | Geben Sie einen Firmenrabatt?<br>Das ist zu teuer. Geben Sie einen Nachlass? |

Ü4 Seite 25
Ü5,6 Seite 26

# D Ankunft in Stuttgart

## D 1 Angelas erste Geschäftsreise

Beschreiben Sie die Bilder.
Welche Verkehrsmittel benutzen Sie auf Geschäftsreise? Warum?

## D 2 Die Ankunft

Bei der Ankunft in Stuttgart stellt Angela fest, dass sie kein deutsches Geld hat und geht in eine Bank. Hören Sie zunächst einmal das Gespräch in der Bank.

### Ist das richtig?

|  | Ja | Nein |
|---|---|---|
| Angela hebt zwei Millionen DM vom Konto ab. | ○ | ○ |
| Die italienische Lira ist zur Zeit wieder einmal sehr schwach. | ○ | ○ |
| Einen Teil des Betrags zahlt Angela gleich auf das Spesenkonto ein. | ○ | ○ |
| Angela will 100-Mark-Scheine. | ○ | ○ |
| Der Kassierer erklärt Angela, wie sie nach Bad Cannstatt kommt. | ○ | ○ |
| Angela muss unbedingt ein Taxi nach Cannstatt nehmen. | ○ | ○ |
| Sie hat nämlich nicht mehr genug Zeit. | ○ | ○ |
| Die S-Bahn hält direkt vor dem Hotel. | ○ | ○ |

Wo tauscht Angela?
Wie kommt sie vom Flughafen zum Hotel?
Hat sie eine direkte Verbindung vom Flughafen zum Hotel?
Wozu braucht sie Münzen?

## D 3 Alles dreht sich ums Geld. Auch der folgende Wortschatz macht da keine Ausnahme.

das Geld
das Papiergeld
die Banknote, -n
der Schein, -e
der Zehneuroschein
der Fünfzigeuroschein
der Hunderteuroschein

die Währung, -en
*der Dollar, die Mark, der Rubel, der Yen, die italienische Lira . . .*
der Euro          der Cent
die Mark          der Pfennig
der Franken       der Rappen
der Schilling     der Heller

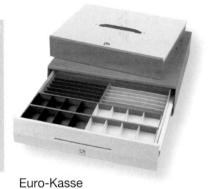

Euro-Kasse

das Geld
das Hartgeld
die Münze, -n
das Münzgeld
der Pfennig, -e
das Zehncent**stück, -e**
das Fünfeuro**stück, -e**

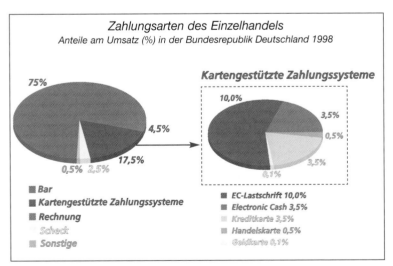

### Zahlungsarten des Einzelhandels
Anteile am Umsatz (%) in der Bundesrepublik Deutschland 1998

75%
4,5%
17,5%
0,5%   2,5%

**Kartengestützte Zahlungssysteme**
10,0%
3,5%
0,5%
3,5%
0,1%

■ Bar
■ *Kartengestützte Zahlungssysteme*
■ Rechnung
  Scheck
■ Sonstige

■ *EC-Lastschrift 10,0%*
■ *Electronic Cash 3,5%*
■ *Kreditkarte 3,5%*
■ *Handelskarte 0,5%*
  *Geldkarte 0,1%*

„Plastikgeld" kontra Münzen: Wozu braucht man heute eigentlich noch Münzgeld? Es gibt doch Kreditkarten, Bargeldkarten und so weiter. Diskutieren Sie.

Ü7 Seite 27

## E 1 Im Kurpark

Cannstatter Kurpark – an einem Dienstagabend im Mai. Lebhaftes Vogelgezwitscher und das Geplätscher eines Brunnens, auf dem Rasen deutsche und türkische Buben, die zwischen hohen Kastanienbäumen Fußball spielen. Vom Wilhelmsplatz nähert sich die Linie 2 mit lautem Gebimmel. Angela sitzt auf einer Parkbank, lässt sich von der Abendsonne wärmen. Zerstreut blättert sie in einem Führer des städtischen Verkehrsbüros, aber sie liest nicht. Auf jeden Fall liest sie nicht richtig. Eigentlich ist sie zu müde zum Lesen. Da schaut sie schon eher den alten Männern und Frauen zu, die sich um den Brunnen drängen und das Wasser in mitgebrachte Kanister und Flaschen abfüllen, während die Gedanken in ihrem Kopf ein heftiges und ungeordnetes Eigenleben vollführen und immer wieder um den ersten Tag ihrer ersten Geschäftsreise kreisen. Auch ihre Eltern fahren jede Woche in die Berge und holen frisches Quellwasser. Aber das hier ist Mineralwasser, hat ihr vor ein paar Minuten ein Passant erklärt, und ihr gleich voll Stolz das neue Mineralbad Berg gezeigt. Vielleicht kann sie am Wochenende mit Axel schwimmen gehen, wenn er kommt. Ja, wenn er nur kommt. Ein älterer Herr setzt sich neben sie auf die Bank und schaut sie neugierig an. Angela beginnt zu lesen.

● **Hier finden Sie Paraphrasen für den Text. Ordnen Sie diese den entsprechenden Textstellen zu.**

Sie muss immer wieder an ihre Geschäftsreise denken

Eine Grupppe von alten Leuten steht um den Brunnen

Sie kann sich nicht konzentrieren

Ein Spaziergänger hat ihr das Mineralbad gezeigt, im Brunnen rauscht das Wasser

Die Straßenbahn kann man schon von weitem hören

Auf der Wiese des Parks, Vögel singen laut

Unkonzentriert schaut sie sich einen Führer an

● **Angela sitzt auf einer Parkbank. Was sieht sie? Was hört sie? Woran denkt sie?**

| Sehen | Hören | Denken |
| --- | --- | --- |
|  |  |  |
|  |  |  |
|  |  |  |
|  |  |  |
|  |  |  |
|  |  |  |

„Flughafen, Firma und Hotel – das ist alles, was ich von einem fremden Land auf Geschäftsreise sehe." – Erzählen Sie, wie verlaufen Ihre Geschäftsreisen? – Wie erholen Sie sich? Haben Sie überhaupt Zeit dazu?

Suchen Sie den Kurpark auf dem Stadtplan. Setzen Sie sich zu Angela auf die Bank und beginnen Sie ein Gespräch mit ihr. Fragen Sie sie aus.

Informieren Sie sich über die Region. Lesen Sie zuerst die Worterklärungen aus zwei verschiedenen Lexika.

**Spintisierer**

spintisieren = grübeln, nachdenken, (vielleicht zu ital. *spinta* = „Anstoß") dann ursprünglich „einen Gedanken beginnen"
Wahrig

spintisieren = (abwertend) eigenartigen, wunderlichen, abwegigen Gedanken nachgehen
Duden

**Tüftler**

tüfteln = grübeln, etwas Schwieriges herauszubringen suchen, im Kleinen sorgfältig und genau arbeiten (Herkunft dunkel, wahrscheinlich vom Rotwelsch [Gaunersprache] beeinflusst, *zu diftelen* = geschickt stehlen)
Wahrig

sich mit viel Geduld und Ausdauer mit etwas Schwierigem, Knifligem in seinen Einzelheiten beschäftigen
Duden

**Grübler**

grübeln = lange und genau über etwas nachdenken, sich mit quälenden Gedanken herumschlagen; (von graben, ahd. *grubilon* = bohrend graben)
Wahrig

(ahd. *grubilon* = wiederholt graben) seinen meist einem schwierigen Problem geltenden Gedanken nachhängen, oft quälenden, unnützen und fruchtlosen Gedanken nachgehen
Duden

Schwaben rühmt sich, das Land der Dichter und Denker zu sein. Sie sind aber auch Tüftler und Spintisierer, die Leute im deutschen Südwesten, und als Folge davon oft genug erfolgreiche Erfinder, die nicht selten den Grund gelegt haben für Firmen, die heute Weltgeltung besitzen. „Vom Daimler" könnte man da sprechen oder „vom Bosch", wie die beiden Firmen von vielen ihrer Mitarbeiter bis heute in herzlich-familiärem Ton genannt werden. Diese beiden mögen für viele mehr stehen, nicht zuletzt auch Klein- und Mittelbetriebe, die in der württembergischen Wirtschaft eine große Rolle spielen.

Das Neue Schloss

Georg Wilhelm Friedrich Hegel 1770-1831

Die Neue Staatsgalerie

Friedrich Schiller 1759-1805

# Tüftler und Erfinder, Gewerbe und Industrie

Der Stuttgarter Raum zählt zu den wirtschaftsstärksten Regionen Europas. Beharrlichkeit und Wille zur Leistung haben dieses Land so weit nach vorn gebracht. Qualität geht hier vor Quantität, Kontinuität vor raschen Erfolg. Dabei war es Württemberg eigentlich gar nicht in die Wiege gelegt, ein erfolgreiches Industrieland zu werden. An Bodenschätzen fehlt es hier fast ganz. So mussten sich die Schwaben von Anfang an darauf verlegen, zu verarbeiten, zu verfeinern, zu erfinden. Und dafür waren sie offenbar genau die Richtigen. Denn sie basteln und tüfteln gern. Sie halten viel vom Ausprobieren und vom Selbermachen. Und sie haben ihren Weg gemacht, die Tüftler und Erfinder aus dem deutschen Südwesten. Und keineswegs in der baden-württembergischen Landeshauptstadt Stuttgart allein. Wer beispielsweise Daimler-Benz sagt, der denkt heute an Sindelfingen und an Esslingen ebenso wie an Stuttgart. Bosch, Bauknecht, IBM, Kodak und Porsche, Leitz, Mahle, SEL und SKF – in

Stuttgart sind sie zu Hause, aber ringsum im fleißigen Schwabenland sitzen die Zweigbetriebe und die Zulieferer.

In Böblingen bilden die Bereiche Computer und Elektronik den industriellen Schwerpunkt. Die Stadt ist Standort des IBM-Entwicklungslabors und eines internationalen Software-Zentrums. Im „Zentrum für Sonographie" wird Ultraschall-Diagnostik in der Praxis der medizinischen Versorgung getestet, häufig in Zusammenarbeit mit der Universität Tübingen. Daneben gibt es Produktions- und Forschungsstätten für Hochfrequenz-Technologie. Im Maschinen- und Anlagenbau findet die Fördertechnik aus Böblingen international Absatz. Bekannt für ihre zukunftsweisende Energietechnik ist die Firma Eisenmann. Die Computerfirma Hewlett-Packard hat ihren deutschen Hauptsitz in Böblingen. Die Megabit-Chips von morgen werden bei Philips und IBM entwickelt und produziert.

Bosch, Prüfstand

● Suchen Sie in den Texten Beispiele für:

| Dichter und Denker | Tüftler und Erfinder |
|---|---|
| | |
| | |
| | |
| | |

● Kennen Sie noch andere berühmte Dichter und Erfinder aus dem deutschen Südwesten?

● Finden Sie eine chronologische/kausale Reihenfolge für die folgenden Begriffe.

| Firmengründer | Unternehmen von Weltgeltung | Denker und Dichter | Ideen |
|---|---|---|---|
| Grübler, Tüftler und Spintisierer | Mittelbetriebe | Kleinbetriebe kleine Werkstätten | erfolgreiche Erfinder |

*Denker und Dichter → Ideen → Grübler, Tüftler und Spintisierer → . . .*

● Die Schwaben – ein Volk von Tüftlern und Grüblern. Was zeichnet sie aus? In Text 2 von E 2 finden Sie weitere Belege:

| Die Schwaben sind | Die Schwaben zeichnet aus |
|---|---|
| | |
| | |
| | |
| | |
| | |

● In den beiden Texten werden Firmen genannt. Suchen Sie die Standorte dieser Firmen auf der Karte und gruppieren Sie sie nach Kategorien.

| Automobilindustrie | Zulieferer/Ausrüster (Maschinenbau) | Zukunftstechnologie |
|---|---|---|
| | | |
| | | |
| | | |
| | | |
| | | |

● In Text 2 wird ein Nachteil des Landes genannt, der sich für die wirtschaftliche Entwicklung des Südwestens als Vorteil herausstellen sollte:

_____  →  Grundlage für den wirtschaftlichen Erfolg

● Kennen Sie vergleichbare Länder?

Der alte Herr will Angela schon lange ansprechen. Jetzt hält er es nicht mehr aus und spricht sie an. Hören Sie das Gespräch und überlegen Sie sich anschließend zuerst eine Überschrift für das Gespräch.

→ Herr: Entschuldigen Sie. Sie lesen da etwas über uns Schwaben, die Tüftler und Erfinder. Und das da. Das ist ja der neue Daimler-Benz-Palast in Möhringen. Waren Sie schon oben? – Der Firma ist es in Untertürkheim zu eng geworden. Interessieren Sie sich denn für so alte Geschichten?

→ Angela: Ja sicher. Ich bin zum ersten Mal in Stuttgart auf Geschäftreise. Ich kenne Stuttgart noch überhaupt nicht und wollte mich ein bisschen informieren.

→ Herr: Hier sind wir aber nicht in Stuttgart. Das hier ist Bad Cannstatt. Und ich bin ein waschechter Cannstatter. Und Sie? Moment, ich darf einmal raten. Sie kommen bestimmt aus Italien.

→ Angela: Stimmt. Wie kommen Sie darauf?

→ Herr: Ganz einfach, weil da die schönsten Mädchen herkommen.

→ Angela: O, danke für das Kompliment. Aber Sie übertreiben.

→ Herr: Nein, nein, was wahr ist, das muss wahr bleiben. So, auf Geschäftsreise sind Sie. So schau'n Sie aber nicht aus. Für eine Studentin habe ich Sie gehalten, so jung wie Sie sind. Sagen Sie mal, darf ich Ihnen etwas verraten?

→ Angela: Bitte.

Gottlieb
Daimler
1834–1900

→ Herr: Da, der Gottlieb Daimler da auf dem Bild. Den kennen Sie doch. Das war ein fleißiger Mann. Geschafft hat der, das kann ich Ihnen aber sagen. Wissen Sie, dass der sein Auto hier in Cannstatt gebaut hat?

→ Angela: „Geschafft" – was heißt das?

→ Herr: „Schaffen" – Ha, „schaffen" heißt ganz einfach „fest arbeiten" – im Ruhrgebiet sagen sie „malochen".

→ Angela: Vielen Dank, also das bedeutet „schaffen". Und das erste Auto ist hier gebaut worden?

→ Herr: Richtig, und zwar grad hier. Und gefahren ist das erste Auto der Welt auch hier – in der Taubenheimer Straße vor über 100 Jahren. Die ist da drüben.

→ Angela: Tatsächlich?

→ Herr: Ja, ich lüg' Sie doch nicht an. Kommen Sie, ich zeig's Ihnen. Da im Kurpark hat der Daimler seine Villa gehabt und im Gartenhäuschen war seine Werkstatt.

→ Angela: Kann man die noch sehen?

→ Herr: Die Grundmauern stehen noch, aber da gibt's jetzt ein Museum. Da gehen wir gleich mal vorbei. Das können Sie sich dann in aller Ruhe anschauen.

→ Angela: Ja, aber ich will Sie nicht aufhalten.

→ Herr: Sie halten mich überhaupt nicht auf. Wissen Sie, ich bin Rentner. Ich habe mein ganzes Leben beim Daimler geschafft. Gruppenmeister war ich, in Untertürkheim im Motorenwerk. „Schaffen, schaffen Häusle bauen und nicht nach den Mädchen schauen", so sind wir Schwaben. Das kennen Sie doch. Jetzt schafft mein Sohn beim Daimler, und der

Daimlers Werkstatt

Enkel geht auch bald hin. Aber heute sind sie nicht mehr so fleißig. Und ich hab' jetzt Zeit. Und wenn Sie sich schon mit Wirtschaft beschäftigen, dann wollen Sie doch sicher auch wissen, wie das alles so gekommen ist, mit dem Daimler-Benz-Imperium. Ja, klein hat er angefangen. Sehen Sie, hier war das.

➜ Angela: Das kann ich mir gar nicht mehr vorstellen, dass alles einmal mit einem einzigen Auto angefangen hat.

➜ Herr: Genau. Und zwar mit töff-töff.

➜ Angela: Wie bitte?

➜ Herr: Ha ja, mit dem Motor. – Was glauben Sie, was der für einen Krach gemacht hat. Ah, da fällt mir was ein. Kennen Sie die Geschichte, wie der Daimler da in seinem Gewächshaus an dem Motor rumprobiert hat und die Nachbarn sich gewundert haben?

➜ Angela: Natürlich nicht, aber erzählen Sie.

➜ Herr: Also, das war so. Die Nachbarn von dem Daimler haben ja nicht gewusst, was der da nachts in seinem Gewächshaus so macht, aber das Geknatter vom Motor, das haben sie natürlich gehört. Und dann hat der so heimlich getan. Der war ja nicht der Einzige, der an so einem Motor gearbeitet hat. Und da haben die Nachbarn gedacht, der druckt heimlich Geld und haben ihn angezeigt.

➜ Angela: Wie bitte?

➜ Herr: Dass er ein Geldfälscher ist. Das haben sie gedacht. Und als dann die Polizei gekommen ist, da konnte er denen das auch nicht erklären. Die haben das ja nicht verstanden.

➜ Angela: Das ist aber eine schöne Geschichte. Die erzähle ich morgen gleich meinem Chef. Der interessiert sich für Autos. Hier also hat alles angefangen. Mit einem Auto, und heute fahren so viele rum.

● Was erfährt Angela über den alten Herrn? Was erfährt sie über die Erfindung des Automobils? Betrachten Sie dazu auch die Collage E 4.

| Alter Herr | Automobil |
|------------|-----------|
|            |           |
|            |           |
|            |           |
|            |           |
|            |           |
|            |           |
|            |           |

● Am nächsten Tag, abends beim Geschäftsessen. Angela erzählt beim Smalltalk, was sie über die Erfindung des Automobils erfahren hat. Spielen Sie ihre Rolle.

Die Gottlieb Daimler Gedächtnisstätte liegt im Herzen von Stuttgart-Bad Cannstatt. Mit dem Auto genügt es, der Beschilderung „Kurpark" zu folgen. Die Daimler Gedächtnisstätte befindet sich an der südlichen Grenze des Kurparks. Parkmöglichkeiten sind vorhanden. Auch mit öffentlichen Verkehrsmitteln ist das kleine Museum gut zu erreichen. S-Bahn-Linien führen bis zum Bahnhof Bad Cannstatt, die Straßenbahn-Linie 2 führt direkt zur Haltestelle „Kursaal". Von da sind es noch etwa drei Minuten zu Fuß bis zur Gedächtnisstätte. Öffnungszeiten: Dienstag bis Sonntag von 10 bis 16 Uhr (an Feiertagen geschlossen).

Die Werkstatt Daimlers befand sich im Backsteinanbau des Gewächshauses. Daimler hatte das Gartenhaus seiner Cannstatter Villa an der Taubenheimstraße 1882 zur Werkstatt umfunktioniert. Hier haben Daimler und Maybach den ersten Benzinmotor der Welt erfunden.

Die Villa am Rande des Kurparks hat Daimler 1882 gekauft. Seit dem 2. Weltkrieg ist sie leider zerstört.

Gottlieb Daimler verbrachte seine wenige freie Zeit gerne mit seiner Familie. Er war ein humoriger Mensch, guter Geschichtenerzähler und liebte schwäbische Volkslieder. Mit seiner ersten Frau hatte er fünf Kinder, mit seiner zweiten Frau zwei.

● **Stellen Sie eine berühmte Persönlichkeit aus Wirtschaft oder Technik Ihres Landes vor. Machen Sie eine kleine Text- und Bildcollage wie in E 2 und E 4.**

# Grammatik

**1**

## Nebensätze mit „dass": Objektsatz

| Satz 1 | Satz 2 |
|---|---|
| Der Chef **sagt**:<br>Die Ärzte **glauben**: | Angela soll die Reise vorbereiten.<br>Herr Fini wird bald wieder gesund. |

Was **sagt** der Chef?          das
Was **glauben** die Ärzte?

Satz 2 ist Objekt des Verbes von Satz 1.

| Hauptsatz | | Nebensatz | | |
|---|---|---|---|---|
| | **2. Position** | | | **Satzende** |
| Der Chef | sagt, | dass | ich die Reise vorbereiten | soll. |
| Die Ärzte | glauben, | dass | er bald wieder gesund | wird. |

MEMO

> Den Nebensatz leitet man mit der Konjunktion „dass" ein.
> Das finite Verb steht im Nebensatz immer am Satzende.
> Trennbare Verben schreibt man zusammen:
> *Sie sagt, dass er morgen **ankommt.***

**2**

## Nebensätze mit „dass": Subjektsätze

| Satz 1 | | Satz 2 | | |
|---|---|---|---|---|
| Du rufst … an. | | Das ist schön. | | |
| Es ist schön, | dass | du | | anrufst. |
| Schön, | dass | du | am Wochenende nach Stuttgart | kommst. |
| Wie schön, | dass | du | meinen Geburtstag nicht vergessen | hast. |

MEMO

> Verwendung der dass-Sätze:
> – nach den Verben des Sagens: *sie sagt/antwortet/erzählt/schreibt, dass …*
> – nach Verben, die eine Meinung ausdrücken: *sie denkt/glaubt/meint/hofft/sie ist der Meinung/Ansicht, dass …*
> – nach unpersönlichen Ausdrücken: *es ist schön/gut/interessant, dass …*

**3**

## Das Präpositionalobjekt (→ Kap. 2)

Viele Verben verlangen eine Präposition, z. B. *denken an* (Akkusativ), *sich beschäftigen mit* (Dativ), *sich kümmern um* (Akkusativ).

| Angela | denkt | an | den Katalog. | Sie | denkt an | Axel. |
|---|---|---|---|---|---|---|
| Sie | kümmert sich | um | ein Zimmer. | Sie | wartet auf | ihren Freund. |
| Woran | denkt | Angela? | – An den Katalog. | An wen | denkt Angela? – An Axel. | |
| Worum | kümmert sich | Angela? | – Um ein Zimmer. | Auf wen | wartet Angela? – Auf ihren Freund. | |

| Wo (r) + Präposition (= Sache) | Präposition + Interrogativpronomen (= Person) |
|---|---|

## Das Pronominaladverb „da(r)-"

Sie denkt    an            die Zimmerreservierung.

> Präposition + Ergänzung

Sie denkt    daran,        dass sie die Zimmer reservieren muss.

> Präposition + Ergänzung
> → da(r) + Präposition (= daran)
> → daran + dass-Satz

Hinweis: Das „r" wird eingeschoben, wenn die folgende Präposition mit einem Vokal beginnt.

## 4 Adjektive nach Nullartikel

Geschmackvoll ausgestattete Zimmer, gemütliche Gasträume, Tagungsräume mit moderner Technik erwarten die Gäste im neuen Pannonia Hotel in Stuttgarts ältestem Stadtbezirk.
Persönlicher Service, eine Hotelbar und eigene Garagenplätze sind für das Hotel selbstverständlich.
Ein Frühstücksraum mit verglastem, sonnigem Wintergarten kennzeichnet diese gastliche Atmosphäre.

|  | maskulin | feminin | neutral | Plural |
|---|---|---|---|---|
| **Nominativ** | persönlicher Service | persönliche Betreuung | persönliches Engagement | persönliche Briefe |
| **Akkusativ** | für persönlichen Service | für persönliche Betreuung | für persönliches Engagement | für persönliche Briefe |
| **Dativ** | mit persönlichem Service | mit persönlicher Betreuung | mit persönlichem Engagement | mit persönlichen Briefen |
| **Genitiv** | der Charme persönlichen Services | der Charme persönlicher Betreuung | das Flair persönlichen Engagements | die Adressen persönlicher Briefe |

**Zum Vergleich**

| **best. Artikel** | der | persönlich-e | Service | gefällt unseren Gästen |
| **unbest. Artikel** | ein | persönlich-er | Service | zeichnet uns aus |
| **ohne Artikel** |  | persönlich-er | Service | ist unser Trumpf |
| **best. Artikel** | die | persönlich-e | Betreuung | der Gäste ist unser oberstes Gebot |
| **unbest. Artikel** | eine | persönlich-e | Betreuung | wird von allen Gästen geschätzt |
| **ohne Artikel** | mit | persönlich-er | Betreuung | verwöhnen wir unsere Gäste |

# 1 — Übungen

## 1 Sie sind Axel. Es tut Ihnen Leid, dass Sie am Telefon so enttäuscht reagiert haben.

Schreiben Sie Angela einen Brief. Die Sätze helfen Ihnen dabei.

| | | |
|---|---|---|
| | | jetzt aus unserem gemeinsamen Fahrradurlaub durch Mecklenburg-Vorpommern nichts wird. |
| Aber ich kann verstehen, | | verdammt teuer. |
| Ich hoffe, | aber | deine erste Reise ein Erfolg für dich wird, |
| Stuttgart ist sehr teuer | | ich kann es mir wahrscheinlich nicht leisten. |
| Ach, ich komme einfach | | |
| Es tut mir Leid, | dass | du für die Firma unbedingt nach Stuttgart musst. |
| Stuttgart ist recht schön, Ich war eben sehr enttäuscht, | | du intelligent und stark bist. |
| Natürlich möchte ich dich in Stuttgart treffen, | und | du deine Position in der Firma festigen kannst. |
| | | im Moment habe ich nicht so viel Geld. |
| Aber in dieser Beziehung habe ich keine Angst, denn ich weiß, | | Die Reparatur des Golfs war so teuer. |
| | | Vielleicht muss ich ihn bald verkaufen. |
| | | schlafe auf einer Parkbank. |
| | | ich heute Morgen am Telefon so blöd war. |

*Mein lieber Schatz!*
*Es tut mir Leid, dass ich heute Morgen am Telefon so blöd war.*
*...*
*Ich küsse dich*
*Dein Axel*

Angela schreibt Axel einen Brief und lädt ihn nach Stuttgart ein.

## 2 Sie müssen eine Tagung in einer fremden Stadt vorbereiten.

Worum müssen Sie sich alles kümmern?

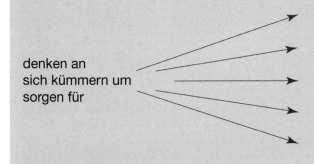

denken an
sich kümmern um
sorgen für

Programm (zusammenstellen)
Hotelzimmer (rechtzeitig buchen)
Konferenzsaal (mieten)
Tagungstechnik (bereitstellen)
Teilnehmer (informieren / rechtzeitig einladen)
Abendessen (bestellen)
geselliges Rahmenprogramm (planen)
Referenten (auswählen / einladen)
Programm mit Referenten (abstimmen)

*Ich muss an die Hotelzimmer denken.*
*Ich muss daran denken, dass ich die Hotelzimmer rechtzeitig buche.*

Delegieren Sie alles an Ihre Assistentin/Ihren Assistenten.

*Denken Sie daran, dass Sie die Hotelzimmer rechtzeitig buchen müssen.*
*Sorgen Sie dafür, dass das Hotel die Tagungstechnik bereitstellt.*

**3** **Aus einem Prospekt eines Hotels in München. Setzen Sie die Endungen ein.**

Unsere Devise: Kein____ Geschäfte ohne entspannt____ Atmosphäre. Deswegen bieten wir gestresst____ Managern nur das Beste. Durch unser____ gehoben____ Service können Sie sich erholen und auf neu____ Geschäfte vorbereiten.

Unser Hotel finden Sie in ein____ alt____, wundervoll restauriert____ Gebäude. Es liegt in unmittelbar____ Nähe zum Olympiagelände. Zur Messe sind es ungefähr 8 km. Öffentlich____ Verkehrsmittel können Sie zu Fuß erreichen. Unser Hotel hat 80 komfortabl____ Gästezimmer mit Bad/Dusche/WC, Farbfernseher mit Pay-TV und Minibar. Im modern____ Erholungsbereich stehen Ihnen eine Sauna, Whirlpool und Fitnessgeräte zur Verfügung. Wir kümmern uns um Ihr leiblich____ Wohl in unser____ klein____ Restaurant Sissi. Hier verwöhnen wir Sie mit exzellent____ Speisen der gehoben____ Küche zu attraktiv____ Preisen. Für privat____ Feiern ist ein gemütlich____ Raum mit angenehm____ Atmosphäre vorhanden. In d____ warm____ Jahreszeit laden wir Sie im ruhig____ Garten unser____ Hauses zu Speisen unter frei____ Himmel ein. Mittags gibt es für eilig____ Esser einen preiswert____ Businesslunch und ein reichhaltig____ Salatbuffet. Abends dürfen Sie sich bei ein____ Drink an der gepflegt____ Hotelbar entspannen.

Suchen Sie aus dem Text Unterschriften zu den Bildern des Hotels.

UNSER HOTEL FINDEN SIE IN ...

_____

Schicken Sie ein Fax an das Hotel. Erkundigen Sie sich nach dem Preis und bestellen Sie ein Zimmer.

Entwerfen Sie einen ähnlichen Werbeprospekt zu einem der Hotels von B 2.

**Hotel Kempinski, guten Tag.**

Drei Personen haben an diesem Abend das Hotel Kempinski in Berlin angerufen und Gespräche mit der Rezeption geführt. Leider sind diese Gepräche durcheinander geraten. Können Sie sie rekonstruieren?

→ Hotel Kempinski, guten Tag.

→ Sehr wohl, Herr Reuter. Ich habe Ihre Bestellung vorgemerkt: ein Einzelzimmer vom 1. auf den 2. November.

→ Guten Tag, Visconti ist mein Name! Reservieren Sie bitte für mich vom 14. bis zum 16. Oktober.

→ Sehr wohl. Ein Doppelzimmer vom 9. bis zum 11. Oktober. Auf Wiederhören, Frau Dr. Maier.

→ Selbstverständlich, Herr Reuter. Ich kümmere mich persönlich um alles. Wir freuen uns auf Ihren Besuch. Auf Wiederhören, Herr Reuter.

→ Hotel Kempinski, guten Abend.

→ Ein Einzel- oder Doppelzimmer, Frau Dr. Maier?

→ Noch etwas: Können Sie mir einen Konferenzraum bereitstellen?

→ Für wann brauchen Sie denn das Zimmer?

→ Nein, dieses Mal die Suite bitte. Meine Frau begleitet mich.

→ Edzard Reuter am Apparat. Reservieren Sie mir doch bitte eine Übernachtung für den 1. November.

→ Da schlage ich Ihnen den kleinen Konferenzraum vor. Sehr gemütlich, mit Blick auf den Park. Videogerät und Overhead sind fest installiert.

→ Vom 9. bis zum 11. Oktober.

→ Was kostet denn das Doppelzimmer bei Ihnen?

→ Hallo, ja hier Dr. Maier, Firma Siemens. Ich möchte ein Zimmer reservieren.

→ Sehr wohl, Durchlaucht. Wir freuen uns auf Ihren Besuch. Und wünschen Ihnen und der gnädigen Frau Gemahlin bis dahin alles Gute.

→ Sehr gut, dann machen Sie das. Ich kann mich doch darauf verlassen.

→ Das Doppelzimmer kostet 269 € pro Nacht.

→ Hotel Kempinski, guten Tag.

→ Dasselbe Zimmer wie immer, Graf Visconti?

→ Ein Doppelzimmer.

→ Einen Augenblick, ich sehe mal nach. Ja, die Suite ist vom 14. bis zum 16. Oktober frei.

→ Sehr gerne, Herr Reuter. Und für wie viele Personen brauchen Sie den Raum?

→ Gut, dann sehen wir uns am 14. Oktober, und sorgen Sie für Champagner und rote Rosen.

→ Für einen kleinen Kreis von maximal 10 Personen.

→ Geht in Ordnung. Zahlt sowieso die Firma. Also dann buchen Sie das Doppelzimmer.

**Gespräch 1**

→ *Hotel Kempinski, guten Tag.*

→ *Guten Tag, Visconti ist mein Name! Reservieren Sie bitte für mich vom 14. bis zum 16. Oktober...*

_____

_____

_____

_____

_____

**Gespräch 2**

→ *Hotel Kempinski, guten Tag.*

→ *Hallo, ja hier Dr. Maier, Firma Siemens. Ich möchte ein Zimmer reservieren.*

→ *Ein Einzel- oder ein Doppelzimmer, Frau Dr. Maier?*

*...*

_____

_____

_____

**Gespräch 3**

→ _____

_____

_____

_____

_____

_____

_____

## 5 Im Hotel

Sie haben ein ruhiges, behagliches Hotel mit allem Komfort gebucht. Bei Ihrer Ankunft erleben Sie eine böse Überraschung.

Beschweren Sie sich und verlangen Sie, dass das Chaos sofort beseitigt wird.

## 6 Die Beschwerde

Sie sind der Portier in einem Hotel. Gäste rufen an und beschweren sich. Beruhigen Sie die Gäste und versprechen Sie Abhilfe.

*sich kümmern um – bringen – geben – schicken – austauschen – sauber machen – putzen – das Zimmermädchen – die Putzfrau – der Monteur*

1. Hallo, der Fernseher funktioniert nicht.

   *TUT UNS LEID. DER ZIMMERSERVICE BRINGT IHNEN SOFORT EINEN NEUEN.*

2. Im Bad tropft ständig der Wasserhahn.

3. Das Zimmer ist nicht aufgeräumt.

4. Hören Sie mal, die Bettwäsche ist ja nicht sauber.

5. Rezeption, hallo. Sagen Sie mal. Das Zimmer ist viel zu laut. Wir sind doch hier nicht in einer Diskothek.

6. Die Zimmerbar ist leer.

7. Hören Sie mal: Ich habe Frühstück mit heißem Kaffee bestellt. Und was bekomme ich? Kalten Kaffee. Das ist ja unmöglich.

8. Also, das ist ja die Höhe. Ich habe extra ein Zimmer mit Aussicht auf den Park bestellt. Und jetzt mache ich das Fenster auf und schaue auf die Mülltonnen im Hinterhof.

9. Die Handtücher im Bad sind verschmutzt und feucht.

10. Sie! Wissen Sie was: Die Klospülung ist verstopft.

**7**  **Was sagen Sie ...?**

*abheben – wechseln – tauschen – rausgeben*

| **Sie möchten** | **Sie fragen** |
|---|---|
| ... an einem Münzautomaten ein Ortsgespräch führen, haben aber nur ein Fünfmarkstück. | _____ |
| | _____ |
| | _____ |
| ... an einem Automaten Zigaretten rauslassen, haben aber nur einen Zehnmarkschein. | _____ |
| ... von der Bank Geld holen, haben aber die Geheimnummer Ihrer Karte vergessen. | ENTSCHULDIGUNG, KANN ICH MIT DER KARTE BEI IHNEN AUCH AM SCHALTER ABHEBEN? |
| ... an der Tankstelle eine Rechnung von 15 € mit einem 500-Euroschein bezahlen. | _____ |
| ... für 500 Millionen türkische Lira Euro. | _____ |
| | _____ |

**8**  **Phonetik: Konsonantenverbindungen am Wortanfang (Wiederholung)**

Wortanfang: [ʃt] Stadt – [ʃr] schreien – [ʃtr] Strom
Hören Sie und sprechen Sie nach.

| | | | |
|---|---|---|---|
| Schraube | schwarz | Schwan | schnell |
| schrecklich | Stein | Straße | Schrank |
| Schnur | schneiden | scheiden | |
| Scheiben | schwimmen | streiten | |

Schreiben Sie daraus eine schrecklich-schöne Liebesgeschichte mit tragischem Ende.

**9**  **Phonetik: Konsonantenverbindungen bei Komposita**

Komposita mit schwierigen Konsonantenverbindungen löst man zunächst einmal auf. Dann kann man sie auch leichter sprechen.

| | | |
|---|---|---|
| Geschäftsreise | Geschäfts- | reise |
| Geschäftskontakte | Geschäfts- | kontakte |
| Strumpfhose | Strumpf- | hose |
| Impfstoff | Impf- | stoff |
| Schutzimpfung | Schutz- | impf- | ung |

**10**  **Finden Sie möglichst viele Wörter.**

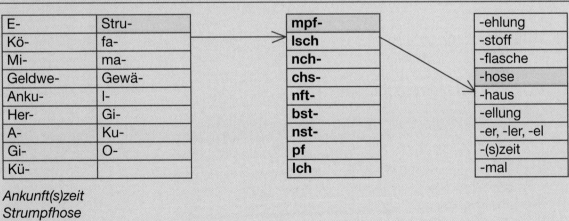

| | | | |
|---|---|---|---|
| E- | Stru- | mpf- | -ehlung |
| Kö- | fa- | lsch | -stoff |
| Mi- | ma- | nch- | -flasche |
| Geldwe- | Gewä- | chs- | -hose |
| Anku- | l- | nft- | -haus |
| Her- | Gi- | bst- | -ellung |
| A- | Ku- | nst- | -er, -ler, -el |
| Gi- | O- | pf | -(s)zeit |
| Kü- | | lch | -mal |

*Ankunft(s)zeit*
*Strumpfhose*
*Empfehlung*

**Hören Sie das Gedicht und markieren Sie die Betonungen.**

Goethes „Verschiedene Empfindungen an einem Platze"

Anderer Titel: _____

| Das Mädchen | Der Jüngling. |
|---|---|
| Ich hab ihn gesehn! | Hier muss ich sie finden! |
| Wie ist mir geschehn? | Ich sah sie _____, |
| O himmlischer Blick! | Ihr folgte mein Blick. |
| Er kommt mir entgegen; | Sie kam mir entgegen, |
| Ich weiche verlegen, | Dann trat sie _____ |
| Ich schwanke zurück. | Und schamrot _____ |
| Ich irre, ich träume! | Ists Hoffnung, sinds Träume? |
| Ihr Felsen, ihr Bäume, | Ihr Felsen, ihr _____, |
| Verbergt meine Freude, | Entdeckt mir die Liebste, |
| Verberget mein Glück. | Entdeckt mir mein _____! |

Hören Sie das Gedicht und ergänzen Sie die Reime.

Stellen Sie sich die Szene vor.
Wen hat das Mädchen gesehn?
Wo kann sie ihn gesehen haben?
Was ist mit ihr dann passiert?

Schreiben Sie ein kurzes Drehbuch für ein Video.

Hören Sie das Gedicht mehrmals und markieren Sie die Betonungen. Sprechen Sie dann nach. Man kann die Verse verschieden betonen. Zum Beispiel:

| A | B | C |
|---|---|---|
| Ich **háb** ihn ge**séhn**! | **Ích** hab **íhn** ge**séhn**! | Ich hab **íhn** ge**séhn**! |
| Wie **íst** mir ge**schéhn**? | **Wíe** ist **mír** ge**schéhn**? | Wie ist **mír** ge**schéhn**? |
| O **hímm**lischer **Blíck**! | O **hímm**lischer **Blíck**! | O **hímm**lischer **Blíck**! |
| Er **kómmt** mir ent**gégen** | Er **kómmt** mir ent**gégen** | Er **kómmt** mir ent**gégen** |

Lassen Sie sich die Varianten vorlesen. Versuchen Sie es dann selbst. Welche gefällt Ihnen besser?

**Dichten Sie selbst. Stellen Sie die Verse unten zu einem Gedicht zusammen.**

EINE EIFERSÜCHTIGE FRAU SPRICHT.                    EIN ALTER MANN ERINNERT SICH.

_____                    DA SIND SIE GELAUFEN

_____                    _____

Hier sind sie verschwunden,

und heilt den Verdruss.

Der so 'was nur kann.

Ich hab sie gefunden.

Ich wüte, ich schäume

Hier ist es geschehn.

Ich hab sie gesehn!

Sie stiehlt mir den Mann.
Ich lieb ihn ums Leben.

Und schamrotem Blick.

Ich stand nur daneben

Mich schamlos betrogen.

Da sind sie gelaufen
Ich sah sie sich raufen

O treulos der Mann!

Verbergt meine Trauer

Er hat mich belogen,

Ihr Felsen, ihr Bäume.

Ich weine, ich wüte.
Ich grüble und brüte.

Wie neid ich das Glück!

Sich schenken dem Glück!

Die Liebste, ach Sehnsucht
Bringt nichts mehr zurück.
O neidischer Blick

Wer salbt meine Wunden
Und heilt mein Geschick?
Verfließ ich in Träumen
Zum Schatten in Bäumen?

Ihr muss ich ihn geben
Der Liebsten im Herzen
Gedacht ich mit Schmerzen
Hier seh ich sie liegen,

Ein hitziger Kuss.

EINE EIFERSÜCHTIGE FRAU SPRICHT.                    EIN ALTER MANN ERINNERT SICH.

                                                    DA SIND SIE GELAUFEN

# 2 — Der Kaufvertrag

**In diesem Kapitel finden Sie folgende Themen:**

A: Handeln und Verhandeln, B: Produktpräsentation, C: Preisstellung und Lieferbedingungen, D: Lieferbedingungen deutscher Unternehmen

## A — Handeln und Verhandeln

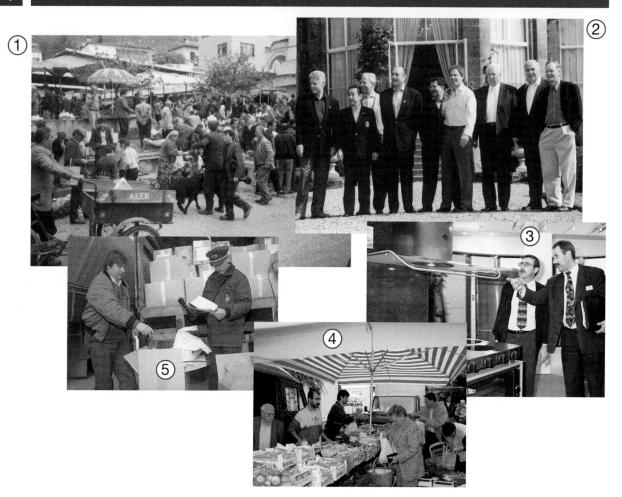

## A 1 Beschreiben Sie die Bilder.

Handel ist nicht gleich Handel. Welcher Unterschied besteht zwischen den folgenden Verben? Der Handel mit manchen Dingen ist verboten. Mit welchen Dingen ist der Handel in Ihrem Land erlaubt, mit welchen verboten?

*Geschäftsleute – verhandeln – handeln – feilschen – schmuggeln – Markt – dealen – Drogen – Kunden – Gemüsehändler*

Bild Nr. ◯ Hier _____ Politiker über ein neues Abkommen.

Bild Nr. ◯ Diese beiden _____ _____ über ein neues Produkt.

Bild Nr. ◯ Die Polizei führt an Bahnhöfen oder an der Grenze Kontrollen durch. Dort _____ einige Männer mit _____ oder _____ Zigaretten.

Bild Nr. ◯ _____ ist ein _____ in der Türkei. Die Menschen dort _____ mit Obst, Gemüse und Tieren. Viele _____ auch um den Preis, wollen etwas billiger haben.

Bild Nr. ◯ Dieser _____ wartet auf _____.

Hier finden Sie verschiedene Zitate zum Thema „Handel". Welches Zitat gefällt Ihnen am besten? Suchen Sie ein Zitat aus. Erklären Sie es.

„Jeder beurteilt einen Handel nach dem Vorteil, den er dabei gefunden hat." Maurois, *Die drei Dumas*

„Handelsbeziehungen werden Freundschaftsbeziehungen."
Arnold Zweig, *Die Zeit ist reif*

„Gewinn ist Segen, wenn man ihn nicht stiehlt."
Shakespeare, *Der Kaufmann von Venedig*

„In der Politik zählt nur Erfolg."
Tucholsky, *An Nuuna, 10. 7. 1934*

„Die Macht hat stets, wer zahlt."
Bert Brecht, *Der aufhaltsame Aufstieg des Arturo Ui*

## A 3 Umfrage zu Verkaufsverhandlungen. Diskutieren Sie.

|  | ja | nein | ? |
|---|---|---|---|
| 1. Verkaufsverhandlungen schließt man bei uns nur schriftlich ab. | ○ | ○ | ○ |
| 2. Bei Verkaufsverhandlungen sollten am Ende beide Geschäftspartner zufrieden sein. | ○ | ○ | ○ |
| 3. Bei Verkaufsverhandlungen ist für uns nur der Preis wichtig. | ○ | ○ | ○ |
| 4. Für uns sind Qualität und Service sehr wichtig. | ○ | ○ | ○ |
| 5. Das persönliche Verhältnis zwischen den Geschäftspartnern spielt bei den Verhandlungen keine Rolle. | ○ | ○ | ○ |
| 6. Die Kleidung ist bei Verhandlungen wichtig. | ○ | ○ | ○ |

# B Produktpräsentation

## B 1 Kochen Sie gern?

Die Firma Celestini produziert Dunstabzugshauben. Kochen Sie gern? Dann wissen Sie auch, wie wichtig gute Luft in der Küche ist.

Vor der Reise nach Stuttgart zu Koch-Küchen hat sich Herr Longhi gut vorbereitet und wichtige Begriffe im Wörterbuch gesucht.

Hier sehen Sie zwei Dunstabzugshauben. Aus welchen Teilen bestehen sie? Ordnen Sie die Begriffe zu.

*die Lampe – der Motor – die Frontblende – der Filter – die Beleuchtung – der Schalter*

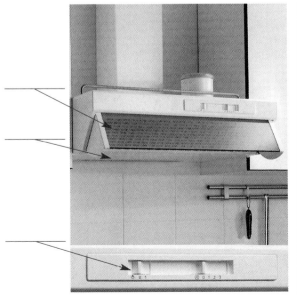

## B 2   Mit welchen Adjektiven kann man eine Dunstabzugshaube beschreiben? Wählen Sie aus.

*alt – modern – benutzerfreundlich – sicher – altmodisch – zuverlässig – primitiv – normgerecht – geprüft – dekorativ – laut – klassisch – funktional – elegant – umweltfreundlich – traditionell – geräuscharm – kompliziert – praktisch – einfach – anspruchsvoll – bedienungsfreundlich – nüchtern – teuer – leistungsstark*

Ordnen Sie sie, wenn möglich, verschiedenen Kategorien zu.

1. Design: _____
2. Technik: _____
3. Bedienung: _____
4. Umweltschutz: _____

● **Wählen Sie nun eine Dunstabzugshaube aus und präsentieren Sie sie.**

REDEMITTEL **Produktpräsentation**

Darf ich Ihnen unser neues Produkt vorstellen?
Das hier ist ein besonders MODERNES Modell.
Das Gerät besteht aus (D) EINER FRONTBLENDE . . .
Das Gerät gibt es mit (D) EINEM FILTER . . .
Wir verwenden nur UMWELTFREUNDLICHE Materialien.
Wie Sie sehen, legen wir Wert auf (A) QUALITÄT, SICHERHEIT, _____ .

## B 3   Roma oder Pisa?

Ihr Kunde ist noch etwas skeptisch. Er vergleicht zwei Hauben miteinander. Sie versuchen, das Modell *Roma* zu verkaufen.

**Kunde**

| Ich weiß nicht, | | | |
| --- | --- | --- | --- |
| mir gefällt das Modell *Pisa* | bess**er** | als | das Modell *Roma*. |
| Ich finde das Modell *Pisa* | elegant**er** | als | das andere. |
| Außerdem ist es | . . . . . . . . . . . . . . . . . . . . . . . . . . . . . . . . . . . . . . . . . . . . . . . . . . . . | | |

**Verkäufer**

| Sicher ist das Modell *Roma* etwas | teur**er**, | | |
| --- | --- | --- | --- |
| aber dafür ist es | . . . . . . . . . . . . . . . . . . . . . . . . . . . . . . . . . . . . . . . . . . . . . . . . . . . . | | |
| Es kostet etwas | mehr | als | das Modell *Pisa*, |
| aber es ist | . . . . . . . . . . . . . . . . . . . . . . . . . . . . . . . . . . . . . . . . . . . . . . . . . . . . | | |

● **Spielen Sie weitere Dialoge.**

Betrachten Sie die verschiedenen Dunstabzugshauben und präsentieren Sie sie.

Frau Bellavista ist in der Zwischenzeit in Stuttgart angekommen und hat mit Herrn Schultheiß, dem Geschäftsführer von Koch-Küchen, gesprochen. Am 6. Mai kommt ihr Chef, Herr Longhi.

Die folgenden Begriffe spielen beim Verkaufsgespräch zwischen Herrn Longhi und Herrn Schultheiß eine Rolle. Suchen Sie die Wörter, wenn möglich, in einem zweisprachigen technischen Wörterbuch.

der Geräuschpegel
die Luftleistung
die Geruchsabsorption
die elektronische Steuerung
die Banküberweisung
die leichte Handhabung
die Lieferart
die Zuverlässigkeit
der Mehr-/Aufpreis
das Gebläse
die Beleuchtung

| | |
|---|---|
| → Herr Schultheiß: | . . . Herr, Longhi, das ist ja schön, dass Sie persönlich gekommen sind. |
| → Herr Longhi: | Aber Herr Schultheiß, das ist doch selbstverständlich. Nach dem Unfall von Herrn Fini hatten wir einige Terminschwierigkeiten. |
| → Herr Schultheiß: | Ich hoffe, es geht ihm wieder besser. |
| → Herr Longhi: | Ja, es geht schon wieder. Er hat noch einmal Glück gehabt . . . |
| → Herr Schultheiß: | Frau Bellavista hat ihn wirklich gut vertreten . . . Wünschen Sie ihm doch „Gute Besserung" von mir. |
| → Herr Longhi: | Natürlich, gern. |
| → Herr Schultheiß: | Nehmen Sie doch bitte Platz. Darf ich Ihnen irgendetwas zu trinken anbieten? Mineralwasser, Kaffee, Saft . . . ? |
| → Herr Longhi: | Ja, gern, ein Mineralwasser bitte . . . Danke . . . Ah, das tut gut . . . Ich nehme an, Frau Bellavista hat Ihnen bereits unser Angebot erläutert. |
| → Herr Schultheiß: | Ja, ich bin informiert. Wie Sie wissen, stellen wir im Moment unser Küchenprogramm um. Wir wollen in die gehobene Preisklasse einsteigen. Unsere Kunden sind sehr anspruchsvoll. Sie legen vor allem Wert auf Qualität und Zuverlässigkeit, aber auch auf einfache Handhabung. Eine ganz große Rolle spielt das Design. Und natürlich auch der Preis. |
| → Herr Longhi: | Wir haben Ihnen auf der Messe ja unser neues Modell *Pisa* gezeigt. Sehen Sie, das hier. Wenn ich Ihnen nur kurz die technischen Daten erläutern darf: Die Luftleistung entspricht der DIN-Norm. Der Geräuschpegel ist sehr niedrig. Diese Haube absorbiert vollkommen den Geruch. Und der Motor ist sehr leistungsstark. Außerdem hat sie eine elektronische Steuerung und ist sehr bedienungsfreundlich. |

| → Herr Schultheiß: | Das heißt? |
|---|---|
| → Herr Longhi: | Den Filter kann man leicht herausnehmen und auswechseln. Sie lässt sich so problemlos säubern. |
| → Herr Schultheiß: | Das Design ist ja sehr schön. Aber können wir die Haube auch in anderen Farben haben, z. B. Grau oder Schwarz? |
| → Herr Longhi: | Das ist kein Problem. Das Standardmodell gibt es in den Farben Braun und Weiß. Für die anderen müssen wir einen Mehrpreis von 30.– DM berechnen. |
| → Herr Schultheiß: | Ja, das ist aber viel. |
| → Herr Longhi: | Sicher, aber das sind besondere Lackierungen. Noch etwas. Das ist vielleicht für Sie noch wichtig. Unsere Dunstabzugshauben sind alle VDE-geprüft und entsprechen der EN-Norm. |
| → Herr Schultheiß: | Ja, sehr gut. Unsere Kunden sind sehr qualitätsbewusst ... |

● **Was ist für die Kunden von Koch-Küchen wichtig, was nicht so wichtig?**

*die Sicherheit – die Qualität des Produkts – der Preis – das Design – die einfache Bedienung – die Zuverlässigkeit – die Verpackung*

| wichtig | nicht so wichtig |
|---|---|
| _____ | _____ |
| _____ | _____ |
| _____ | _____ |
| _____ | _____ |

● **Was ist bei einem Produkt wichtig? Ergänzen Sie die Substantive.**

Das Produkt muss gut sein: _____

Das Produkt muss schön sein: _____

Das Produkt darf für den Benutzer nicht so kompliziert sein: _____

Das Produkt muss sicher sein: _____ SICHERHEIT _____

Das Produkt darf nicht so viel kosten: _____

Das Produkt muss man lange benutzen können: _____

**B 5  Die Dunstabzugshaube *Pisa* hat bestimmte Eigenschaften. Welche nennt Herr Longhi?**

Ergänzen Sie das Schema mit den Informationen aus dem Dialog.

Luftleistung: _____ NACH DIN-NORM _____

Geräuschpegel: _____

Geruchsabsorption: _____

Motor: _____

Steuerung: _____

Farbe: _____

Norm/Sicherheit: _____

Bedienung: _____

### Abkürzungen für Sicherheitsprüfungen in Deutschland

TÜV     Technischer Überwachungsverein (für Maschinen, technische Geräte)
VDE     Verband deutscher Elektrotechniker (für Elektrogeräte)

### Abkürzungen für Normen

DIN     Deutsche Industrie Norm
ISO     International Organization for Standardization
        Internationale Organisation für Normung in Genf
EN     Europäische Norm

### Abkürzungen

| d. h. | das heißt | MWSt. | Mehrwertsteuer |
|---|---|---|---|
| zzgl. | zuzüglich | einschl. | einschließlich (= inklusiv) |
| bzw. | beziehungsweise | BLZ | Bankleitzahl |
| ausschl. | ausschließlich (= exklusiv) | Kto Nr. | Kontonummer |
| inkl. | inklusive | | |

REDEMITTEL **Verkaufsverhandlungen: Qualität/Sicherheit des Produkts**

| Kunde | Verkäufer | | |
|---|---|---|---|
| Ist das Produkt normgerecht? | Das Produkt | entspricht | der ISO-Norm 9001. der EN-Norm 29000. der DIN-Norm. |
| Entspricht das Produkt den deutschen Sicherheitsbestimmungen? | Das Gerät | entspricht | den TÜV-Vorschriften. den VDE-Vorschriften. |
| | Es | ist | TÜV-geprüft/VDE-geprüft. |
| | Das Gerät/ die Maschine | ist | präzise/zuverlässig/genau. normgerecht/geprüft. |
| | Der Motor | ist | leistungsstark. |
| | Die Maschine/ das Gerät | ist | benutzerfreundlich/ bedienungsfreundlich/ leicht zu bedienen. leicht zu reinigen/zu säubern. |

Ü9,10 Seite 48

REDEMITTEL **Verkaufsverhandlungen: Ausführung der Maschine/des Produkts**

| Kunde | Verkäufer |
|---|---|
| In welcher Ausführung gibt es die Maschine? Welche Ausstattung hat die Maschine? Können wir die Maschine auch mit/ohne . . . haben? | Die Maschine gibt es in einer Standardausführung mit . . . Das Standardmodell hat . . . Die Grundmaschine hat . . . Die Maschine ist mit elektronischer Steuerung etc. Ja, natürlich. Ja, aber nur mit Aufpreis. Ja, mit einem Aufpreis von . . . Ja, natürlich. . . . ist/sind im Preis inbegriffen. |

B 6   **Wie beurteilen Sie das Gesprächsklima zwischen Herrn Longhi und Herrn Schultheiß?**

Welche Sitzform wählen Sie bei Verhandlungen?

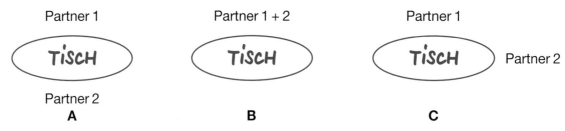

Partner 1                    Partner 1 + 2                    Partner 1

TISCH                        TISCH                            TISCH          Partner 2

Partner 2
**A**                        **B**                            **C**

Warum haben Herr Longhi und Herr Schultheiß wohl die Sitzform B gewählt?

Wie organisieren Sie Verkaufsverhandlungen?
Darf man bei Ihnen rauchen? Wie oft machen Sie Pausen?
Was bieten Sie Ihren Geschäftspartnern an: Kaffee, Tee, Mineralwasser etc.?

B 7   **Hier sehen Sie zwei Dunstabzugshauben und ihre technischen Daten.**

Führen Sie ein Verkaufsgespräch mit einem Kunden/einer Kundin.

| Modell | Milano | Venetia |
|---|---|---|
| Ausführung | X-W-BK | X-W-BK |
| Motoranzahl | 1 | 1 |
| Rotorenanzahl | 2 | 2 |
| Lampenanzahl (Neon) | 1 × 15 W | 1 × 15 W |
| Schalteranzahl | 3 | 3 |
| Kontrolllampe | yes/ja | yes/ja |
| Geschwindigkeitsstufen | 3 | 3 |
| Breite/cm | 90-120 | 90 |
| Tiefe/cm | 49 | 52 |
| Höhe/cm | 36+chimney | 36+chimney |
| Luftaustritt   mm | 100–120 | 100–120 |
| Metall-Fettfilter | yes/ja | yes/ja |

**Anmerkung: X** = Steel/Edelstahl **W** = white/weiß **BK** = black/schwarz

| Alle Modelle | HiP Motor | | |
|---|---|---|---|
| Schaltstufen | 1 | 2 | 3 |
| Luftleistung m/h | 280 | 380 | 650 |
| Luftleistung lt/sec | 78 | 106 | 181 |
| Statischer Druck mm H O | 20 | 24 | 33 |
| Stromaufnahme W | 50 | 65 | 140 |
| Geräuschpegel dbA | 47 | 54 | 62 |

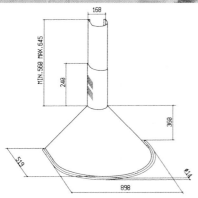

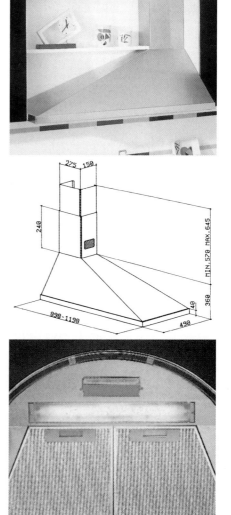

# C — Preisstellung und Lieferbedingungen

## C 1 Herr Schultheiß und Herr Longhi verhandeln.

Hören Sie den Dialog.

| | |
|---|---|
| → Herr Schultheiß: | Und was kostet das Modell in Schwarz und Grau? |
| → Herr Longhi: | Die Standardausführung kostet 330.– DM. |
| → Herr Schultheiß: | Was heißt Standardausführung? |
| → Herr Longhi: | Sie umfasst Motor, Filter, Neonbeleuchtung und Gebläse . . . |
| → Herr Schultheiß: | Nein, Herr Longhi. Das geht nicht. Das ist zu hoch. Da müssen Sie mit dem Preis runter. Ich gehe davon aus, dass die Spotlampen in diesem Fall inklusive sind? |
| → Herr Longhi: | Nein, die Spotlampen sind extra. |
| → Herr Schultheiß: | Die müssen Sie uns schon mitliefern. Wir wollen immerhin 4000 Stück abnehmen. |
| → Herr Longhi: | Herr Schultheiß, das ist natürlich ein exklusives Modell. Davon haben wir aber auch noch eine einfache Version, diese hier zum Beispiel . . . |
| → Herr Schultheiß: | Nein, nein, die ist zu einfach. Unsere Kunden sind doch sehr anspruchsvoll. Wenn wir 4000 Dunstabzugshauben nehmen, d. h. 1500 in Grau und 1500 in Schwarz, den Rest in Weiß, bis wann können Sie sie liefern? |
| → Herr Longhi: | Das kommt darauf an. In der Standardausführung in Weiß und Braun sofort, d. h. in sechs Wochen. Die anderen bis zum 1. Oktober. |
| → Herr Schultheiß: | Das ist zu spät. Wir wollen nach der Sommerpause das neue Küchenprogramm vorstellen. Bis zum 1. September? Ist das möglich? |
| → Herr Longhi: | Ich muss noch einmal mit der Produktion reden, aber ich denke, das geht. |
| → Herr Schultheiß: | Ja bitte, sehen Sie auf jeden Fall, was sich machen lässt. |
| → Herr Longhi: | Herr Schultheiß, wenn Sie so eine große Menge abnehmen, da kann ich Ihnen das Modell in Schwarz und Grau für 340.– DM und das Standardmodell für 310.– DM anbieten, jeweils inklusive Spotlampen, Lieferung zum 15. September . . . |

G1,2 Seite 42
G3,4,5 Seite 43

● Welche Probleme gibt es? Markieren Sie die Wörter und Stellen im Dialog: Wo werden die Probleme angesprochen?

Was gehört zur Standardausführung?

1. MOTOR _____
2. _____
3. _____
4. _____

● Ergänzen Sie die Sätze.

1. Der Preis für die Standardausführung _____.
2. Die Spotlampen sind _____.
3. Herr Schultheiß möchte _____.
4. Er braucht die Hauben _____.
5. Nach der Sommerpause _____.
6. Herr Longhi muss _____.
7. Am Ende macht Herr Longhi _____.

● Wie geht das Gespräch weiter? Was meinen Sie?

Artikel: _____

Menge: _____

Art/Beschaffenheit: _____

Preis (pro Stück): _____

Zahlungsbedingung: _____

Verpackung: _____

Liefertermin: 1._____

2._____

Zahlungsweise: _____

Lieferart: _____

Wie hoch ist der Auftrag von Koch-Küchen?

- mit Skonto: _____

- ohne Skonto: _____

- mit 16 % Mehrwertsteuer: _____

_____

Wiederholen Sie noch einmal mit eigenen Worten das Ergebnis der Verkaufsverhandlungen.

Was meinen Sie, können beide Geschäftspartner mit dem Ergebnis der Verhandlungen zufrieden sein? Müssen sie noch einige Punkte klären?

Ü5 | Seite 46

Ü6,7,8 | Seite 47

C 3 **Spielen Sie ähnliche Dialoge. Benutzen Sie die folgenden Informationen.**

| **Der Lieferant** | **Der Kunde** |
|---|---|
| Dunstabzugshaube in der Standardausführung | Preis zu hoch, max. 185.– DM |
| ohne Metallfilter, in der Farbe Grau, Weiß | will Haube in Braun und Weiß |
| Preis: 200.– DM | mit Metallfilter |
| Liefertermin: 1. April | 2000 Stück |
| Preisstellung: mit Verpackung | Liefertermin zu spät |
| ab Werk | |
| ohne Mehrwertsteuer | |
| 2 % Skonto innerhalb 8 Tagen | |

Ü1 | Seite 45

REDEMITTEL **Preisstellung**

| Wie ist Ihre Preisstellung?<br>Wie sind Ihre Preise? | Die Preise | sind | freibleibend/vorbehalten. |
|---|---|---|---|
| | Der Preis | ist | mit/inklusive Mehrwertsteuer.<br>ohne/zuzüglich/<br>ausschließlich Mehrwertsteuer. |
| | Der Preis | ist | mit Verpackung/Verpackung frei.<br>ohne/außer Verpackung. |
| | Die Preise | verstehen sich | einschließlich Montage.<br>ohne Montage. |
| | Die Preise | gelten | ab Werk/ab Lager/ab Fabrik. |

## Lieferbedingungen

| Wie liefern/schicken Sie Ihre Ware? | Die Lieferung | erfolgt | per/mit LKW.<br>mit der Bahn.<br>mit Seefracht<br>mit Luftfracht. | |
|---|---|---|---|---|
| | Die Lieferung | erfolgt | ab Werk/ab Lager/ab Fabrik.<br><br>frei Werk/Haus<br>frei . . . Grenze. | = EXW<br>(ex works)<br>= CIP<br>= DAF<br>(Incoterms) |

## Zahlungsbedingungen

| Welche Zahlungsbedingungen haben Sie? | Die Rechnung ist sofort zahlbar.<br>Die Rechnung ist in bar zu bezahlen.<br>nach Rechnungsdatum innerhalb 8 Tagen ./. 2 % Skonto<br>gegen Vorauszahlung<br>gegen Anzahlung<br>mit einem Wechsel/einer Tratte<br>innerhalb 30 Tagen ohne Abzug/rein netto<br>per Banküberweisung<br>mit einem Verrechnungsscheck<br>gegen unwiderrufliches, bankbestätigtes Akkreditiv<br>Bezogen auf: Commerzbank BLZ . . .<br>Begünstigter: . . . GmbH<br>          Industriestraße 1<br>          70565 Stuttgart<br>1/3 (= ein Drittel) bei Auftragseingang<br>1/3 bei Lieferung<br>1/3 bei Inbetriebnahme oder 30 Tage nach Lieferung |
|---|---|

# D ┤ Lieferbedingungen deutscher Unternehmen

## D 1 Herr Longhi hat sich vor der Reise nach Deutschland über deutsche Unternehmen informiert.

Lesen Sie die Texte über Zahlungs- und Lieferbedingungen. In welchem Text stehen die folgenden Informationen?

| | A | B | C | D | E | F |
|---|---|---|---|---|---|---|
| 1. Der Kunde muss vor der Lieferung einen Betrag anzahlen. | | | | | | |
| 2. Der Kunde muss den Transport der Ware ab Werk zahlen. | | | | | | |
| 3. Der Lieferant zahlt den Transport der Ware. | | | | | | |
| 4. Der Kunde muss die Verpackung nicht zahlen. | | | | | | |
| 5. Der Kunde im Ausland bekommt kein Skonto. | | | | | | |
| 6. Die Preise können sich ändern. | | | | | | |
| 7. Der Lieferant schickt die Ware mit dem LKW. | | | | | | |
| 8. Der Kunde muss die Verpackung zahlen. | | | | | | |
| 9. Der Kunde muss die Montage nicht zahlen. | | | | | | |
| 10. Der Kunde bekommt 2 % Skonto. | | | | | | |
| 11. Der Kunde muss die Ware in Euro zahlen. | | | | | | |
| 12. Der Kunde muss die Montage selbst zahlen. | | | | | | |

**Text A:**

Die Preise gelten ab Werk oder Lager ausschließlich Verpackung, ohne Aufstellung und Montage sowie ausschließlich der gesetzlichen Mehrwertsteuer. Es werden die am Tage der Lieferung gültigen Preise berechnet.

**Text B:**

Unsere Rechnungen sind zahlbar nach Wahl: Innerhalb 8 Tagen ab Rechnungsdatum mit 2 % Skonto oder innerhalb 30 Tagen ab Rechnungsdatum ohne Abzug.

**Text C:**

Preise verstehen sich in Euro, ausschließlich gesetzl. MWSt., ab Werk, ohne Verpackung. Es gelten die am Tag der Lieferung gültigen Listenpreise. Preise freibleibend. Preisänderungen behalten wir uns vor.

**Text D:**

Rechnungen sind nur in bar innerhalb 30 Tagen ab Rechnungsdatum netto oder innerhalb 8 Tagen mit 2 % Skonto, unabhängig vom Eingang der Ware zu bezahlen. Exportsendungen ins Ausland sind ohne Skonto sofort nach Rechnungserhalt netto zahlbar.

**Text E:**

Preisstellung und Vertragsbedingungen: frei Werk, jedoch ohne Abladen, einschl. Montage, zuzüglich der zum Zeitpunkt der Rechnungsstellung gesetzlich gültigen Mehrwertsteuer.
Zahlungsbedingungen:
40 % bei Auftragsbestätigung
40 % bei Vorabnahme in unserem Werk auf jeden Fall vor Verladung
10 % 8 Tage nach Anlieferung
10 % 30 Tage nach der Anlieferung

**Text F:**

Zahlungsziel: 30 Tage mit 3 % Skonto, in €, mit Verpackung, Lieferung frei Haus, mit LKW.

● **Sie produzieren Zentrifugen. Ein Kunde aus Ostdeutschland möchte eine Zentrifuge für seine Saftproduktion. Die Zentrifuge kostet 30 000 €. Machen Sie eine Preisstellung.**

Ü2,3,4 | Seite 46

Sie sehen einen Ausschnitt aus den Zahlungs- und Lieferbedingungen der KS-Motor-Service International. Sie interessieren sich für Preis, Lieferung, Verpackung, Zahlungsbedingungen. Markieren Sie die wichtigsten Informationen.

## Verkaufs- und Lieferungsbedingungen

**1) Vertragsabschluss**

a) Lieferverträge schließen wir nur zu den nachfolgenden Bedingungen ab, auch wenn wir uns in Zukunft nicht ausdrücklich darauf berufen.

b) Unsere Angebote sind freibleibend. Verpflichtet sind wir nur durch unsere schriftliche Auftragsbestätigung.

c) Von diesen Verkaufsbedingungen und unserer Auftragsbestätigung abweichende Vereinbarungen bedürfen unserer schriftlichen Bestätigung.

**2) Preis**

a) Unsere Preise gelten ab Werk ausschließlich Verpackung.

b) Sie beruhen auf den Kostenfaktoren, die bei Abgabe des Angebotes bzw. bei Annahme des Auftrages gültig sind. Erfahren diese bis zur Lieferung eine Änderung, behalten wir uns eine entsprechende Berichtigung vor.

**3) Lieferung**

a) Die vereinbarte Lieferzeit gilt nur annähernd. Sie beginnt, sobald alle Ausführungseinzelheiten geklärt sind und der Besteller alle Voraussetzungen erfüllt hat. Als Liefertag gilt der Tag der Versandbereitschaft. Teillieferungen sind zulässig.

b) Treten bei uns oder unseren Unterlieferanten von uns nicht zu beeinflussende Umstände (z. B. Rohstoff- und Energiemangel, Arbeitskämpfe sowie alle Fälle höherer Gewalt einschließlich Fehlguss, Ausfall von Modellen, Kokillen, Formen und der zur Herstellung erforderlichen Maschinen) ein, die uns die Lieferung wesentlich erschweren oder unmöglich machen, so verlängert sich die Lieferzeit um die Dauer der Behinderung zuzüglich einer angemessenen Anlaufzeit.

c) Der Besteller kann uns in diesen Fällen sowie im Falle des Verzuges mit der Lieferung eine angemessene Nachfrist stellen. Unterbleibt die Lieferung während der Nachfrist oder erklären wir aus Gründen, die unter 3 b) genannt sind, nicht liefern zu wollen, so kann er vom Vertrag zurücktreten. Ein Anspruch auf Schadensersatz ist ausgeschlossen. Verzögert sich eine Teillieferung, so kann der Besteller hieraus keine Rechte wegen der übrigen Teilmenge geltend machen.

**4) Abnahme**

a) Ist eine Abnahme nach besonderen Bedingungen vereinbart, so hat der Besteller diese in unserem Werk auf eigene Kosten durchzuführen.

b) Unterlässt der Besteller diese Abnahme, so gelten die Waren mit Verlassen unseres Werkes als bedingungsgemäß geliefert.

**5) Versand und Gefahrenübergang**

a) Unsere Lieferungen erfolgen ab Werk.

b) Mit Versandbereitschaft geht jede Gefahr auf den Besteller über, unabhängig davon, wann die Waren unser Werk verlassen oder ob der Transport mit eigenen Beförderungsmitteln erfolgt.

c) Versandweg und Beförderungsmittel sind, sofern nicht anders vereinbart, unserer Wahl unter Ausschluss jeder Haftung überlassen.

d) Eine Transportversicherung erfolgt nur auf ausdrücklichen Wunsch des Bestellers und dann für seine Rechnung und gemäß besonderer Vereinbarungen.

**6) Verpackung**

a) Packmittel werden billigst berechnet. Als Einweg-Verpackung gekennzeichnete Pack- und Packhilfsmittel werden nicht zurückgenommen. Leihweise überlassene oder tauschbare Packmittel sind sofort zurückzugeben oder zu tauschen. Für nicht zurückgesandte Leih- und Tauschverpackung stellen wir die Kosten für die Neuanschaffung in Rechnung. Für spesenfrei zurückgesandte Mehrweg-Verpackung (z. B. Kisten u. Ä.), die in gebrauchsfähigem Zustand bei uns eintrifft, vergüten wir 2/3 der berechneten Werte.

**8) Gewährleistung**

...

g) Für Zubehörteile, die nicht von uns selbst hergestellt sind, treten wir unter Ausschluss jeder weiteren Gewährleistung unsere sämtlichen Gewährleistungsansprüche, die uns gegen Unterlieferanten zustehen, an unsere Kunden ab.

**9) Rat und Empfehlung**

Unsere Konstruktions- und Werkstoffvorschläge werden nach bestem Wissen und Gewissen erteilt, jedoch unter Ausschluss jeglicher Haftung.

**10) Zahlungsbedingungen**

a) Unsere Rechnungen sind innerhalb 30 Tagen nach Rechnungsdatum in bar ohne Abzug zu zahlen.

b) Kosten für Modelle, Gießwerkzeuge und Vorrichtungen sind stets im Voraus zu zahlen.

c) Gegenansprüche einschließlich der Gewährleistungsansprüche des Bestellers berechtigen ihn nicht zur Aufrechnung oder zur Zurückhaltung seiner Zahlungen.

d) Zahlt der Besteller nicht vereinbarungsgemäß, sind wir berechtigt, vom Fälligkeitstage an Zinsen in Höhe von 4 % über Diskontsatz der Deutschen Bundesrepublik zu berechnen.

e) Nichteinhaltung der Zahlungsbedingungen oder Umstände, welche die Kreditwürdigkeit des Bestellers zu mindern geeignet sind, haben die sofortige Fälligkeit aller unserer Forderungen ohne Rücksicht auf hereingenommene Wechsel zur Folge. In diesen Fällen sind wir außerdem berechtigt, nur noch gegen Vorauszahlung oder Sicherstellung weiterzuliefern sowie nach angemessener Nachfrist vom Vertrage zurückzutreten oder Schadenersatz wegen Nichterfüllung zu verlangen.

Hier sind Notizen. Wo steht das im Text? Suchen Sie die entsprechenden Sätze.

Die Preise können sich ändern. = _____

Es gilt nur der Preis in der Auftragsbestätigung. = _____

Der Preis ist ohne Verpackung. = _____

Die Lieferzeit kann sich ändern. = _____

Sie beginnt, wenn alle Bedingungen erfüllt sind. = _____

Der Kunde muss die Kosten für den Transport ab Werk übernehmen. = _____

Der Kunde haftet für den Transport. = _____

Der Lieferant kann das Transportmittel (z. B. Schiff, Bahn, LKW) und den Versandweg wählen (z. B. von Neckarsulm über Nürnberg nach Berlin). = _____

Für die Verpackung gewährt der Lieferant einen günstigen Preis. = _____

Der Lieferant leiht auch Verpackung. Man muss sie sehr schnell zurückgeben. = _____

Der Kunde muss die Ware innerhalb von 30 Tagen nach Rechnungsdatum zahlen. Er bekommt kein Skonto. = _____

# Grammatik

## 1 Interrogativpronomen: lokal und temporal

| lokal | | temporal | |
|---|---|---|---|
| wo? | in Italien (Land) | wann? | morgen, gestern, heute |
| | in Rom (Stadt) | | am Dienstag, am 15. Mai |
| | bei Bosch (Firma) | | um 18 Uhr |
| (bei wem?) | bei Herrn Müller (Person) | | nach der Messe |
| | | | vor der Messe |
| | | | |
| woher? | aus Italien (Land) | ab wann? | ab heute, |
| | aus Rom (Stadt) | | ab nächster Woche |
| | vom Bahnhof/von der Firma X. | | |
| (von wem?) | vom Chef (Person) | bis wann? | bis zum 30. Mai |
| | | | |
| wohin? | nach Italien (Land) | von wann | |
| | nach Stuttgart (Stadt) | bis wann? | vom 11. bis 13. Mai |
| | zum Bahnhof/zur Firma Koch | | |
| (zu wem?) | zu Herrn Dr. Müller (Person) | | |

## 2 Interrogativpronomen mit Präposition

| | |
|---|---|
| Mit wem haben Sie gesprochen? | Mit Herrn Müller. |
| Womit (Wie?) fahren Sie nach Italien? | Mit dem Auto. |
| | |
| Von wem sprechen Sie? | Von Frau Meier. |
| Wovon sprechen Sie? | Von der neuen Maschine. |
| | |
| Zu wem möchten Sie? | Zu Herrn Dr. Krug. |
| Wozu dient die Maschine? | Zum Schleifen. |
| | |
| Auf wen warten Sie? | Auf Frau Meucci. |
| Worauf warten Sie? | Auf den Bus |
| Woraus ist die Maschine? | Aus Metall. |

| | | | |
|---|---|---|---|
| **Präposition + Interrogativpronomen für Personen** | Auf wen? | (warten) | Auf Herrn Meier/auf ihn. |
| | Mit wem? | (fahren) | Mit Frau Meucci/mit ihr. |
| **Wo (r) + Präposition für Sachen** | Worauf? | (warten) | Auf den Bus/darauf. |
| | Womit? | (fahren) | Mit dem Auto/damit. |

## 3 Pronominaladverbien (→ Kap.1)

Ich bin mit Ihrem Angebot einverstanden.
Ich gehe von einem Preisnachlass aus.

Ich bin damit einverstanden. (= Sache)
Ich gehe davon aus, dass Sie mir einen
Preisnachlass gewähren.

**aber:**
Ich bin mit Herrn Longhi einverstanden.

Ich bin mit ihm einverstanden. (= Person)

| Präposition + Ergänzung | ⟶ | da(r) + Präposition |
|---|---|---|
| mit Ihrem Angebot | | damit |
| von einem Preisnachlass | | davon + dass-Satz |

## 4 Interrogativpronomen: welcher/welche/welches

| | | |
|---|---|---|
| Welche | Maschine wollen Sie nehmen? | Die große hier. |
| Welcher | Motor interessiert Sie? | Der Elektromotor. |
| Welche | Zahlungsbedingungen haben Sie? | Unsere Zahlungsbedingungen sehen so aus: … |
| Für welches | Modell interessieren Sie sich? | Für das Standardmodell. |

**Singular**

| | maskulin | | feminin | | neutral | |
|---|---|---|---|---|---|---|
| **Nominativ** | welch-er | Motor | welch-e | Maschine | welch-es | Auto |
| **Akkusativ** | (für) welch-en | Motor | welch-e | Maschine | welch-es | Auto |
| **Dativ** | (mit) welch-em | Motor | welch-er | Maschine | welch-em | Auto |
| **Genitiv** | welch-es | Motors | welch-er | Maschine | welch-es | Autos |

**Plural**

| | | |
|---|---|---|
| **Nominativ** | welch-e | Motoren/Maschinen/Autos |
| **Akkusativ** | (für) welch-e | Motoren/Maschinen/Autos |
| **Dativ** | (mit) welch-en | Motoren/Maschinen/Autos |
| **Genitiv** | welch-er | Motoren/Maschinen/Autos |

## 5 Nebensätze: Konditionalsätze

| Hauptsatz | Nebensatz |
|---|---|
| Wir können Ihnen einen Rabatt gewähren, | wenn Sie sofort zahlen. |

Das finite Verb steht im Nebensatz am Satzende.
Wenn der Nebensatz vor dem Hauptsatz steht, dann beginnt der Hauptsatz mit dem finiten Verb.

| Nebensatz finites Verb am Satzende | | | Hauptsatz finites Verb am Satzanfang |
|---|---|---|---|
| Wenn Sie sofort | zahlen, | dann | können wir Ihnen einen Rabatt geben. |
| Wenn es | geht, | | möchte ich die Haube in Schwarz haben. |
| | | | nehme ich 1000 Stück davon. |

| Bedingung | ⟶ | Konsequenz |
|---|---|---|

## Prädikative Verwendung

Vergleichen Sie.

| | | | |
|---|---|---|---|
| Das Modell *Roma* | | | |
| ist | schön. | | |
| ist | billig. | | |

| | | | |
|---|---|---|---|
| Das Modell *Alba* | | | |
| ist | schön-er | als das Modell *Roma*. |
| ist | billig- er | als das Modell *Roma*. |

> sein + Adjektiv
> Positiv

> sein + Adjektiv + -er
> als Komparativ

MEMO

> Der Komparativ drückt einen Unterschied zwischen zwei Dingen aus.
> Das Adjektiv erhält das Suffix **-er.** Das Vergleichswort ist „als".
> In prädikativer Stellung haben Adjektive keine Endung. Das gilt für Positiv und Komparativ.

## Adverbiale Verwendung

Das Modell *Roma* kostet 300.– DM.          Das Modell *Alba* kostet 280.–DM.

| | | | | |
|---|---|---|---|---|
| Das Modell *Roma* | kostet | mehr | als | das Modell *Alba*. |
| Das Modell *Roma* | gefällt mir | besser | als | das Modell *Alba*. |
| Der Kunde | entscheidet sich | schneller | als | der andere. |

MEMO

> Adjektive kann man auch als Adverbien gebrauchen. Als Adverbien haben sie keine Endung.
> Das Adverb charakterisiert das Verb oder einen Sachverhalt genauer: Wie passiert etwas?
> Warum geschieht etwas? Wann und Wo?

| Besonderheit | regelmäßig | | unregelmäßig | |
|---|---|---|---|---|
| | **Positiv** | **Komparativ** | **Positiv** | **Komparativ** |
| | schnell | schneller als | gut | besser als |
| | schlecht | schlechter als | viel | mehr |
| | wenig | weniger als | gern (Adverb) | lieber |
| | niedrig | niedriger als | | |
| Adjektive auf -er,-el Vokal fällt weg | teuer | teurer als | | |
| | dunkel | dunkler als | | |
| einsilbige Adjektive mit Umlaut | alt | älter als | | |
| | groß | größer als | | |
| | kalt | kälter als | | |
| | kurz | kürzer als | | |
| | lang | länger als | | |
| | warm | wärmer als | | |
| mit Umlaut und anderem Auslaut- konsonanten | hoch | höher als | | |

# Übungen

**1** **Rekonstruieren Sie den Dialog zwischen Kunden und Lieferanten. Spielen Sie ihn dann.**

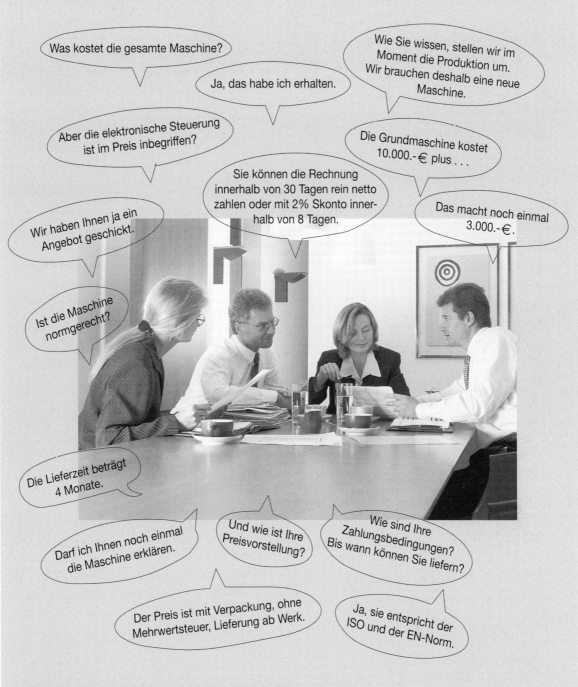

Was kostet die gesamte Maschine?

Ja, das habe ich erhalten.

Wie Sie wissen, stellen wir im Moment die Produktion um. Wir brauchen deshalb eine neue Maschine.

Aber die elektronische Steuerung ist im Preis inbegriffen?

Die Grundmaschine kostet 10.000.-€ plus ...

Sie können die Rechnung innerhalb von 30 Tagen rein netto zahlen oder mit 2% Skonto innerhalb von 8 Tagen.

Das macht noch einmal 3.000.-€.

Wir haben Ihnen ja ein Angebot geschickt.

Ist die Maschine normgerecht?

Die Lieferzeit beträgt 4 Monate.

Darf ich Ihnen noch einmal die Maschine erklären.

Und wie ist Ihre Preisvorstellung?

Wie sind Ihre Zahlungsbedingungen? Bis wann können Sie liefern?

Der Preis ist mit Verpackung, ohne Mehrwertsteuer, Lieferung ab Werk.

Ja, sie entspricht der ISO und der EN-Norm.

→ *Wie Sie wissen, stellen wir im Moment die Produktion um. Wir brauchen deshalb eine neue Maschine.*

→ *Wir haben Ihnen ja ein Angebot geschickt ...*

→ *Ja, das habe ich ...*

## 2  Wie können Sie auch sagen?

1. Der Preis ist zu hoch.
   ○ Das ist zu wenig.
   ○ Das ist zu teuer.
   ○ Den Preis können wir zahlen.

2. Der Preis ist mit Mehrwertsteuer.
   ○ zuzüglich Mehrwertsteuer
   ○ ohne Mehrwertsteuer
   ○ inklusive Mehrwertsteuer

3. Die Preise verstehen sich außer Verpackung.
   ○ mit Verpackung
   ○ inklusive Verpackung
   ○ ohne Verpackung

4. Der Preis ist freibleibend.
   ○ Der Preis kann sich noch ändern.
   ○ Der Preis ist fest.
   ○ Der Preis ändert sich nicht mehr.

5. Die Preise verstehen sich ausschließlich Montage.
   ○ inklusive Montage
   ○ ohne Montage
   ○ zuzüglich Montage

## 3  Welche Wörter passen nicht?

Die Lieferung erfolgt   per LKW – mit der Bahn – mit der Post – mit Seefracht – mit MWSt.
Die Lieferung erfolgt   ab Werk – ab Lager – frei Haus – freitags – frei italienische Grenze
Die Lieferung erfolgt   sofort – in 6 Monaten – zum Bahnhof – zum 15. September
Der Preis ist   mit Verpackung – ohne Verpackung – ohne Ware – ohne Montage
Die Rechnung ist zahlbar   gegen Vorauszahlung – per Banküberweisung – per LKW – gegen Akkreditiv

## 4  Ergänzen Sie die Texte mit Verben, Adjektiven und Substantiven.

*Abzug – gelten – Lieferung – Mehrwertsteuer – Montage – Preise – Rechnungen – Skonto – Tagen – Verpackung – Werk – zahlbar*

**Text A:**

Die Preise _____ ab _____ oder Lager, ausschließlich _____, ohne Aufstellung und _____ sowie ausschließlich der gesetzlichen _____. Es werden die am Tage der _____ gültigen _____ berechnet.

**Text B:**

Unsere _____ sind _____ nach Wahl: Innerhalb 8 _____ ab Rechnungsdatum mit 2 % _____ oder innerhalb 30 Tagen ab Rechnungsdatum ohne _____.

## 5  Ergänzen Sie die Präpositionen.

Herr Longhi und Frau Bellavista sind _____ 6. Mai _____ 7. Mai _____ Stuttgart _____ der Firma Koch-Küchen. Frau Bellavista ist schon einen Tag früher _____ Stuttgart gefahren. Dort wohnt sie _____ Hotel Pannonia. Herr Schultheiß hat sie _____ seinem Auto _____ Hotel abgeholt und ist _____ ihr _____ Firma gefahren. _____ nächsten Tag kommt ihr Chef _____ Mailand. Er ist _____ dem Flugzeug _____ Stuttgart geflogen. Jetzt ist er _____ der Firma Koch und spricht _____ Herrn Schultheiß über das Angebot.

**6** **Rekonstruieren Sie den Inhalt der Verkaufsverhandlung.**

| | | |
|---|---|---|
| Herr Longhi | sein | zur Fa. Koch-Küchen |
| Er | herstellen | ab 1. Oktober |
| Herr Schultheiß | sein | mit Herrn Schultheiß |
| Die Firma Celestini | fragen | 4000 Dunstabzugshauben |
| Das | möchte … kaufen | nach dem Preis |
| Das Standardmodell | kann liefern | mit Verpackung, ohne Mehrwertsteuer |
| Der Preis | ist gefahren | zu spät für Herrn Schultheiß |
| Er | gibt es | die Hauben in einer anderen Farbe |
| Er | sprechen | in den Farben Grau und Schwarz |

HERR LONGHI IST ZUR FA. KOCH-KÜCHEN GEFAHREN. _____

_____

_____

_____

_____

_____

_____

**7** **Bilden Sie Fragen mit den Interrogativpronomen *welcher – wie viel – wann – woraus – wie* etc.**

Herr Schultheiß hat viele Fragen an Herrn Longhi.

Herr Schultheiß:

_____ kostet die Dunstabzugshaube?
_____ Normen entspricht die Haube?
_____ besteht der Filter?
_____ Zahlungsbedingungen haben Sie?
_____ können Sie die Maschine liefern?
_____ verschicken Sie die Ware?

Herr Longhi:

Das Standardmodell _____.
Sie entspricht _____.
Der Filter ist aus Metall.
Unsere Zahlungsbedingungen sehen so aus: …
Frühestens ab September.
Mit dem LKW.

Herr Longhi möchte auch einige Informationen von Herrn Schultheiß haben.

Herr Longhi:

_____ Dunstabzugshaube
möchten Sie nehmen?
_____ Menge?
Und in _____ Ausführung?


In _____ Farbe möchten Sie
die Dunstabzugshaube haben?
_____ brauchen Sie die Waren?

Herr Schultheiß:

Das Modell *Monalisa*.

Ich nehme davon 2000 Stück.
1000 in der Standardausführung
und 1000 in der Sonderausführung.
_____ Farben gibt es noch?

In Metall und in Blau.
So bald wie möglich.

**8** **Erklären Sie Ihre Strategie bei Verhandlungen. Ergänzen Sie die Sätze.**

*der Preis ist nicht so wichtig – ~~man kann einen Rabatt gewähren~~ – das Produkt findet keinen Käufer – der Kunde erhält ein Skonto – die Kunden sind zufrieden*

Wenn der Kunde die Rechnungen sofort zahlt, dann _____

Wenn der Kunde mehr Maschinen kauft, dann _KANN MAN EINEN RABATT GEWÄHREN._

Wenn der Lieferant pünktlich liefert, dann _____

Wenn die Qualität stimmt, dann _____

Wenn das Produkt schlecht ist, dann _____

**Abkürzungen und Aussprache**

Hören Sie die Abkürzungen. Sprechen Sie nach.
Bei einigen Abkürzungen spricht man die einzelnen Buchstaben (z. B. B-A-S-F), bei anderen
spricht man die Silben aus (z. B. ISO).

| DIN | CE-Norm | EN | BLZ | LKW | ISO | GmbH |
|-----|---------|-----|-----|-----|-----|------|
| PKW | TÜV | z. B. | PR (=Public Relations) | vgl. | VDE | EU |

| silbische Aussprache | Aussprache der Buchstabennamen |
|----------------------|-------------------------------|
| _iso_ _____ | _BASF_ _____ |
| _____ | _____ |
| _____ | _____ |

Interessieren Sie sich für deutsche Prüfzeichen?
Dann schreiben Sie an diese Adressen und bitten Sie um Informationen.

Verband der Technischen
Überwachungsvereine e.V. (VdTÜV)
Postfach 10 38 34
45038 Essen
Fax: 0201/89 871 20

Verband deutscher Elektrotechniker e. V. (VDE)
Stresemannallee 15
60596 Frankfurt/Main
Fax: 0 69/6 31 29 25

**10  Wortbildung**

Suchen Sie Beispiele in Kapitel 2. Markieren Sie auch den Akzent.
Der Hauptakzent liegt auf dem Bestimmungswort.

| Substantiv | + | Suffixe | ⟶ | Adjektiv |
|---|---|---|---|---|

_____ – **arm** (arm an, enthält, produziert, macht wenig von . . . )

_____ _SÁLZ_ – **arm** (das Gericht enthält wenig Salz)

_____ – **gerecht**

_____ – **gerecht**

_____ _FRÍST_ – **gerecht** (etwas entspricht einer Norm, einem Gesetz, man hält
bestimmte Bedingungen ein: eine fristgerechte Lieferung)

_____ _RÉGEL_ – **mäßig** (immer wieder)

_____ – **mäßig**

_____ _KÍNDER_ – **freundlich** (ein kinderfreundliches Hotel = Kinder sind dort
willkommen)

_____ _BEHÍNDERTEN_ – **freundlich**

Hören Sie folgende Worte und sprechen Sie nach.

| mich [ç] | mach [x] | Charakter [k] | Chef [ʃ] | Chip [tʃ] |
| | | Kunde | schön | tschüss, deutsch |

[ç]    ich – Licht – richtig – sich – sprechen – sicher – freundlich – Küche – Technik – nicht – normgerecht – Beleuchtung – Chemie

[x]    machen – acht – Woche – Sache – einfach – brauchen – Buch

[k]    Chaos – Charakter – Chrom (= Wörter aus dem Griechischen)
        Kunde – kochen – Katalog – können

[ʃ]    Chef – Chance – charmant (= Wörter aus dem Französischen)
        Menschen – Geräusch – schön – schon

[tʃ]    Chip, checken, Check-In (= Wörter aus dem Englischen)

| [ç] sprechen | [ç] nicht | [ç] Gesicht | [ç] Küchen | [ç] sicher |
| [x] Sprache | [x] Nacht | [x] gesucht | [x] Kochen | [x] Sache |

| [x] acht | [x] Nacht | [ç] schlecht | [ç] dicht | [x] roch |
| [k] Akt | [k] nackt | [k] schleckt | [k] dick | [k] Rock |

| [ʃ] Maschen | [ʃ] Kirsche | [ʃ] misch | [ʃ] Menschen |
| [x] machen | [ç] Kirche | [ç] mich | [ç] Männchen |

| [tʃ] Chile | [tʃ] Check | [tʃ] Chip |
| [ʃ] schielen | [ʃ] Scheck | [ʃ] Schiff |

Sprechen Sie.

**Keine Panik!**

Herr Mack spricht mit dem Chef über den neuen Katalog. Ein Kunde kommt. Er möchte eine Küche kaufen. Er braucht sie in acht Wochen.
Der Kunde wünscht eine einfache, aber sichere Technik. Sie soll aber auch den Sicherheitsnormen entsprechen. Das ist sehr wichtig.
Charmant und freundlich verspricht ihm Herr Mack: „Machen Sie sich keine Sorgen. Die Beleuchtung ist normgerecht. In dieser Küche können Sie wie ein Meisterkoch kochen."
„Wer, ich? Ich kann gar nicht kochen. Die Küche ist nicht für mich. Aber vielleicht mache ich auch noch einen Kochkurs."

Ordnen Sie passende Wörter aus dem Text zu.

| [ç] | [x] | [k] | [ʃ] |
| ICH | AUCH | KEINE | WÜNSCHT |
| _____ | _____ | _____ | _____ |
| _____ | _____ | _____ | _____ |
| _____ | _____ | _____ | _____ |
| _____ | _____ | _____ | _____ |

Sicher, Geschäftsleute haben oft keine Zeit für das kulturelle Angebot in einer Stadt. Aber werfen Sie doch einmal einen Blick auf einen Veranstaltungskalender.
Was kann man wo sehen? Ordnen Sie zu.

*der Film – die Komödie – das Theaterstück – das Gemälde – das Bild – der Krimi – die Tragödie – die Skulptur – das Drama – das Kabarett*

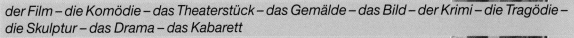

| Ausstellungen | Kino | Schauspiel-haus/Theater | Musik Ballett, Tanz Oper, Ope-rette, Musical Konzert (Klas-sik, Jazz, Rock) |
| --- | --- | --- | --- |
| | | | |

Angela Bellavista interessiert sich sehr für Veranstaltungen in Stuttgart. Schließlich will sie sich mit ihrem Freund Axel treffen und einiges mit ihm unternehmen.
Suchen Sie für Angela Veranstaltungen aus, die am 8. Mai, einem Feiertag (= Christi Himmelfahrt), stattfinden.

**TERMINE**

**DO, 8.5.**

| MUSIK | FILM | THEATER/TANZ | KLEINKUNST |
| --- | --- | --- | --- |
| **Skyclad, Laberinto und Maraya** Folk mit Metallic-Legierung **Die Röhre,** 21 Uhr | **Heute Filmstarts:** **Kama Sutra** – Erotisches Drama um eine indische Prinzessin **Metro** – Eddie Murphy löst das Action-Ticket | **Ach. Faust! Erinnerung** Nach Johann Wolfgang von Goethe – Gastspiel von Ignaz Kirchner **Kammertheater,** 20 Uhr | **Der magische Gong** Compagnia Teatro Dimitri **Forum Theater,** 20.15 Uhr |
| **oh. & Rad, Sechs Pianos** Fränkischer Postrock **Großer Bär,** 21 Uhr | **Rosannas letzter Wille** – Romantische, italienische Liebeskomödie **Stonewall** – N.Y.C., Gay Riots, 1969: Schwule contra Cops | **Maria Stuart** Von Friedrich Schiller **LTT,** Tübingen, 20 Uhr | **Ngyuen Thi Phuong Phuong** Mimenkunst des mythologischen Asiens **Makal-City-Theater,** 20 Uhr |
| **Latin Quarter** Politisch korrekter Softrock **Scala,** Ludwigsburg, 20 Uhr | Uhrzeiten und Kinos entnehmen Sie bitte Ihrer Tageszeitung | **2x Auf hoher See** Von Slawomir Mrozek **Studio Theater,** 20 Uhr | **Peters Plattenteller** **WLB,** Esslingen, 19.30 Uhr |
| **Slick & Desmond Q Hirnch** Rock der 90er **Areal,** Leinfelden-Echterdingen, 20.30 Uhr | **Haben (oder nicht)** Liebesgeschichte (franz. OmU) **Caligari,** Ludwigsburg, 20.15 Uhr | **Der Rosenkavalier** Oper von Richard Strauss **Großes Haus,** 17 Uhr | **Gustaf und sein Ensemble** Szenen mit Solo-Marionetten **Figurentheater FITS,** 20 Uhr |

**13** | **Diskutieren Sie in der Gruppe.**

| Was gefällt Ihnen | besser, | ein Liebesfilm oder ein Krimi? Warum? |
| --- | --- | --- |
| Wohin gehen Sie | lieber, | in eine Ausstellung oder in ein Konzert? |

## 14 Erfinden Sie Dialoge.

– zwischen Angela und ihrem Freund
– zwischen zwei Geschäftsleuten

REDEMITTEL **Was wollen wir unternehmen?**

| Sprecher 1 | Sprecher 2 |
|---|---|
| Was möchtest du denn machen?<br><br>Worauf hast du Lust? | Ich möchte mal wieder...<br>Was möchten Sie denn machen?<br>... in eine Ausstellung, ins Kino gehen<br>... in die Oper, ins Konzert gehen<br>... ein Theaterstück sehen |
| Was gibt's denn?<br>Was läuft denn (im Kino)?<br>Was ist das für eine Oper?<br>Was ist das für ein _____? | In der Oper spielen sie „Tannhäuser".<br>Das ist eine Oper von Richard Wagner.<br>Im Kino läuft „Der Himmel über Berlin".<br>Das ist ein _____ von Wim Wenders über...<br>In der Staatsgalerie gibt es eine Ausstellung<br>über die „Magie der Zahlen". |
| Wie ist die Ausstellung, der Film...? | interessant, langweilig, spannend, amüsant,<br>schön, modern, unterhaltsam... |
| Besorgst du die Karten?<br>Besorgen Sie die Karten? | |

Rufen Sie im Kino/Theater an und reservieren Sie Plätze bzw. Karten.

## 15 Kennen Sie deutsche Filme, Romane, Dramen, Opern? Hier sind einige Titel.

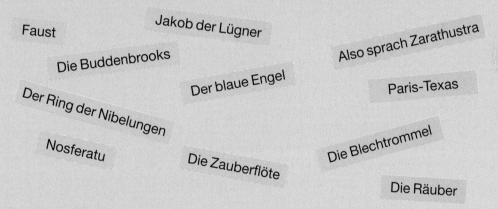

Faust

Jakob der Lügner

Also sprach Zarathustra

Die Buddenbrooks

Der blaue Engel

Paris-Texas

Der Ring der Nibelungen

Nosferatu

Die Zauberflöte

Die Blechtrommel

Die Räuber

Beschreiben Sie Ihr Lieblingsbuch, Lieblingsbild oder Ihren Lieblingsfilm.

# 3 — Banken

*In diesem Kapitel finden Sie folgende Themen:*

A: Frankfurt und die deutschen Banken, B: Zahlungsweisen im Außenhandel, C: Zahlungsbedingungen, D: Zahlungsschwierigkeiten

## A — Frankfurt und die deutschen Banken

### A 1  Welche deutschen Banken kennen Sie?

Welche deutschen Banken haben Filialen oder Vertretungen in Ihrem Land? Viele dieser Banken haben ihren Hauptsitz in Frankfurt . . .

Frankfurt ist eines der bedeutendsten Finanz- und Dienstleistungszentren Europas. Allein 50 000 Menschen arbeiten in Frankfurts über vierhundert Banken und Geldinstituten. Neben den Banken und rund 170 Versicherungsgesellschaften ist Frankfurt auch die Hochburg der Werbung. 71 % der Frankfurter Arbeitnehmer erbringen ausschließlich Dienstleistungen. 50 000 Meetings, Tagungen und Kongresse und 2,6 Mio. Messebesucher im Jahr machen die Stadt zusätzlich zu einem zentralen Businesstreffpunkt in Mitteleuropa.

● **Viele Frankfurter arbeiten im Dienstleistungssektor.**

Welche Bereiche gehören dazu?

BANK,

● **Ergänzen Sie die Informationen aus dem Text. Welche Tätigkeiten üben die Menschen dort aus?**

*Ein Bankangestellter ist bei einer Bank tätig, vergibt Kredite.*
*Ein Grafiker gestaltet Werbeplakate.*

**Szenen in einer deutschen Bank.**

Ergänzen Sie die Verben. Manchmal passen auch zwei Verben. Hören Sie anschließend die Dialoge und nummerieren Sie sie.

*einreichen – aufnehmen – abheben – eröffnen – tätigen – einrichten – vornehmen*

Wer will . . .
- ○ ein Konto _____?
- ○ einen Kredit _____?
- ○ Geld vom Sparkonto _____?
- ○ einen Scheck _____?
- ○ eine Überweisung _____?

● **Hier sehen Sie einige Formulare. Wer muss welches Formular ausfüllen?**

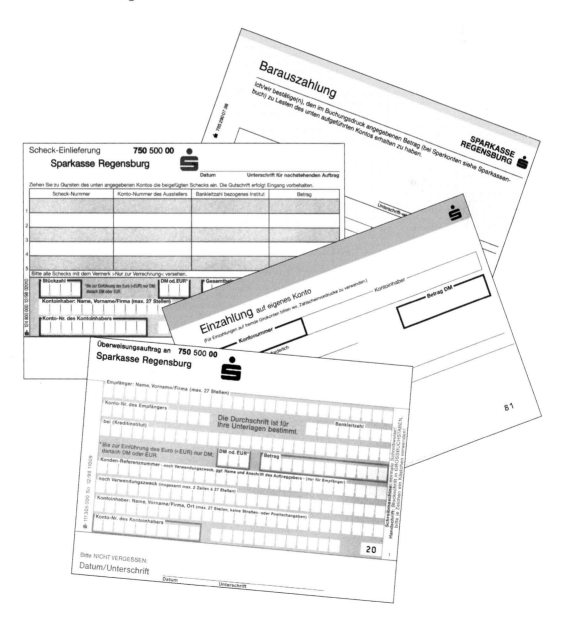

## A 3 Hören Sie die Dialoge nochmals.

Hier sind Dialogteile aus den ersten drei Dialogen. Rekonstruieren Sie sie. Wenn Sie die Sätze in die richtige Reihenfolge bringen, gibt es für jeden Dialog ein Lösungswort.

Dialog 1: K ___ ___ ___ ___    Dialog 2: ___ ___ ___ ___    Dialog 3: ___ ___ ___ ___

Kann ich das Geld gleich mitnehmen? **L**

Bitte füllen Sie den Vordruck aus. **E**

Ein Girokonto. **N**

Sind Sie schon Kundin unseres Hauses? **T**

Haben Sie das Sparbuch dabei? Füllen Sie doch bitte das Formular hier aus. **I**

Ich möchte Geld von meinem Sparkonto abheben ... **Z**

Was für ein Konto? **O**

Ja. Und hier bekomme ich von Ihnen noch eine Unterschrift. Sie haben ein Passwort für das Konto. Sind Sie bitte so freundlich und nennen Sie es mir? **S**

Welches? Das gelbe hier? **N**

Nein, tut mir Leid. Der Betrag wird Ihrem Konto gutgeschrieben ... **D**

Ja, in Heidelberg. Wir sind jetzt hierher gezogen. Und da möchte ich das Konto nach Regensburg verlegen. **O**

Ich möchte gern bei Ihnen ein Konto eröffnen. **K**

Ich möchte gern diesen Scheck auf mein Konto einreichen. **G**

## A 4 Wortfeld „Bank"

| Konto | bargeldloser Zahlungsverkehr | Kreditgeschäft |
|---|---|---|
| das Girokonto, laufendes Konto das Sparkonto der Kontostand der Kontoauszug | der Dauerauftrag die Überweisung die Lastschrift der Scheck:     der Barscheck     der Verrechnungsscheck das Homebanking der Wechsel | der Verfügungskredit/ der Dispositionskredit der Konsumentenkredit der Ratenkredit das Darlehen |
| ein Konto eröffnen auflösen sperren überziehen ausgleichen einen Betrag vom Konto abheben, abbuchen ... | einen Scheck ausstellen einlösen, einreichen sperren zur Verrechnung ausstellen einen Betrag überweisen eine Überweisung vornehmen einen Überweisungsauftrag erteilen einen Dauerauftrag einrichten der Scheck ist nicht gedeckt | einen Kredit aufnehmen zurückzahlen gewähren/einräumen die Bonität prüfen ein Projekt finanzieren |

● **Spielen Sie ähnliche Dialoge wie in A 2 in der Bank.**

→ Sie arbeiten in Deutschland. Sie wollen ein Girokonto eröffnen: Über das Konto laufen die Miete, Nebenkosten (Strom, Telefon), Fernsehgebühren etc.

→ Sie wollen einen Betrag überweisen. Sie zahlen das Geld bar ein.

G3,4 | Seite 65
Ü1,2 | Seite 66
Ü5 | Seite 68

**Neue Technologien sorgen für mehr Bequemlichkeit.**

Lesen Sie den Text. Welche Vorteile und Nachteile bietet das Homebanking?

Seine Bankgeschäfte auch per Telefon oder Fax zu erledigen gehört bei den meisten Banken heute schon zum guten Ton. Das so genannte Homebanking vom heimischen PC aus soll für noch mehr Bequemlichkeit und Schnelligkeit sorgen. Über 1200 Kreditinstitute bieten es ihren Kunden inzwischen an. Wer an den T-Online-Dienst der Deutschen Telekom angeschlossen ist, kann so seine Bankgeschäfte von zu Hause erledigen. Rund 900 000 Homebanking-Kunden gibt es zur Zeit in Deutschland. Experten sagen diesem Vertriebsweg ein starkes Wachstum von etwa zehn Prozent jährlich voraus.

Durch den Wettbewerb in der jungen Telekommunikationsbranche hat jetzt die Telekom Konkurrenz erhalten. Die Direkt Anlage Bank (DAB) hat sich gerade mit dem Online-Anbieter America Online (AOL) zusammengetan. „Die grafische Oberfläche ist leicht zu bedienen, das Informationsangebot besser und die Geschwindigkeit höher als bei T-Online", schwärmt Matthias Kröner, Leiter des Privatkundengeschäfts der DAB.

Seit Anfang dieser Woche bieten die Münchner ihr so genanntes Direkt-Online-Depot an. Wer auf den neuen Dienst umsteigt, erhält Rabatt. Die Preise im Wertpapiergeschäft hat die Direkt Anlage Bank gegenüber ihren derzeitigen Discountpreisen nochmals um mehr als 50 Prozent reduziert.

Das bequeme Homebanking hat trotzdem seinen Preis. Wie bei T-Online fallen auch bei AOL Gebühren an. Mit 9,90 Mark pro Monat, inklusive zwei Freistunden, ist der Kunde dabei. Danach kostet jede Minute 10 Pfennig. Dazu kommen die Telefongebühren.

| Vorteile des Homebanking | Nachteile des Homebanking |
|---|---|
| BEQUEM | |

● **Wie sehen die Prognosen für die Zukunft aus?**

Die Experten sagen ein Wachstum von etwa 10 % voraus. Was heißt das?
○ Die Zahl der Homebanking-Kunden steigt bald um 10 %.
○ Die Zahl der Homebanking-Kunden beträgt bald 10 %.
○ 10 % der Bankkunden nutzen jetzt schon das Homebanking.

● **Die deutsche Telekom hat Konkurrenz bekommen.**

Wie versucht die DAB, Kunden zu bekommen?

| Das System der AOL | Direkt-Online-Depot |
|---|---|
| | |

● **Wie bezahlen Sie in Ihrem Land?**

| | bar | mit Scheck | per Überweisung | Leasing | Homebanking | Dauerauftrag | in Raten | Kreditkarte | Sonstiges |
|---|---|---|---|---|---|---|---|---|---|
| 1. Miete | | | | | | | | | |
| 2. Nebenkosten (Gas, Strom, Telefon) | | | | | | | | | |
| 3. Fernsehgebühren | | | | | | | | | |
| 4. Kleidung | | | | | | | | | |
| 5. Lebensmittel | | | | | | | | | |
| 6. Versicherungen | | | | | | | | | |
| 7. Reisen | | | | | | | | | |
| 8. Auto | | | | | | | | | |
| 9. Restaurant | | | | | | | | | |
| 10. Telefon | | | | | | | | | |

## A 6 Warum wählen Sie die jeweilige Zahlungsweise?

Ich lasse die Miete von meinem Konto abbuchen,

| weil | das viel bequemer ist. |
| weil | ich sie sonst vergesse. |

Diskutieren Sie Vor- und Nachteile der jeweiligen Zahlungsweise. Wer bevorzugt wohl welche Zahlungsart? Warum?

G1 Seite 64
G2 Seite 65
Ü3,4 Seite 67
Ü12 Seite 71
Ü13,14 Seite 72
Ü15 Seite 73

---

# B — Zahlungsweisen im Außenhandel

## B 1 Hier sehen Sie ein Schaubild zum Dokumentenakkreditiv.

Nummerieren Sie die einzelnen Schritte.

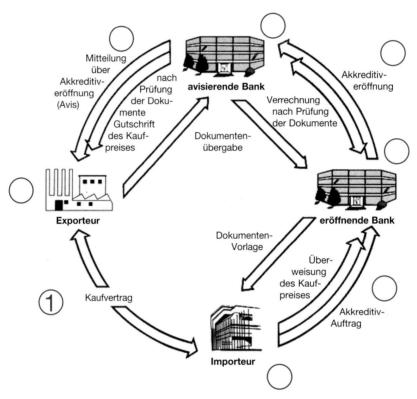

### Das Dokumentenakkreditiv

● **Suchen Sie die Verben zu den einzelnen Begriffen.**

ein Akkreditiv _____
die Akkreditiveröffnung _____
die Dokumente der Bank _____
die Dokumente _____
den Auftrag _____
den Kaufpreis _____
die Dokumente _____

avisieren
verrechnen    vorlegen
mitteilen    eröffnen
überweisen
zusammenstellen
gutschreiben    übergeben
weiterleiten
erteilen

B 2 **Abwicklung eines Akkreditivs**

Beschreiben Sie nun mithilfe der Ausdrücke die Abwicklung eines Akkreditivs. Sie können auch die Beschreibung lesen.

Nummerieren Sie die einzelnen Abschnitte. Markieren Sie die wichtigsten Begriffe.

○ Beim Dokumentenakkreditiv macht der Importeur den ersten Schritt. Nach Abschluss des Kaufvertrages und noch vor der Verladung der Ware durch den Exporteur beauftragt der Käufer seine Hausbank, zugunsten des Verkäufers ein Akkreditiv zu eröffnen.

○ Die Hausbank des Importeurs (die Akkreditivbank) übersendet der Bank des Exporteurs (avisierende Bank) das zugunsten des Exporteurs eröffnete Akkreditiv (mittels Telex, Swift oder Brief).

○ Die Bank des Exporteurs teilt diesem die Akkreditiveröffnung mit (Avis).

○ Wenn der Exporteur die Ware verladen hat, stellt er die im Akkreditiv geforderten Dokumente zusammen und reicht sie seiner Bank ein.

○ Die Bank des Exporteurs reicht die Papiere an die Akkreditivbank weiter und belastet diese mit dem Dokumentengegenwert.

○ Die Bank prüft die Dokumente auf Grund des vorliegenden Akkreditivs. Stimmen sie mit den darin genannten Bedingungen überein und wurde die Bank hierzu ermächtigt, erhält der Exporteur den Dokumentengegenwert ausgezahlt.

○ Diese prüft die Dokumente und bei Einhaltung der Akkreditiv-Bedingungen gibt sie diese gegen Zahlung des Dokumentengegenwerts an den Importeur weiter, der mit ihrer Hilfe die Ware in Empfang nehmen kann.

● Welche Zahlungsweisen bevorzugen Sie? Warum? Bei wem?

| das Dokumentenakkreditiv | die Überweisung | die Vorauskasse |
|---|---|---|
| *BEI NEUEN KUNDEN* | | |
| | | |

B 3 **Der Zahlungsauftrag**

Welche Zahlungsweise hat Herr Schultheiß von der Fa. Koch-Küchen mit Herrn Longhi vereinbart? Er hat die Buchhaltung angewiesen, den Betrag auf das Konto von Celestini zu überweisen. Füllen Sie den Zahlungsauftrag aus.

REDEMITTEL **Bankgeschäfte**

> Der Auftraggeber bezahlt die Rechnung/überweist das Geld.
> Der Begünstigte/der Empfänger erhält das Geld.
> Der Verwendungszweck: z. B. die Rechnungsnummer und das Datum
> Das Entgelt/die Spesen = Kosten der Bank

● **Herr Schultheiß hat folgende Notizen gemacht:**

ZAHLUNGSAUFTRAG IM AUSSENWIRTSCHAFTSVERKEHR
Statistische Angaben nach §§ 59 ff. der Außenwirtschaftsverordnung (AWV)

Anlage Z 1 zur AWV

Dem Geldinstitut mit Blatt 2 einzureichen

52: An (beauftragtes Kreditinstitut)

**COMMERZBANK** AKTIENGESELLSCHAFT

Bankleitzahl

Konto-Nummer des Auftraggebers

Auftraggeberreferenz

**Gegenwertzahlung**

Zahlung zu Lasten
0 = DEM-Konto
1 = Euro-Konto *)
2 = Währungskonto

Keine Angabe bedeutet Zahlung zu Lasten des DEM-Kontos

Währung — Angabe eines Währungscodes bedeutet Zahlung des Betrages im Feld 32 im Gegenwert der hier angegebenen Währung.

32: Währung   Betrag

Zielland

50: Name des Auftraggebers

Ausführungstermin

Straße

**Dauerauftrag**
1 = Eröffnung
2 = Änderung
3 = Löschung

Postleitzahl   Ort

Ausführung erstmalig am

57: Bank des Begünstigten (bevorzugt als S.W.I.F.T.-Code)   S.W.I.F.T.-Code

Ist sowohl der S.W.I.F.T.-Code als auch Name und Anschrift der Bank ausgefüllt, wird die Zahlung gemäß S.W.I.F.T.-Code ausgeführt.

Ausführung letztmalig am

Name des Kreditinstituts

**Ausführungsintervall**
1 = wöchentlich
2 = monatlich
3 = vierteljährlich
4 = halbjährlich
5 = jährlich
6 = am   Tag eines Monats

Straße

Ort / Land

Konto-Nummer des Begünstigten bzw. IBAN   nationaler Bank-Code – soweit vorhanden

**Bareinzahlung**

59: Name des Begünstigten

Kurs   DM-Gegenwert

Straße

+ Bearbeitungsentgelt   DM

Ort / Land

+ Courtage   DM

70: Verwendungszweck (nur für Begünstigten)

+ fremdes Entgelt   DM

+ Entgelt für telegr. Ausführung   DM

Einzahlungsbetrag   DM

Zusätzliche Weisungen für das Kreditinstitut (z. B. zum Weisungsschlüssel)

Fil.-Nr.   **9301185**   U-Kto.

Ausführungsart (Keine Angabe bedeutet Standard)
0 = Standard (S.W.I.F.T./Brief)
1 = Eilig (S.W.I.F.T./Telex)
2 = Scheckziehung
3 = Scheckziehung an Auftraggeber

Weisungsschlüssel (Weisungen für die zu beauftragende Bank)
1 = Avis an Bank des Begünstigten
2 = Telefonavis an den Begünstigten
3 = Telex-/Fax-Avis an den Begünstigten
4 = Zahlung gegen Legitimation

71: Entgeltregelung (Keine Angabe bedeutet alle Entgelte z.L. Auftraggeber)
0 = Entgeltteilung eigenes Entgelt z.L. Auftraggeber fremdes Entgelt z. L. Begünstigten
1 = alle Entgelte z.L. Auftraggeber
2 = alle Entgelte z.L. Begünstigten

Bei Zahlungen zu Lasten Währungskonto Entgelte zu Lasten
0 = DEM-Konto
1 = Euro-Konto *)
2 = Währungskonto
(Ohne Weisung erfolgt die Berechnung der Entgelte z.L. DEM-Konto)

**Statistische Angaben – §§ 59 ff. der Außenwirtschaftsverordnung (AWV)**

Bitte Erläuterungen beachten (siehe Rückseite)
Angaben im Sinne der Verordnung sind auch die o. g. Währung und der Zahlungsbetrag (Feldgruppe 32).

Art und Abgabe der Meldung
0 = Meldung nachstehend
1 = nur statistische Angaben weiterleiten
2 = Meldung auf anderem Vordruck
9 = nicht meldepflichtig   101

**Zahlung für:** Bitte ankreuzen, ggf. Zahlungsbetrag aufteilen   **Wareneinfuhr**   102   103: Betrag in o. g. Währung (anzugeben nur bei Aufteilung des Zahlungsbetrages)

**Sonstiges (z.B. Dienstleistungen, Kapitaltransaktionen)**   104   Bitte Felder 105 – 111 ausfüllen. Kennzahlen anhand des Leistungsverzeichnisses angeben.   **Hinweis für Transithandel**   Feld 101 mit „2" belegen; bitte Vordruck Z4 verwenden.

| 105: Kennzahl | 106: Land (Erläuterungen beachten) | Länderschlüssel | 107: Betrag in o. g. Währung (anzugeben nur bei Aufteilung des Zahlungsbetrages) |
|---|---|---|---|
| 108: Kennzahl | 109: Land (Erläuterungen beachten) | Länderschlüssel | 11.: Betrag in o. g. Währung (anzugeben nur bei Aufteilung des Zahlungsbetrages) |

111: Nähere Angaben zu den zugrundeliegenden Leistungen bzw. zum Grundgeschäft (ggf. mit weiteren Beträg.

Datum

Telefon / Durchwahl

*) Bis zur Einführung des Euro nur DEM oder Währungskonto   Unterschrift / Stempel

HD0797 3424/00/28 (1)

*(Notizzettel:)*
Geld vom Konto abbuchen, Die Überweisung geht direkt an die Bank von Celestini.
Rechnungsnummer Nr. 4689 vom 17.9. ....

Bankverbindung von Koch-Küchen:
Landesgirokasse Stuttgart BLZ 600 501 01
Kontonummer: 40 87 34

Bankverbindung von Celestini:
Cassa di Risparmino di Jesi
conto/corrente 23 45 89

● **Die Fa. Celestini ruft an. Sie fragt, ob das Geld schon überwiesen ist. Spielen Sie das Telefonat.**

Bei Banküberweisungen bis zu 5000.– DM an Empfänger aus Ländern der Europäischen Union und der Europäischen Freihandelszone (EFTA) gibt es einen so genannten EURO-Zahlungsauftrag. Lesen Sie zuerst die Informationen.

### Wichtige Informationen

Bitte benutzen Sie das Formular
- nur für Beträge bis zum Wert von DEM 5000,– oder Gegenwert in Euro bzw. der jeweiligen Landeswährung
- nur für Zahlungen an Empfänger in Länder der Europäischen Union (EU) und der Europäischen Freihandelszone (EFTA)

Der Europa-Zahlungsauftrag sollte mit Schreibmaschine ausgefüllt werden, die Angaben können jedoch auch handschriftlich erfolgen (dabei sind Großbuchstaben zu verwenden). Erforderliche Angaben sind
- Name des Zahlungsempfängers
- Kontonummer des Zahlungsempfängers
- Bank-Code der Empfängerbank
- Name der Empfängerbank mit Ortsangabe
- Entgeltregelung (Unser Entgelt bezahlen Sie als Auftraggeber, fremdes Entgelt und Auslagen tragen wahlweise Sie oder der Empfänger. Bitte kreuzen Sie Zutreffendes an; keine Angabe bedeutet Übernahme aller Entgelte durch Sie. Informationen zur Entgelthöhe erhalten Sie auf Anfrage)
- Zielland
- Währungsangabe
- Betrag (wird in Euro oder in der Landeswährung des Empfängerlandes überwiesen. DM-Beträge werden in die Landeswährung bzw. Euro umgerechnet)
- Name und Kontonummer des Auftraggebers

● **Koch-Küchen hat bei Celestini noch einige Ersatzteile bestellt:**

Rechnungsdatum vom 17. 7. …
Betrag:  2570.– DM
Füllen Sie nun den Zahlungsauftrag aus.

B 5   **Koch-Küchen liefert auch fertige Küchen nach Osteuropa.**

Hören Sie ein kurzes Telefongespräch zwischen Frau Blüm von der Buchhaltung bei Koch-Küchen und einem osteuropäischen Kunden.
Um welche Zahlungsweise geht es?
Markieren Sie am Schaubild (Akkreditiv) in B 1, an welcher Stelle es Probleme gibt.
Spielen Sie das Gespräch weiter.

B 6   **Spielen Sie einen anderen Fall.**

| | |
|---|---|
| Sie haben mit einem deutschen Kunden ein Geschäft abgeschlossen. Sie haben die Ware bereits verladen. Die Dokumente sind bereits bei Ihrer Bank. | Der deutsche Kunde ruft an. Er teilt mit, dass das Akkreditiv eröffnet ist. Er will wissen, ob die Ware schon unterwegs ist. |

## C — Zahlungsbedingungen

**C 1**  Hören Sie das Interview mit Hansjörg Rölle.

Welche  Konditionen gelten für Kunden
in Deutschland und Europa? _____
für Kunden in Südamerika und Fernost? _____
für Neukunden? _____

**C 2**  Die Hermes-Versicherung

Hansjörg Rölle sagt: „Für jeden Kunden gilt ein Kredit-Limit, das teilweise auch durch die Hermes
abgesichert ist.“
Lesen Sie hier eine Information zur Hermes-Versicherung.
Welche Funktion hat sie?

Wegen der besonders hohen Risiken, die mit langfristigen Auslandskreditgeschäften verbunden sind, ist es allerdings erforderlich, *Kreditversicherungen* abzuschließen:
- Hermes-Kreditversicherungs-AG, Hamburg, versichert als Beauftragte des Bundes gegen wirtschaftliche und politische Risiken sowie Währungsrisiken im Ausland.
- Treuarbeit-AG, Hamburg, versichert bei Kapitalanlagen im Ausland ebenfalls als Beauftragte des Bundes.
- Allgemeine Kreditversicherung AG, Mainz, und Gerling-Konzern, Köln, sind private Versicherungen, die mit eigenen Mitteln nur wirtschaftliche Risiken abdecken.

**C 3**  Welche Lieferarten werden in der metallverarbeitenden Industrie gewählt? Notieren Sie sie.

Welche Lieferart bevorzugt die Kolbenschmidt AG?

1. _____
2. _____
3. _____
4. _____

**C 4**  Der europäische Binnenmarkt:  Am 1. 1. 1993 sind in Europa die Schranken gefallen.

Was bedeutet die Einführung des Binnenmarktes für die KS AG?
Suchen Sie einen anderen Ausdruck.

Die Importzölle in Europa sind weggefallen. _____

Man kann die Waren leichter fließen lassen. _____

Die Märkte sind offener geworden. _____

Das Preisniveau geht nach unten. _____

● Wie wird die Auftragsabwicklung der Zukunft sein? Was hören Sie?

Kreuzen Sie an.

○ Fax        ○ Online        ○ Briefe        ○ Internet        ○ Telefon        ○ E-Mail

## D 1    Zahlungsverhalten in Europa

### Zahlungsverhalten und Insolvenzen in Europa

In einer im Januar 1997 veröffentlichten Studie stellte Creditreform fest, dass sich Europas Kunden Zeit bei der Bezahlung ihrer Rechnung lassen. Lange Zahlungsfristen belasten nicht nur die Stabilität deutscher Unternehmen. Vor allem Betriebe in Frankreich und Italien müssen mehr als hundert Tage auf die Begleichung ihrer Forderungen warten. Auch in Belgien, Österreich und der Schweiz hat sich das Zahlungsverhalten gegenüber dem Vorjahr leicht verschlechtert. Englische Unternehmen konnten dagegen den durchschnittlichen Zahlungseingang um einen Tag verkürzen, niederländische und deutsche Lieferanten sogar um zwei Tage.

Durchschnittlicher Zahlungseingang in Tagen nach Rechnungsdatum

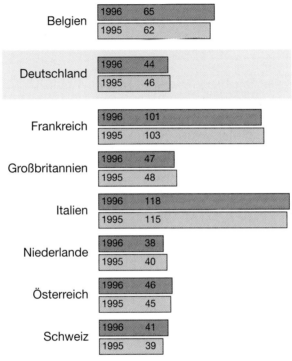

| Land | 1996 | 1995 |
|------|------|------|
| Belgien | 65 | 62 |
| Deutschland | 44 | 46 |
| Frankreich | 101 | 103 |
| Großbritannien | 47 | 48 |
| Italien | 118 | 115 |
| Niederlande | 38 | 40 |
| Österreich | 46 | 45 |
| Schweiz | 41 | 39 |

Stand: 30. Januar 1997

In welchen Ländern zahlen die Kunden spät? Beschreiben Sie die Grafik.

REDEMITTEL **Zahlungsverhalten**

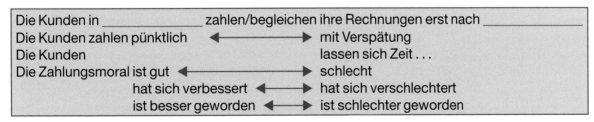

Die Kunden in _____ zahlen/begleichen ihre Rechnungen erst nach _____
Die Kunden zahlen pünktlich ◄────────► mit Verspätung
Die Kunden                       lassen sich Zeit ...
Die Zahlungsmoral ist gut ◄────────► schlecht
hat sich verbessert ◄────────► hat sich verschlechtert
ist besser geworden ◄────────► ist schlechter geworden

Warum hat sich die Zahlungsmoral verschlechtert? Welche Konsequenzen hat das gerade für kleinere und mittlere Unternehmen? Diskutieren Sie.

Hier sind einige Argumente:

wenig Eigenkapital haben – die Stabilität der Unternehmen ist gefährdet – Kosten sparen – große Konkurrenz

Viele Firmen beschäftigen Angestellte, die die Zahlungseingänge überprüfen. Hören Sie noch einmal Frau Blüm von der Buchhaltung bei Koch-Küchen. Sie hören nur Frau Blüm.

### Dialog 1

→ Frau Blüm: Guten Tag. Hier ist Blüm von der Fa. Koch-Küchen. Wir haben bei der Durchsicht unserer Zahlungseingänge festgestellt, dass Sie noch offene Rechnungen bei uns haben. Können Sie einmal nachschauen, ob die Rechnung schon beglichen ist?

→ Kunde: _____

→ Frau Blüm: Ja, das ist eine Rechnung vom 25. 3., Nr. 345/28.

→ Kunde: _____

→ Frau Blüm: Ah, Sie haben den Betrag schon angewiesen. Wann denn?

→ Kunde: _____

→ Frau Blüm: Vor zwei Wochen, sagen Sie. Gut, dann wird das Geld sicher in den nächsten Tagen auf unserem Konto eintreffen. Entschuldigen Sie noch einmal meinen Anruf. Auf Wiederhören.

### Dialog 2

→ Frau Blüm: Guten Tag, hier ist Blüm von der Fa. Koch-Küchen.

→ Kundin: _____

→ Frau Blüm: Frau Schwaiger, wir haben Sie schon vor einiger Zeit angerufen. Dürfen wir Sie daran erinnern, dass Sie die Rechnung vom 27. 3. noch nicht bezahlt haben? Können Sie einmal nachsehen?

→ Kundin: _____

→ Frau Blüm: Nein, tut mir Leid, wir haben das Geld noch nicht bekommen.

→ Kundin: _____

→ Frau Blüm: Wirklich, das Geld ist noch nicht da. Ich schicke Ihnen gern noch einmal die Rechnung per Fax zu. Dann können Sie vergleichen. Bitte bringen Sie das in Ordnung ... Auf Wiederhören.

● **Was sagen wohl die Kunden? Ergänzen Sie die Sätze sinngemäß. Vergleichen Sie die beiden Dialoge.**

Mit welchem Kunden hat die Fa. Koch-Küchen einen guten Kontakt?
Mit welchem Kunden gibt es Probleme? Woran merken Sie das?
Mahnen – ein heikles Thema. Wie mahnen Sie in Ihrem Unternehmen?

| Schriftlich | oder | mündlich? |
|---|---|---|
| Entschlossen | oder | höflich und freundlich? |
| Drohen Sie Konsequenzen an | oder | bleiben Sie verbindlich? |
| Was machen Sie bei neuen Kunden | | bei Stammkunden? |

| mündliche Mahnungen | schriftliche Mahnungen |
|---|---|
| Wir haben festgestellt, dass Sie noch offene Rechnungen bei uns haben. | Bei der Durchsicht unserer Unterlagen haben wir festgestellt, dass noch folgende Rechnungen offen sind. |
| Können Sie bitte einmal nachschauen? Haben Sie folgende Rechnungen in der Zwischenzeit bezahlt? | Wie wir unseren Unterlagen entnehmen können, sind noch folgende Rechnungen offen. |
| Dürfen wir Sie daran erinnern, dass Sie folgende Rechnungen noch nicht bezahlt haben? | Sicher ist es Ihnen entgangen, dass noch folgende Rechnungen offen sind. |
| Sicher haben Sie noch nicht gemerkt, dass noch einige Rechnungen offen sind. | Wir bitten Sie, die folgenden Rechnungen zu begleichen . . . |
| Bitte überweisen Sie uns den Betrag . . . | Bitte überprüfen Sie, ob die Rechnung in der Zwischenzeit beglichen ist. |
| | Der Kunde hat auf die Mahnungen nicht reagiert: Leider haben Sie auf unser Erinnerungsschreiben nicht reagiert. |
| | Nach der dritten Mahnung schalten wir den Anwalt ein. |

● **Frau Blüm schickt die Rechnung per Fax zu. Wählen Sie eine geeignete Formulierung aus.**

Ü6 | Seite 68
Ü7 | Seite 69

D 3 **Was tut man bei Ihnen, um die Zahlungsmoral zu verbessern?**

| Tipp eines erfahrenen deutschen Handelsvertreters: | Ihr Tipp: |
|---|---|
| → Wenn Sie bei Ihrem Kunden zu Besuch sind, dann besuchen Sie die Angestellten in der Buchhaltung. | |
| → Bauen Sie ein persönliches Verhältnis zu ihnen auf. | |
| → Zeigen Sie ihnen, dass sie auch wichtig sind. Dann bearbeiten sie die Rechnungen schneller. | |

## 1   Nebensätze: Kausalsätze

Warum/Weshalb haben Sie ein Girokonto?

**Hauptsatz**

Ich will mich nicht um jede Rechnung kümmern.

| Grund/Ursache |
| --- |

**Hauptsatz**

Ich habe ein Girokonto,

| Konsequenz |
| --- |

**Hauptsatz**

Ich habe ein Girokonto,

| Konsequenz |
| --- |

**Nebensatz/finites Verb am Ende**

Da ich mich nicht um jede Rechnung kümmern will,

| Grund/Ursache |
| --- |

**Hauptsatz**

Deshalb habe ich ein Girokonto.

| Konsequenz |
| --- |

**Hauptsatz**

denn ich will mich nicht um jede Rechnung kümmern.

| Grund/Ursache |
| --- |

**Nebensatz/finites Verb am Ende**

weil ich mich nicht um jede Rechnung kümmern will.

| Grund/Ursache |
| --- |

**Hauptsatz/finites Verb am Satzanfang**

habe ich ein Girokonto.

| Konsequenz |
| --- |

MEMO

> Man kann ein kausales Verhältnis auf unterschiedliche Weise ausdrücken.
>
> Im Hauptsatz:
> – durch ein Adverb: „daher/deshalb". Es drückt eine Konsequenz aus.
> – durch die Konjunktion „denn". Sie leitet einen Hauptsatz ein. Sie hat eine Nullposition (wie „aber, sondern, und"):
>
> | Denn | ich | will | mich nicht darum kümmern. |
> | --- | --- | --- | --- |
> | 0 | 1. | 2. Position | |
>
> Im Nebensatz:
> – durch die Konjunktionen „da, weil". Sie leiten einen Nebensatz ein. Steht der Nebensatz vor dem Hauptsatz, so beginnt der Hauptsatz mit dem finiten Verb:
>
> | Da ich wenig Zeit | habe, | habe | ich ein Girokonto. |
> | --- | --- | --- | --- |
> | | finites Verb | finites Verb | |

| **Präpositionaler Ausdruck** | | **Konjunktion** | | **Adverb** |
| --- | --- | --- | --- | --- |
| wegen | + Genitiv | da/weil | + Nebensatz | daher/ deshalb |
| aufgrund | + Genitiv | denn | + Hauptsatz | |

## 2 Die verschiedenen Bedeutungen von „lassen"

| 1. | Wir | lassen | den Betrag von unserem Konto | abbuchen. |
|---|---|---|---|---|
| | Ich | lasse | das Auto (vom Mechaniker) | reparieren. |

| lassen | + | Akkusativ | + | Infinitiv Präsens |
|---|---|---|---|---|

Bedeutung: Wir veranlassen, dass man den Betrag abbucht.
Ich veranlasse, dass der Mechaniker (= eine dritte Person) das Auto repariert.

| 2. | Wir | lassen | die Kunden | entscheiden. |
|---|---|---|---|---|
| | Wir | lassen | die Kinder ins Ausland | fahren. |

| lassen | + | Akkusativ | + | Infinitiv Präsens |
|---|---|---|---|---|

Bedeutung: Wir erlauben, akzeptieren, dass jemand etwas macht.

| 3. | Wir | lassen | das Auto vor der Bank | stehen. |
|---|---|---|---|---|
| | Ich | lasse | meinen Personalausweis zu Hause. | |

| lassen | + | Akkusativ | + | Infinitiv Präsens |
|---|---|---|---|---|

Bedeutung: etwas zurücklassen

## 3 Die Modalverben „müssen/nicht müssen", „nicht brauchen zu" und „dürfen/nicht dürfen"

Die Kunden müssen bei der Kontoeröffnung einen Ausweis vorlegen.
→ Es ist notwendig, dass sie einen Ausweis vorlegen.

Die Kunden müssen nicht unterschreiben, wenn sie Geld bar auf ein Konto einzahlen.
Die Kunden brauchen nicht zu unterschreiben, wenn sie Geld bar einzahlen.
→ Es ist nicht notwendig, dass Kunden unterschreiben.

Darf man in einer Bank rauchen?
→ Ist das Rauchen in der Bank erlaubt?

Tut mir Leid, hier dürfen Sie nicht rauchen.
→ Es ist verboten.

## 4 Funktionsverbgefüge

| Funktionsverbgefüge | Vollverb |
|---|---|
| jemandem einen Auftrag erteilen | jemanden beauftragen |
| der Bank eine Vollmacht erteilen | die Bank bevollmächtigen |

MEMO

Funktionsverbgefüge bestehen aus einem Funktionsverb (z. B. *erteilen, erfahren, führen*) und einem nominalen Teil (z. B. einem Substantiv im Akkusativ). Sie bilden zusammen eine Einheit. Das Verb kann nicht ohne den nominalen Teil stehen (und umgekehrt!). Sie haben oft die Bedeutung eines Vollverbs.

# 3 — Übungen

## 1  Ergänzen Sie die Modalverben.

Ergänzen Sie in den Dialogen sinngemäß die Modalverben „können, müssen, wollen, sollen, mögen (= möchte), dürfen", „lassen" und „nicht brauchen".

### Dialog 1

→ Bank:     Guten Tag. Was _____ KANN _____ ich für Sie tun?

→ Kundin:   Ich _____ gern ein Girokonto bei Ihnen eröffnen.

→ Bank:     _____ ich Sie ins Besprechungszimmer bitten? Dort _____ wir uns ungestört unterhalten. Sind Sie schon Kundin unseres Hauses?

→ Kundin:   Ja, in München. Ich bin jetzt nach Frankfurt gezogen, und ich _____ jetzt das Konto nach Frankfurt verlegen.

→ Bank:     . . . So, jetzt _____ Sie hier den Kontoeröffnungsantrag ausfüllen. Dann benötige ich noch Ihren Personalausweis oder Reisepass . . . Und hier noch eine Unterschrift. Zu welchem Termin _____ Sie das Konto in München auflösen?

→ Kundin:   Vielleicht nicht sofort, sagen wir zum 1. Juli . . .

### Dialog 2

→ Bank:     Guten Tag, ja bitte?

→ Kundin:   Ich _____ gern diesen Scheck auf mein Konto einreichen.

→ Bank:     Bitte füllen Sie diesen Vordruck aus.

→ Kundin:   Verzeihung?

→ Bank:     Dieses Formular hier . . . Das ist ein Orderscheck. Den _____ Sie auf der Rückseite noch unterschreiben.

→ Kundin:   _____ ich das Geld gleich mitnehmen?

→ Bank:     Nein, tut mir Leid. Der Betrag wird Ihrem Konto gutgeschrieben.

### Dialog 3

→ Bank:     Guten Tag. Was _____ ich für Sie tun?

→ Kundin:   Ich _____ einen Betrag überweisen.

→ Bank:     Von Ihrem Konto?

→ Kundin:   Nein, ich _____ den Betrag bar einzahlen.

→ Bank:     Dann _____ Sie das Formular hier ausfüllen . . .

→ Kundin:   So, bitte . . . _____ ich denn irgendwo noch unterschreiben?

→ Bank:     Nein, das _____ Sie _____. Das ist bei Bareinzahlungen auf ein inländisches Konto nicht nötig. So, und dieser Beleg ist für Sie.

## 2  Ergänzen Sie sinngemäß die Sätze.

Verwenden Sie dazu die Informationen aus den Dialogen und die Modalverben.

Wenn man einen Kredit haben ____ WILL ____, dann ____ MUSS DIE BANK DIE BONITÄT PRÜFEN ____.

Wenn man in Deutschland ein Girokonto eröffnen _____, dann _____
_____.

Wenn man einen Orderscheck einreichen _____, dann _____
_____.

Wenn man einen Betrag auf ein inländisches Konto einzahlen _____, dann _____
_____.

## 3 Nebensätze

Kombinieren Sie die Sätze. Wenn Sie die Sätze richtig kombiniert haben, ergibt sich ein Lösungswort. (Es gibt auch mehrere Lösungen!)

| | | |
|---|---|---|
| ① Heute haben viele Leute eine Lebensversicherung. | | Die Gewinne der Unternehmen und die Aktienkurse steigen. Ⓢ |
| ② Die Menschen glauben, | | Sie wollen später ein Haus bauen oder eine Wohnung renovieren. Ⓝ |
| ③ Meine Großmutter hatte noch einen Sparstrumpf. | wenn | Die Renten sind im Jahr 2010 nicht mehr so sicher. Ⓚ |
| ④ Die Banken müssen einen hohen Zins bezahlen. (= Diskontsatz) | | Sie wollen sich am Kapitalmarkt Geld für Investitionen beschaffen. Ⓚ |
| ⑤ Die Aktionäre sind zufrieden. | dass | Das Unternehmen will seine Aktien an der Börse zulassen. Ⓤ |
| ⑥ Viele Deutsche haben einen Bausparvertrag abgeschlossen. | | Sie wollen im Alter eine Zusatzrente haben. Ⓐ |
| ⑦ Viele Unternehmen gehen an die Börse. | weil, da | Für sie war das die einzige Sparmöglichkeit. Ⓣ |
| ⑧ Das Unternehmen muss bestimmte Voraussetzungen erfüllen (z. B. einen Prospekt über die Aktie und das Unternehmen erstellen). | denn + HS | Die Banken leihen sich bei der Bundesbank Geld. Ⓡ |
| ⑨ Sie müssen einen hohen Zins bezahlen (= Lombardsatz) | | Sie bekommen eine hohe Dividende. Ⓔ |
| ⑩ Man kann beobachten, | | Die Banken wollen Wechsel an die Bundesbank verkaufen. Ⓘ |

*Die Banken müssen einen hohen Zins (=Lombardsatz) zahlen, wenn sie sich Geld bei der Bundesbank leihen.*

Lösungswort:

| 1 | 2 | 3 | 4 | 5 | 6 | 7 | 8 | 9 | 10 |
|---|---|---|---|---|---|---|---|---|----|
|   |   |   |   |   |   |   |   | R |    |

## 4 Notieren Sie sich aus Übung 3 alle Ausdrücke zum Thema „Börse".

AN DIE BÖRSE GEHEN,

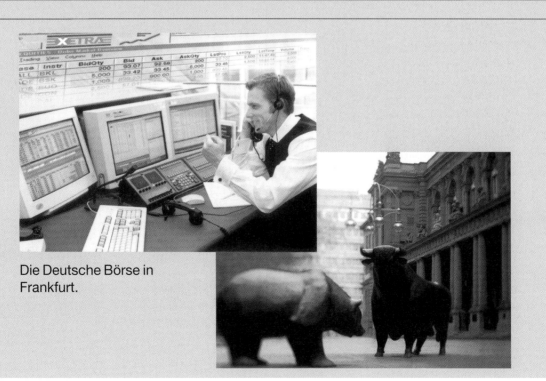

Die Deutsche Börse in Frankfurt.

## 5   Funktionsverbgefüge. Suchen Sie im Wörterbuch die entsprechenden Verben.

| | | |
|---|---|---|
| eine Überweisung vornehmen | = | etwas überweisen |
| eine Abmachung treffen | = | abmachen, vereinbaren |
| etwas auf Abzug/Raten kaufen | = | eine Ware in Raten abzahlen |
| Anklang finden | = | gefallen |
| Verhandlungen aufnehmen | = | _____ |
| einen Einfluss ausüben | = | _____ |
| einen Auftrag bekommen | = | beauftragt werden |
| einen Auftrag erteilen | = | _____ |
| zur Sprache bringen | = | etwas besprechen |
| ein Gespräch führen | = | _____ |
| eine Garantie geben | = | _____ |
| einen Rat geben | = | _____ |
| eine Zusicherung geben | = | _____ |
| Anrecht haben auf (A) | = | beanspruchen dürfen |
| ein Recht haben auf (A) | | |
| Anspruch erheben auf (A) | = | beanspruchen |
| zur Kenntnis nehmen (D) | = | etwas beachten _____ |
| einen Beitrag leisten zu (D) | = | _____ |
| etwas in Rechnung stellen | = | etwas berücksichtigen |
| etwas in Zahlung geben/nehmen | = | Der Händler verkauft z. B. ein neues Auto und nimmt dafür das alte Auto für 500.– € in Zahlung. |
| Zugang haben zu (D) | = | _____ |

In welchen Kombinationen kommt das Verb „leisten" vor? Was bedeutet es?

**leis|ten** ‹sw. V.: hat› [mhd., ahd. leisten = befolgen, erfüllen, ausführen, zu ↑ Leisten, also eigtl. = einer Spur nachgehen]: **1. a)** *schaffen, vollbringen, zustande bringen, erreichen:* er hat ewas, viel, wenig, Außerordentliches geleistet: das Buch leistet keine echte Kritik; **b)** *(Arbeit o. Ä.) verrichten, tun, machen:* gute, ganze, hervorragende Arbeit l.; zehn Überstunden l.; **c)** *(nutzbare Leistung) erbringen:* der Motor leistet 80 PS, zu wenig; **d)** ‹verblasst od. als Funktionsverb:› Beistand l. *(beistehen);* Hilfe l. *(helfen);* einen Beitrag l. *(beitragen zu etw.);* jmdm. einen guten Dienst, gute Dienste l. *(von Nutzen sein);* [jmdm.] Ersatz l. *(treu folgen);* Widerstand l. *(sich widersetzen);* Gewähr, Garantie l. *(garantieren);* Verzicht l. *(verzichten);* eine Anzahlung l. *(einen Betrag anzahlen);* eine Zahlung l. *(einen Betrag bezahlen);* eine Unterschrift l. *(unterschreiben).* **2.** (ugs.) **a)** *sich etw. Besonderes, was mit größeren Ausgaben verbunden ist, zukommen lassen, anschaffen;* sich ein neues Auto, eine große Reise l.; (scherzh.:) heute leiste ich mir mal ein Eis: **\* sich ‹Dativ› etw. l. können** *(die finanziellen Mittel zu etw. haben):* kannst du dir das auch l.?; von seinem Gehalt kann er sich kein Auto l.; **b)** *etw. zu tun wagen, ohne auf Normen o. Ä. Rücksicht zu nehmen:* sich eine Frechheit, unverschämte Bemerkung l. *(herausnehmen):* ich kann es mir nicht l. *(erlauben),* zu spät zu kommen; sie kann sich trotz ihres Alters diese jugendliche Frisur noch l.; er kann sich jetzt keine Fehler mehr l. *(er kann jetzt keine Fehler mehr machen, ohne dass es ihm schadet);* da hast du dir einen groben Schnitzer geleistet *(da ist dir ein grober Schnitzer unterlaufen)*

## 6   Orthografie: lange Vokale

Lange Vokale kann man so schreiben:

| | | |
|---|---|---|
| zwei identische Vokale | ➜ | See, Saal, Moos, Meer |
| Vokal und Dehnungs -h | ➜ | mehr, mahnen, wohnen |
| -ie | ➜ | vier, Liebe, viel, Dienst |
| Vokal vor einem Konsonanten + (Vokal): | ➜ | lesen, leben, reden, malen, mal, Wal |
| Vokal vor einem ‚ß' + (Vokal) | ➜ | Straße, Füße, Maß |

Finden Sie weitere Beispiele in Kapitel 3.

**7** **Ergänzen Sie in dem Schreiben die langen Vokale.**

M____nung

S____ ge____rte Frau Ma____ler,

h____ben S____ herzlichen Dank für ____ren Br____f vom 4. 5. 99. W____ wir unseren Unter-
l____gen entn____men können, h____ben S____ folgende Rechnungen noch nicht bez____lt.
Wir bitten S____, den Betrag auf unser Konto zu überweisen.

Mit freundlichen Gr____ßen

**8** **Magie der Zahlen – Zahlenspielereien – Einmaleins (1 x 1)**

Auf dem Kupferstich *Melencolia* von Albrecht Dürer ist dieses Quadrat zu sehen. In ihm sind
verschiedene Zahlen versteckt. Auch viele moderne Künstler und Künstlerinnen haben sich mit
diesem magischen Quadrat beschäftigt.

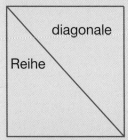

diagonale
Reihe
vertikale
horizontale

Die Summe in der horizontalen, vertikalen und diagonalen Reihe
ist immer gleich. Wie heißt sie?
In dem Quadrat ist auch der Todestag von Dürers Mutter ver-
steckt: 17. Mai 1514.
Finden Sie die Zahlen.
Welche Zahlen haben in Ihrem Land magische Bedeutung?

Johann Wolfgang von Goethe hat sich in seinem
Drama „Faust I" über die Zahlenmystik des Mittel-
alters und der Renaissance lustig gemacht. Der
Gelehrte Faust wird von Mephistopheles, seinem
teuflischen Begleiter, in die Hexenküche geführt.
Dort bereitet ihm die Hexe einen Zaubertrank, der
ihn verjüngt. Mephistopheles verspricht ihm:
„Du siehst, mit diesem Trank im Leibe,
Bald Helenen in jedem Weibe."

Lesen und hören Sie nun das Hexeneinmaleins.
Ergänzen Sie die Zahlen.

„Du musst verstehn!
Aus Eins mach' Zehn,
Und _____ lass gehn,
Und Drei mach' gleich
So bist du reich.
Verlier' die _____
Aus Fünf mach _____,
So sagt die Hex',
Mach' Sieben und _____,
So ist's vollbracht:
Und Neun ist Eins,
Und _____ ist keins.
Das ist das Hexen-Einmal-Eins!"

## 9 Das kleine Einmaleins. Hören Sie und sprechen Sie nach.

| | | | | | |
|---|---|---|---|---|---|
| 1 × 1 = | ein | mal | | eins | ist eins |
| | eins | multipliziert mit | | eins | ist eins |
| 2 × 3 = | zwei | mal | | drei | ist _____ |
| | zwei | multipliziert mit | | drei | ist _____ |
| 1 + 1 = | eins | und eins | ist | zwei | |
| | eins | plus eins | ist | zwei | |
| 1 − 1 = | eins | weniger eins | ist | null | |
| | eins | minus eins | ist | null | |
| 4 : 2 = | vier | geteilt durch zwei | ist | zwei | |
| | vier | dividiert durch zwei | ist | zwei | |

## 10 Wie spricht man das aus?

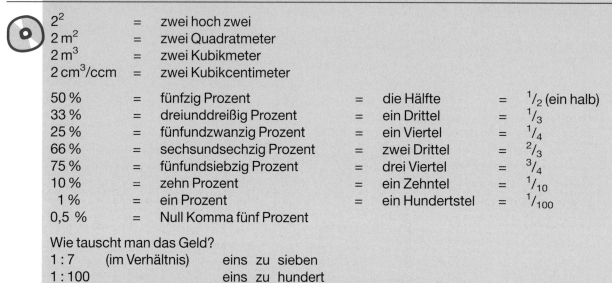

| | | |
|---|---|---|
| $2^2$ | = | zwei hoch zwei |
| $2\,m^2$ | = | zwei Quadratmeter |
| $2\,m^3$ | = | zwei Kubikmeter |
| $2\,cm^3$/ccm | = | zwei Kubikcentimeter |

| | | | | | | | |
|---|---|---|---|---|---|---|---|
| 50 % | = | fünfzig Prozent | = | die Hälfte | = | $^1/_2$ (ein halb) |
| 33 % | = | dreiunddreißig Prozent | = | ein Drittel | = | $^1/_3$ |
| 25 % | = | fünfundzwanzig Prozent | = | ein Viertel | = | $^1/_4$ |
| 66 % | = | sechsundsechzig Prozent | = | zwei Drittel | = | $^2/_3$ |
| 75 % | = | fünfundsiebzig Prozent | = | drei Viertel | = | $^3/_4$ |
| 10 % | = | zehn Prozent | = | ein Zehntel | = | $^1/_{10}$ |
| 1 % | = | ein Prozent | = | ein Hundertstel | = | $^1/_{100}$ |
| 0,5 % | = | Null Komma fünf Prozent | | | | |

Wie tauscht man das Geld?

| | | |
|---|---|---|
| 1 : 7 | (im Verhältnis) | eins zu sieben |
| 1 : 100 | | eins zu hundert |

## 11 Hören Sie die Zahlen, Prozentangaben, Bruchzahlen. Notieren Sie.

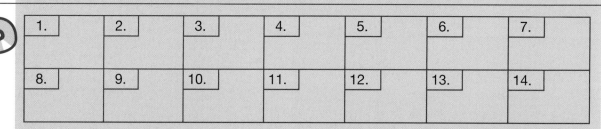

| 1. | 2. | 3. | 4. | 5. | 6. | 7. |
|---|---|---|---|---|---|---|
| 8. | 9. | 10. | 11. | 12. | 13. | 14. |

Stellen Sie Ihrem Nachbarn Rechenaufgaben.
3 + 17 : 20 × 25 + 75 − 40 : 20 − 3 =
. . .

Sicher gab es schon zu allen Zeiten in Hochkulturen Banken und ein Bankwesen. So kannten die Römer schon den Wechsel, die Chinesen das Papiergeld und die Italiener prägten den Wortschatz des Bankwesens. Man denke nur an das Wort Konto. Auch das Sparen ist schon lange verbreitet. Der Sparstrumpf war früher ein Ausdruck von Wohlstand. Was bedeutet er? Man hat etwas Geld übrig, legt es zur Seite, spart es und kauft sich später davon Möbel, Kleider etc. Aber man darf ihn nicht entdecken. Deshalb haben ihn früher vor allem alte Leute im Wäscheschrank oder im Bett versteckt.

Viele Kinder werfen heute noch ihr Geld in ein Sparschwein oder eine Sparbüchse. Sie sparen es und kaufen sich später Turnschuhe, Bücher oder Computerspiele. Auf diese Art und Weise spart man natürlich Geld, aber man vermehrt es nicht. Schließlich bekommt man für das Geld im Sparstrumpf keine Zinsen.

Wie hat man früher bei Ihnen Geld gespart?

## Wie vermehren Sie heute Ihr Geld?

| Bausparkasse | Kontensparen | Wertpapier-sparen | Versicherungs-sparen | Sachanlagen |
|---|---|---|---|---|
| – Bauspar-vertrag | – Sparbuch<br>– Spar-programme | – Aktien<br>– Investment-Zertifikate | – Lebens-versicherung | – Teppiche<br>– Gemälde<br>– Antiquitäten<br>– Schmuck<br>– Immobilien |

REDEMITTEL **Geldanlage**

Man kann sein Geld in (Dativ) Aktien, _____ anlegen.

Man kann _____ erwerben.

Man kann eine Lebensversicherung abschließen.

Man kann in (Akkusativ) _____ investieren.

**13** Welche Geldanlagen sind in Ihrem Land populär?

Vergleichen Sie mit der Statistik. Wie legen die Deutschen ihr Geld an?

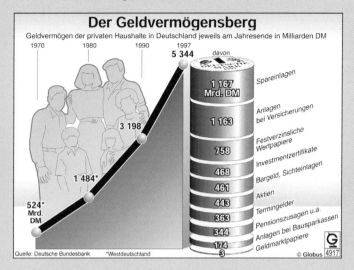

**14** Was ist das ...?

**1. Geldmarktpapiere = kurzfristige Staatstitel** Die Staatskasse muss dem Inhaber einen festen Betrag zu einem bestimmten Termin auszahlen. Der Bund oder die Länder geben diese Titel aus, wenn sie kurzfristig Geld brauchen.

**2. Sichteinlage** Für den laufenden Zahlungsverkehr unterhalten Privatleute und Unternehmen Bankkonten mit Guthaben. Über dieses Geld kann der Kunde jederzeit verfügen. Deshalb gibt es nur niedrige Zinsen.

**3. Termingelder** Gelder, die man der Bank für eine bestimmte Zeit zur Verfügung („auf Termin") stellt. Wenn sie fällig sind, kann man sie neu festlegen oder sie auszahlen lassen. In der Regel beträgt die Laufzeit von einem Monat bis zu vier Jahren.
Der Zins für Termingelder schwankt mehr als der Sparzins. Wichtig sind u. a. die Frist und die Höhe des Betrags.

**4. Investmentsparen** Sparer zahlen kleine oder größere Beträge in einen Investmentfond und erhalten dafür Anteilscheine (Zertifikate). Die Investmentgesellschaft führt den Fond und verwaltet das Geld. Sie kauft nach dem Grundsatz der Risikomischung Aktien aus den verschiedensten Bereichen und/oder festverzinsliche Wertpapiere. Vorteil für den Sparer: Er kann schon mit kleineren Beträgen die Möglichkeiten des Aktien- und Rentenbesitzes wahrnehmen.

**5. Festverzinsliches Papier** = Sammelbegriff für Anleihen, Pfandbriefe, Obligationen etc. Sie haben alle einen festen Zinssatz für einen Teil der Laufzeit.
Neben der Verzinsung werden auch die Rückzahlungsbedingungen bei der Emission (= Ausgabe der Wertpapiere) vereinbart. Der Kunde weiß so, welchen Ertrag er erwarten kann. Bei der Aktie dagegen schwankt die Dividende.

**Für die Laufzeit gibt es verschiedene Einteilungen:**
– kurzfristig: bis zu 1 Jahr
– mittelfristig: 1–4 Jahre
– langfristig: 4 Jahre und mehr

Bei welcher Anlageform gibt es die geringsten Zinsen? Warum?
Welche Anlageform eignet sich wohl für Anleger, die nicht so viel Geld investieren oder kein großes Risiko eingehen wollen?

Hier sehen Sie den deutschen Aktienindex. In ihm sind 30 Standardwerte führender deutscher Aktiengesellschaften enthalten. Er vermittelt ein umfassendes und aktuelles Bild des Gesamtmarktes Deutschland.

Beschreiben Sie die Entwicklung des DAX im Laufe eines Jahres sowie die Kursentwicklung der wichtigsten deutschen Unternehmen.

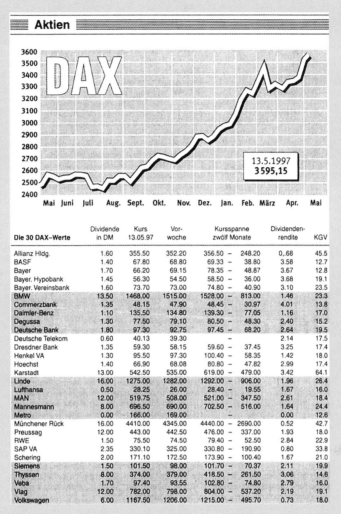

| Die 30 DAX-Werte | Dividende in DM | Kurs 13.05.97 | Vor- woche | Kursspanne zwölf Monate | | Dividenden- rendite | KGV |
|---|---|---|---|---|---|---|---|
| Allianz Hldg. | 1.60 | 355.50 | 352.20 | 356.50 – | 248.20 | 0,.68 | 45.5 |
| BASF | 1.40 | 67.80 | 68.80 | 69.33 – | 38.80 | 3.58 | 12.7 |
| Bayer | 1.70 | 66.20 | 69.15 | 78.35 – | 48.87 | 3.67 | 12.8 |
| Bayer. Hypobank | 1.45 | 56.30 | 54.50 | 58.50 – | 36.00 | 3.68 | 19.1 |
| Bayer. Vereinsbank | 1.60 | 73.70 | 73.00 | 74.80 – | 40.90 | 3.10 | 23.5 |
| BMW | 13.50 | 1468.00 | 1515.00 | 1528.00 – | 813.00 | 1.46 | 23.3 |
| Commerzbank | 1.35 | 48.15 | 47.90 | 48.45 – | 30.97 | 4.01 | 13.8 |
| Daimler-Benz | 1.10 | 135.50 | 134.80 | 139.30 – | 77.05 | 1.16 | 17.0 |
| Degussa | 1.30 | 77.50 | 79.10 | 80.50 – | 48.30 | 2.40 | 15.2 |
| Deutsche Bank | 1.80 | 97.30 | 92.75 | 97.45 – | 68.20 | 2.64 | 19.5 |
| Deutsche Telekom | 0.60 | 40.13 | 39.30 | – | | 2.14 | 17.5 |
| Dresdner Bank | 1.35 | 59.30 | 58.15 | 59.60 – | 37.45 | 3.25 | 17.4 |
| Henkel VA | 1.30 | 95.50 | 97.30 | 100.40 – | 58.35 | 1.42 | 18.0 |
| Hoechst | 1.40 | 66.90 | 68.08 | 80.80 – | 47.82 | 2.99 | 17.4 |
| Karstadt | 13.00 | 542.50 | 535.00 | 619.00 – | 479.00 | 3.42 | 64.1 |
| Linde | 16.00 | 1275.00 | 1282.00 | 1292.00 – | 906.00 | 1.96 | 26.4 |
| Lufthansa | 0.50 | 28.25 | 26.00 | 28.40 – | 19.55 | 1.67 | 16.0 |
| MAN | 12.00 | 519.75 | 508.00 | 521.00 – | 347.50 | 2.61 | 18.4 |
| Mannesmann | 8.00 | 696.50 | 690.00 | 702.50 – | 516.00 | 1.64 | 24.4 |
| Metro | 0.00 | 166.00 | 169.00 | – | | 0.00 | 12.6 |
| Münchener Rück | 16.00 | 4410.00 | 4345.00 | 4440.00 – | 2690.00 | 0.52 | 42.7 |
| Preussag | 12.00 | 443.00 | 442.50 | 476.00 – | 337.00 | 1.93 | 18.0 |
| RWE | 1.50 | 75.50 | 74.50 | 79.40 – | 52.50 | 2.84 | 22.9 |
| SAP VA | 2.35 | 330.10 | 325.00 | 330.80 – | 190.90 | 0.80 | 33.8 |
| Schering | 2.00 | 171.10 | 172.50 | 173.90 – | 100.40 | 1.67 | 21.0 |
| Siemens | 1.50 | 101.50 | 98.00 | 101.70 – | 70.37 | 2.11 | 19.9 |
| Thyssen | 8.00 | 374.00 | 379.00 | 418.50 – | 261.50 | 3.06 | 14.6 |
| Veba | 1.70 | 97.40 | 93.55 | 102.80 – | 74.80 | 2.79 | 16.0 |
| Viag | 12.00 | 782.00 | 798.00 | 804.00 – | 537.20 | 2.19 | 19.1 |
| Volkswagen | 6.00 | 1167.50 | 1206.00 | 1215.00 – | 495.70 | 0.73 | 18.0 |

REDEMITTEL **Börsenkurse**

| Der DAX | erreicht einen Tiefpunkt ↔ einen Höhepunkt<br>klettert auf . . . Punkte/hat die Marke von . . . Punkten erreicht.<br>fällt auf . . . Punkte . . . /ist auf . . . Punkte gesunken.<br>hat die Marke von . . . . . . übersprungen. |
|---|---|
| Die Aktien von . . .<br>Die BASF<br>Die Aktien<br>Der Kurs | haben eine Rendite erzielt von . . .<br>hat eine Dividende pro Aktie von . . . . . . ausgeschüttet/ausgezahlt.<br>haben an Wert gewonnen ↔ verloren.<br>ist gestiegen ↔ gefallen. |

Lesen die den Text und lösen Sie anschließend das Quiz.

Frankfurt ist nicht nur ein Finanzzentrum, sondern auch Kulturmetropole und Brennpunkt der Geschichte. Im Jahre 1994 feierte die Stadt ihren zwölfhundertsten Geburtstag. In Frankfurt wurden über Jahrhunderte hinweg deutsche Kaiser gewählt und gekrönt. Ab 1372 ist Frankfurt „Freie Reichsstadt" und nur noch dem Kaiser verpflichtet.1240 bekommt die Stadt am Main offiziell von Friedrich II. das Messeprivileg. Damit beginnt die lange internationale Messetradition der Stadt. Im Mittelalter werden hier Bücher, Waffen, Gewürze und Stoffe verkauft und erste bargeldlose Finanzgeschäfte abgewickelt. 1585 wird in Frankfurt die Börse eingerichtet. Frankfurt hatte im Mittelalter eine der größten und einflussreichsten jüdischen Gemeinden.

Das Jüdische Museum und die Synagoge zeugen auch heute noch von der im Holocaust untergegangenen jüdischen Kultur.

O Messen
O Banken
O eine Börse

1. Der Römerberg ist der wichtigste Marktplatz der Stadt. Bereits im 13. Jahrhundert gibt es in Frankfurt

_____

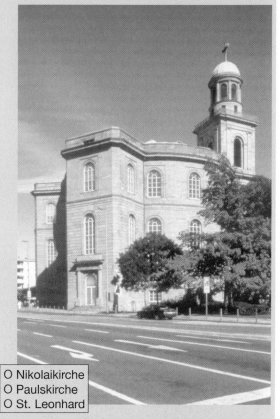

O Nikolaikirche
O Paulskirche
O St. Leonhard

2. Die _____ . Hier versammeln sich 1848 Abgeordnete zum ersten frei gewählten Parlament der deutschen Geschichte.

O Nietzsche
O Schiller
O Goethe

3. Das _____ haus. Hier wurde am 28.8.1749 Deutschlands bekanntester Dichter geboren.

O der Bundesbank
O der Bundesregierung
O der Bundesliga

4. Heute ist Frankfurt Sitz wirtschaftlicher und politischer Bundesbehörden, wie z.B.

_____

# 4    Mitarbeitersuche

**In diesem Kapitel finden Sie folgende Themen:**

A: Berufe und Tätigkeiten – Das Bildungssystem in Deutschland, B: Die Suche nach einem neuen Mitarbeiter, C: Der Personalchef, D: Stellenanzeigen, E: Bewerbungen

## A – Berufe und Tätigkeiten – Das Bildungssystem in Deutschland

### A 1    Ordnen Sie den Fotos die richtigen Begriffe aus dem Schaubild zu.

Welche Unterschiede gibt es zwischen den Gruppen? Kennen Sie Berufe, die man den Gruppen zuordnen kann?

der Staat    ◄———    der Arbeitgeber    ———►    der Selbständige, -n
das Unternehmen, -

↕

der Beamte, -n    ◄———    der Arbeitnehmer    ———►    der Angestellte, -n
der Angestellte, -n                                           der Arbeiter, -
der Arbeiter, -

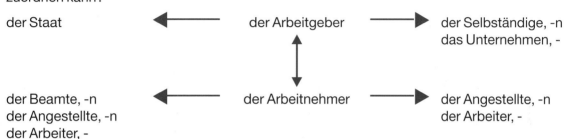

## A 2 Betrachten Sie die Übersicht über Traumberufe deutscher Jugendlicher.

Ordnen Sie die Berufe den Begriffen aus A 1 zu.

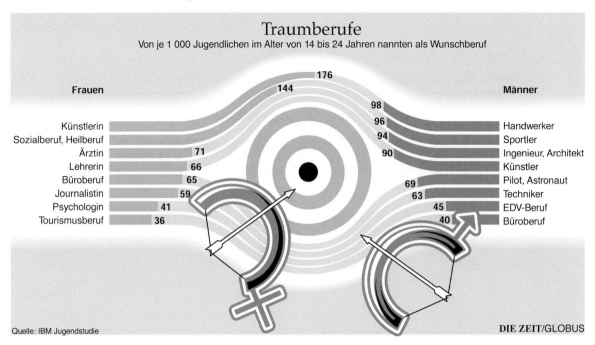

Traumberufe
Von je 1 000 Jugendlichen im Alter von 14 bis 24 Jahren nannten als Wunschberuf

Frauen

| | |
|---|---|
| Künstlerin | |
| Sozialberuf, Heilberuf | |
| Ärztin | 71 |
| Lehrerin | 66 |
| Büroberuf | 65 |
| Journalistin | 59 |
| Psychologin | 41 |
| Tourismusberuf | 36 |

176
144
98
96
94
90

Männer

| | |
|---|---|
| Handwerker | |
| Sportler | |
| Ingenieur, Architekt | |
| Künstler | |
| Pilot, Astronaut | 69 |
| Techniker | 63 |
| EDV-Beruf | 45 |
| Büroberuf | 40 |

Quelle: IBM Jugendstudie

DIE ZEIT/GLOBUS

## A 3 Lesen Sie den Text und übertragen Sie die Informationen in die Tabelle.

Noch gar nicht lange liegt jene Zeit zurück, in der es vielen Frauen als höchst erstrebenswert galt, in typische Männerberufe einzusteigen. Damit scheint es mittlerweile vorbei zu sein. Jedenfalls zeigt die IBM-Jugendstudie, dass es wieder eine klare Rollenverteilung bei den Berufswünschen der Jugendlichen gibt. Junge Frauen bevorzugen Jobs im sozialen und künstlerischen Feld, junge Männer wollen am liebsten ein technisches Arbeitsgebiet. Und jeder zehnte von ihnen möchte Handwerker werden. Am Ende der Berufswunschliste stehen bei den Jungen Apotheker und Pfarrer. Bei den Mädchen sind technische Berufe mittlerweile völlig out.

| | + | – |
|---|---|---|
| Frauen | | |
| Männer | | |

Welches sind in Ihrem Land die Traumberufe von Jugendlichen?
Warum gibt es nach Ihrer Meinung so große Unterschiede zwischen Frauen und Männern?

## A 4 Zu welchen Berufen passen die folgenden Tätigkeiten?

einen Patienten untersuchen _____

ein Haus planen _____

einen Zeitungsartikel schreiben _____

eine Maschine reparieren _____

einen Computer programmieren _____

einen Tisch bauen _____

einen alten Mann pflegen _____

ein Flugzeug fliegen _____

eine Reise organisieren _____

einen Auftrag bearbeiten _____

Welche Berufe haben nach Ihrer Meinung Zukunft, welche nicht?

# Grundstruktur des Bildungswesens in der Bundesrepublik Deutschland

**Weiterbildung**
(allgemeine und berufsbezogene Weiterbildung in vielfältigen Formen)

Weiterbildung

Berufsqualifizierender Studienabschluss
(Diplom, Magister, Staatsexamen)

| Abschluss zur beruflichen Weiterbildung | Allgemeine Hochschulreife | **Universität** **Technische Universität/Technische Hochschule** **Gesamthochschule** **Pädagogische Hochschule** **Kunsthochschule/Musikhochschule** |
|---|---|---|
| **Fachschule** | **Abendgymnasium/ Kolleg** | **Fachhochschule** **Vewaltungsfachhochschule** |

Tertiärer Bereich

Sekundarbereich II

| 13 | Berufsqualifizierender Abschluss | Fachhochschulreife | **Gymnasiale Oberstufe** | 19 |
| | | | | 18 |
| 12 | **Berufsausbildung in Berufsschule** | **Berufs- fach** | **Fach- ober** | (Gymnasium, Berufliches Gymnasium, / Fachgymnasium, | 17 |
| 11 | **und Betrieb (Duales System)** | **schule** | **schule** | Gesamtschule) | 16 |
| 10 | Berufsgrundbildungsjahr, schulisch oder kooperativ | | | | 15 |

Mittlerer Schulabschluss (Realschulabschluss) nach 10 Jahren,
Erster allgemeiner Schulabschluss (Hauptschulabschluss) nach 9 Jahren

Sekundarbereich I

| Jahrgangsstufe | | | | | Alter |
|---|---|---|---|---|---|
| 10 | | 10. Schuljahr | | | 16 |
| 9 | | | | | 15 |
| 8 | **Sonder- schule** | **Realschule** | | **Gesamt- schule** | 14 |
| 7 | | | | | 13 |
| 6 | | | | | 12 |
| 5 | | (schulartabhängige oder schulartunabhängige Orientierungsstufe) | | | 11 |
| | | | | | 10 |

Primarbereich

| 4 | **Sonder- schule** | | 9 |
|---|---|---|---|
| 3 | | | 8 |
| 2 | | | 7 |
| 1 | | | 6 |

Elementarbereich

| | **Sonder- kinder- garten** | **Kindergarten** (freiwillig) | 5 |
|---|---|---|---|
| | | | 4 |
| | | | 3 |

Alter

Lesen Sie die Texte und ergänzen Sie die Informationen in A 5. Ergänzen Sie auch die Endungen der Adjektive in den Texten.

**Text 1:**

### Das Schulsystem

Mit sechs Jahren kommen die Kinder in die Grundschule. Sie dauert im Allgemeinen vier Jahre.

Nach den gemeinsam_____ Jahren in der Grundschule wechseln die Schüler in eine ander_____ Schulform. Dort besuchen sie zunächst (je nach Bundesland) eine Orientierungs-, Förder- oder Beobachtungsstufe (Klassen 5 und 6). Hier können die Schüler und ihre Eltern über die Entscheidung für einen bestimmt_____ Schultyp nachdenken.

Ungefähr ein Drittel der Kinder besucht nach der Grundschule die Hauptschule. Wer diese nach neun oder zehn Jahren verlässt, beginnt meistens eine Berufsausbildung. Nach dem Hauptschulabschluss haben die Jugendlichen viele Möglichkeiten, einen Ausbildungsberuf in Handwerk und Industrie zu wählen.

Die Realschule steht zwischen Hauptschule und höherer Schule (Gymnasium). Sie dauert sechs Jahre und führt zu einem mittler_____ Abschluss. Mit dieser „Mittleren Reife" kann man eine Fachschule oder Fachoberschule besuchen. Sie gilt auch als Voraussetzung für eine mittler_____ Laufbahn in der Wirtschaft oder im öffentlich_____ Dienst. Viele Absolventen von Realschulen beginnen nach der Schule eine Ausbildung in Betrieben, vor allem in Büroberufen und Banken.

Das neunjährige Gymnasium ist die traditionell_____ höhere Schule in Deutschland.

Nach diesen neun Jahren machen die Schüler das Abitur (die Allgemein_____ Hochschulreife), damit können sie an wissenschaftlich_____ Hochschulen studieren.

**Text 2:**

### Berufliche Bildung

Jugendliche, die nicht das Abitur machen, entscheiden sich in der Regel für eine Berufsausbildung, sie gehen in die Lehre. Es gibt aber auch viele Abiturienten, die diesen Weg gehen.

Normalerweise erfolgt die Berufsausbildung im „dual_____ System", das heißt in einer Verbindung von praktisch_____ Ausbildung im Betrieb mit theoretisch_____ Ausbildung in der Berufsschule. Die privat_____ Wirtschaft und der Staat sind also gemeinsam für die beruflich_____ Bildung verantwortlich.

Fast 40 % der männlich_____ Auszubildenden konzentrieren sich in den zehn wichtigsten Ausbildungsberufen: Kraftfahrzeugmechaniker, Elektroinstallateur, Industriemechaniker, Kaufmann im Groß- oder Außenhandel und einige andere. Bei den Mädchen entscheiden sich sogar 55 % der Auszubildenden für die zehn beliebtesten Berufe. Hier sind es: Arzthelferin, Kauffrau im Einzelhandel, Friseurin, Bürokauffrau u. a.

**Text 3:**

### Die Berufsschule

Neben der Ausbildung im Betrieb muss der Jugendliche drei Jahre lang an ein bis zwei Tagen pro Woche in die Berufsschule gehen. Hier bekommen Jugendliche die theoretisch_____ Kenntnisse, die sie bei ihrer Arbeit brauchen.

Es gibt aber auch Unterricht in allgemeinbildend_____ Fächern (Deutsch, Politik, Geografie usw.).

## A 7  Das duale Bildungssystem

Ergänzen Sie den Überblick über das duale Bildungssystem in Deutschland mit den Informationen aus den Texten von A 6.

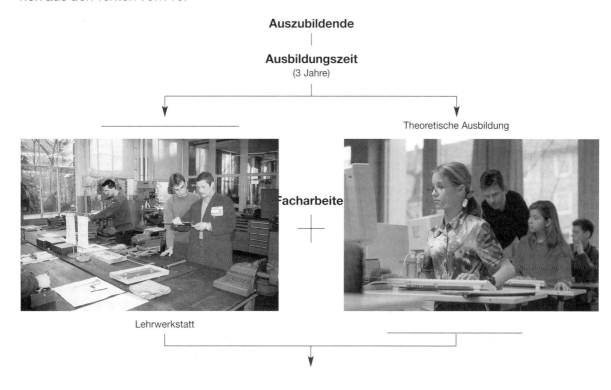

**Auszubildende**

|

**Ausbildungszeit**
(3 Jahre)

Theoretische Ausbildung

Facharbeite

Lehrwerkstatt

## A 8  Ergänzen Sie die Formen.

| Positiv | Komparativ | Superlativ |
|---|---|---|
| schön | schöner | am schönsten |
| wichtig | wichtiger | am _____ |
| beliebt | beliebter | am _____ |
| hoch | _____ | am höchsten |
| viel | mehr | am meisten |
| gut | besser | am besten |
| warm | wärmer | am wärmsten |

G1 | Seite 90

## A 9  Ordnen Sie die Adjektive in die drei Gruppen ein.

| Gruppe 1 | Gruppe 2 | Gruppe 3 |
|---|---|---|
| SCHÖN-SCHÖNER-AM SCHÖNSTEN | WARM-WÄRMER-AM WÄRMSTEN | GUT-BESSER-AM BESTEN |

Suchen Sie auch Adjektive in den Texten von A 6 und ordnen Sie sie ein.

## A 10  Vergleichen Sie.

Welche Eigenschaften hat nach Ihrer Meinung ein Hochschulabsolvent (Fachrichtung Betriebswirtschaft), welche ein Bürokaufmann mit abgeschlossener Lehre?

*praxisnah – theoretisch gebildet – kollegial – flexibel – kreativ – offen – sprachgewandt – ...*

Bilden Sie Sätze.
*Ein Bürokaufmann ist praxisnäher als ein Hochschulabsolvent.*

G1,2 | Seite 90

## A 11   Eine Karriere. Bringen Sie die Wörter und Ausdrücke in die richtige Reihenfolge.

| | |
|---|---|
| einen Hochschulabschluss machen | Nr. ◯ |
| zur Schule gehen | Nr. ① |
| eine Arbeit suchen | Nr. ◯ |
| zur Universität gehen | Nr. ◯ |
| Geld verdienen | Nr. ◯ |
| arbeitslos sein | Nr. ◯ |
| Karriere machen | Nr. ⑩ |
| studieren | Nr. ◯ |
| die Schule beenden | Nr. ◯ |
| eingestellt werden | Nr. ◯ |

## A 12   Ergänzen Sie die Substantive. Benutzen Sie das Wörterbuch, wenn es notwendig ist.

| | | |
|---|---|---|
| studieren | der Student | das Studium |
| sich bewerben bei | _____ | die Bewerbung |
| jmdn. einstellen | – | _____ |
| jmdn. entlassen | DER ARBEITSLOSE | _____ |

## A 13   Beschreiben Sie die Ausbildung von einigen Berufen aus dem Schaubild von A 2.

Schreiben Sie mit diesen Begriffen eine idealisierte Biografie eines Jungen oder eines Mädchens:
*Er/sie kommt auf die Welt.*
*Er/sie geht zur Schule . . .*

Ü3,4 | Seite 92

# B   Die Suche nach einem neuen Mitarbeiter

## B 1   Ein neuer Mitarbeiter

Die Firma Calcinelli aus Italien produziert Küchenmöbel. Sie hat ein Verkaufsbüro in Frankfurt/M. Bisher hat der Handelsvertreter für Deutschland die Niederlassung geleitet. Er ist aber oft auf Reisen, so dass er sich nicht intensiv genug mit dem Büro beschäftigen kann. Die Firma sucht also einen neuen Leiter für die Niederlassung im Ausland.

Überlegen Sie zunächst, wie und wo die Firma Calcinelli den neuen Mitarbeiter suchen kann.

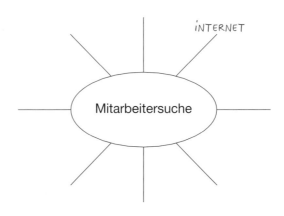

INTERNET

Mitarbeitersuche

**B 2   Das Anforderungsprofil**

Zuerst muss die Firma für den neuen Mitarbeiter ein Anforderungsprofil erstellen: Welche Aufgaben hat er/sie und welche Eigenschaften soll ein Bewerber/eine Bewerberin haben? Machen Sie zunächst eine Liste mit Aufgaben, die ein Niederlassungsleiter im Ausland hat.
Aufgaben eines Niederlassungsleiters/einer Niederlassungsleiterin:

1. _____
2. _____
3. _____
4. _____
5. _____

**B 3   Welche Eigenschaften soll der Bewerber/die Bewerberin haben?**

Wählen Sie aus den folgenden Eigenschaften die fünf wichtigsten aus.

> erfahren – jung – verantwortungsbewusst – ehrlich – gebildet – fleißig – motiviert – gesund – spricht Fremdsprachen – bescheiden – höflich – gutes Aussehen – entscheidungsfreudig – selbstsicher – sportlich – gut gekleidet – geschmackvoll – intelligent – offen – sympathisch – zuverlässig – durchsetzungsfähig – kontaktfreudig – flexibel – engagiert

wichtigste Eigenschaften:

1. _____
2. _____
3. _____
4. _____
5. _____

● Suchen Sie zu den Substantiven die passenden Adjektive. Ergänzen Sie die Artikel und die Endungen *-heit* oder *-keit*.

| Substantiv | Adjektiv |
|---|---|
| DIE  Selbstsicher_HEIT_ | SELBSTSICHER |
| _____  Fleiß | _____ |
| _____  Intelligenz | _____ |
| _____  Durchsetzungsfähig_____ | _____ |
| _____  Höflich_____ | _____ |
| _____  Engagement | _____ |
| _____  Sportlich_____ | _____ |
| _____  Flexibilität | _____ |
| _____  Bescheiden_____ | _____ |
| _____  Motivation | _____ |
| _____  Erfahrung | _____ |
| _____  Ehrlich_____ | _____ |
| _____  Sympathie | _____ |
| _____  Entscheidungsfreude | _____ |
| _____  Verantwortungsbewusstsein | _____ |
| _____  Offen_____ | _____ |
| _____  Gesund_____ | _____ |
| _____  Kontaktfreude | _____ |
| _____  Jugend | _____ |
| _____  Geschmack | _____ |
| _____  Bildung | _____ |
| _____  Zuverlässig_____ | _____ |

**B 4**   **Erklären Sie Ihre Entscheidung aus B 3.**

*Die wichtigste Eigenschaft/Am wichtigsten ist meiner Meinung nach ...*
*Dann folgt ...*

**B 5**   **Welche Ausbildung/Qualifikation soll der Bewerber/die Bewerberin haben?**

Schauen Sie sich noch einmal den Überblick über das deutsche Schul- und Ausbildungssystem an.

Schulabschluss:

Praktika/Berufserfahrung:

Auslandserfahrung:

Ü1,2 **Seite 91**

---

## C — Der Personalchef

**C 1**   **Aufgaben eines Personalchefs/einer Personalchefin**

Sie hören ein Interview mit Frau Rumberger, der Personalchefin eines deutschen Unternehmens. Bevor Sie über das Thema ‚Einstellung eines neuen Mitarbeiters' spricht, stellt sie die Aufgaben einer Personalchefin dar. Betrachten Sie zunächst die folgende Übersicht, klären Sie unbekannte Begriffe und hören Sie dann Frau Rumbergers Antwort auf die erste Frage. Welche Wörter aus der Übersicht kommen in der Antwort vor, welche nicht?

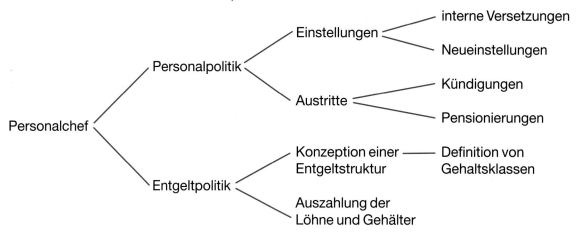

**C 2**   **Beschreiben Sie die Übersicht über die Aufgaben eines Personalchefs/einer Personalchefin.**

*Zu Einstellungen gehören interne Versetzungen und Neueinstellungen.*
*Einstellungen umfassen Versetzungen und Neueinstellungen.*

REDEMITTEL **Beschreibung von Diagrammen**

> zu ... gehören ... und ...
> ... kann man unterteilen in ... und ...
> ... besteht aus ... und ...
> ... umfasst ... und ...
> unter ... versteht man ...

**C 3**   **Hören Sie jetzt auch die Fragen 2 und 3 und die Antworten von Frau Rumberger.**

Um welches Thema geht es hier?

**Themen:**

● **Vor dem zweiten Hören klären Sie bitte die Bedeutung der folgenden Begriffe. Ergänzen Sie dann während des Hörens den Text unten.**

| | |
|---|---|
| die Motivationsfähigkeit, Ø | die Tätigkeitsbeschreibung,-en |
| das Anforderungsprofil,-e | die Fachkenntnis,-nisse |
| das Bewerberpotential,-e | das Verantwortungsbewusstsein, Ø |
| die Führungsverantwortung, Ø | die Potentialanalyse,-n |
| das Organisations- und Dispositionstalent,-e | strategisch (zu) denken |
| entscheidungsfreudig | die Schlüsselqualifikation,-en |

Wir würden ein klares _____ erstellen, das zunächst einmal auf der _____ für die Stelle basiert und noch weitere Vorgaben im Hinblick auf _____ beinhaltet. Dann konkretisieren wir die _____, die relevant sind. Zu den Schlüsselqualifikationen für diese konkrete Stelle gehören die _____und die _____, verbunden selbstverständlich mit einem _____. Darüber hinaus sollte der Bewerber in der Lage sein, _____, er sollte _____ sein und ein _____ haben. Die Bewerbungen werden gewichtet bewertet, es wird also eine _____ gemacht, sodass man den Vergleich zwischen dem _____ _____ und dem _____ erstellen kann.

● **Welche Gemeinsamkeiten und Unterschiede gibt es zwischen Ihren Vorstellungen aus B 3 und B 5 und dem Anforderungsprofil von Frau Rumberger?**

## c 4   Erstellen Sie jetzt ein Anforderungsprofil für den Niederlassungsleiter von Calcinelli.

Welche Eigenschaften soll er haben, welche Erfahrungen, welche Ausbildung? Überlegen Sie auch, wie man die Eigenschaften des Bewerbers gewichten sollte: Was ist wichtig, was weniger wichtig? Kreuzen Sie dazu in der Tabelle bei den Eigenschaften jeweils eine Punktzahl zwischen 1 (unwichtig) und 5 (sehr wichtig) an, verbinden Sie die Kreuze zu einer Linie und vergleichen Sie dann Ihr Ergebnis mit dem der anderen Kursteilnehmer.

| | 1 | 2 | 3 | 4 | 5 |
|---|---|---|---|---|---|
| Charakter | | | | | |
| Fremdsprachenkenntnisse | | | | | |
| Computerkenntnisse | | | | | |
| Berufserfahrungen | | | | | |
| Allgemeinbildung | | | | | |
| Intelligenz | | | | | |
| Ausbildung/Qualifikation | | | | | |
| Studienabschluss (Note) | | | | | |
| Lehre | | | | | |
| Form der Bewerbung | | | | | |
| Referenzen | | | | | |
| Geschlecht | | | | | |
| Kooperationsfähigkeit | | | | | |
| Motivationsfähigkeit | | | | | |
| Fachkenntnisse | | | | | |

## D Stellenanzeigen

### D 1 Der deutsche Arbeitsmarkt

Der deutsche Handelsvertreter von Calcinelli will die Firmenzentrale über den deutschen Arbeitsmarkt informieren. Dazu hat er einige Stellenanzeigen aus der *Frankfurter Rundschau* nach Italien gefaxt.

**(1) Engagierter Geschäftsführer**
ungekündigt, sucht kurzfr. Position als Vertriebs-Geschäftsführer/Vertriebsleiter, auch Zeitmanagement - kurzfr. verfügbar, Zusch. unter ⬚ZS1471699 an FR

**(6) Großhandelskaufmann,** 31 J., ungekünd., langjähr. Erfahrung im Vertrieb, sowohl im Innen- als auch im Außendienst, su. neuen Wirkungskreis (keine Versicherungen/Strukturvertriebe). ⬚ZS1437856 an FR

**(2) Vertrieb/Marketing**
**Dipl.-Betriebswirt,** FH, Bankkaufmann, 29 J., sucht seriöse hauptberufliche Aufgabe im Vertrieb oder Marketing (auch Finanzdienstleistung/Immobilien) in München. Zuschr. unter. ⬚ZS1468896 an FR

**(4) MARKETING**
Dipl.-Kaufmann, 30 Jahre, kurz vor Abschluss der Promotion, äußerst kreativ und kommunikativ, hochmotiviert, einschlägige Erfahrung in der Gestaltung kundenorientierter Prozesse, sucht Marketing-Stelle. Zuschriften unt. ⬚ZS1453813 an FR

**(5) Sie brauchen einen guten Mann?**
Handelsvertreter, 54 J., flexibel, innovativ, überall einsetzbar, sucht neue Herausforderung. Kostendeckendes Grundgehalt erwü. Langjähr. Erfahrung in Mitarbeiterführung u. -schulung, hervorragender Menschenkenner und Motivator. Angebote unter⬚**ZS1462939** an FR

**(3)** **Dipl.-Betriebswirtin (FH)**, 26 J., ungekündigt, su. verantwortungsv. Herausforderung in
## Marketing o. Vertrieb
(Management-Assistentin), Berufserfahrung: Marktforschung, Consulting und Phara-OTC, Englisch verhandlungssicher, Französisch sehr gut, strategisch-konzeptiver Arbeitsstil bei gleichzeitiger Ziel- und Kostenorientierung. Sehr gute EDV-Kenntnisse, flexibel u. belastbar. Zuschriften u. ⬚ZS1465613 an FR

### D 2 Suchen Sie in den Anzeigen die Abkürzungen für die folgenden Begriffe.

| | | | |
|---|---|---|---|
| Jahre | _____ | kurzfristig | _____ |
| Elektronische | _____ | und | _____ |
| Datenverarbeitung | | oder | _____ |
| unter | _____ | langjährig | _____ |
| Fachhochschule | _____ | ungekündigt | _____ |
| Zuschrift | _____ | sucht | _____ |

### D 3 Analysieren Sie die Stellengesuche.

Wie beschreiben die Personen sich selbst und welche Vorstellungen haben sie über ihre zukünftige Stelle?

|  | Beschreibung | gesuchte Stelle |
|---|---|---|
| (1) | _____ | _____ |
| (2) | _____ | _____ |
| (3) | _____ | _____ |
| (4) | _____ | _____ |
| (5) | _____ | _____ |
| (6) | _____ | _____ |

### D 4 Vergleichen Sie jetzt die Stellengesuche mit Ihrem Anforderungsprofil aus C 4.

Bilden Sie Sätze im Komparativ und Positiv.

*Der Niederlassungsleiter soll besser ausgebildet sein als Nr. 1.*
*Er soll so viel Berufspraxis haben wie ...*

Würden Sie einen der Kandidaten aus den Stellengesuchen einstellen?

Die Firma Calcinelli beschließt, selbst eine Anzeige in der *Frankfurter Rundschau* zu veröffentlichen, eine **Stellenausschreibung**. Betrachten Sie dazu zunächst ein Beispiel von einer anderen Firma und ordnen Sie die Gliederungspunkte zu. (Nicht alle Punkte findet man in jeder Anzeige.)

| | | |
|---|---|---|
| Adresse | ⑥ | Beschreibung der Aufgaben ○ |
| Ausbildung des Bewerbers ○ | | Bezeichnung der ausgeschriebenen Stelle ○ |
| Berufserfahrung des Bewerbers ○ | | Eigenschaften des Bewerbers ○ |
| Vorstellung der Firma ○ | | Firmenlogo ○ |

Ergänzen Sie jetzt die Ausschreibung für eine Stelle bei Calcinelli mit Ihren Ergebnissen aus den bisherigen Aufgaben.

Calcinelli ist einer der führenden Hersteller von Kücheneinrichtungen und ein Garant für Spitzenqualität, Innovation und Funktionalität. Zahlreiche Kunden in vielen europäischen Ländern konnten sich davon schon überzeugen.

Für unsere Niederlassung in Frankfurt/M. suchen wir eine(n)

# Niederlassungsleiter(in)

zur Koordination unserer Aktivitäten auf dem deutschen Markt.

**Was erwarten wir von Ihnen:**

**Was wird Ihre Aufgabe sein:**

**Was bieten wir Ihnen:**

Fühlen Sie sich angesprochen? Dann möchten wir Sie gerne kennen lernen.
Senden Sie Ihre kompletten Bewerbungsunterlagen mit tabellarischem Lebenslauf und Lichtbild an:

**Calcinelli S. p. A.; Dott. Corte; via della Repubblica, 23; I-60044 Fabriano (An); Tel. 00 39– 07 32–45 93 20.**

*Calcinelli-Qualità in Cucina*

# E — Bewerbungen

## E 1 Was erwarten Sie von einer guten Bewerbung?

Streichen Sie in der folgenden Liste zunächst Dokumente, die nicht Teil der Bewerbungsunterlagen sein sollten.

– das Bewerbungsschreiben, –
– das Grundschulzeugnis, -nisse
– das Abiturzeugnis, -nisse
– die Referenz, -en
– das Zeugnis vom letzten Arbeitgeber
– das Hochschulzeugnis, -nisse
– der (tabellarische) Lebenslauf
– das Foto, -s
– die Angabe, -n über das erwartete Einkommen

Wie wichtig ist nach Ihrer Meinung die äußere Form einer Bewerbung? Wie sollte eine ideale Bewerbung aussehen?

## E 2 Was sagt Frau Rumberger über eine gute Bewerbung?

 Im weiteren Verlauf des Interviews spricht auch Frau Rumberger über dieses Thema und über das Vorgehen bei Einstellungen. Hören Sie den zweiten Teil des Gesprächs zunächst einmal und bringen Sie die folgenden Stichwörter in die Reihenfolge, in der sie im Text vorkommen.

Nr. ◯ Bewerbungsmappe
Nr. ◯ Tipps für Berufsanfänger
Nr. ◯ Vorstellungen des Bewerbers über seine zukünftigen Aufgaben
Nr. ◯ Vorstellungsgespräch

**Hören Sie das Gespräch noch einmal.**

Versuchen Sie, die Antworten von Frau Rumberger zu den einzelnen Fragen in Stichworten zusammenzufassen.

**Frage 1:** Welche Anforderungen stellen Sie zum Beispiel an das Äußere einer Bewerbung?

_____   _____

_____   _____

**Frage 2:** Und wie verläuft bei Ihnen im Allgemeinen ein Vorstellungsgespräch?

_____   _____

_____   _____

**Frage 3:** Und würde der Bewerber im Falle des Niederlassungsleiters Gelegenheit bekommen, seine Vorstellungen über seine künftigen Aufgaben darzustellen?

_____   _____

_____   _____

**Frage 4:** Welche Tipps würden Sie heute einem Berufsanfänger geben, damit er sich einigermaßen erfolgreich bewerben kann?

_____   _____

_____   _____

E 4 **Auf die Anzeige gehen viele Bewerbungen ein.**

Zwei davon kommen in die engere Auswahl. Lesen Sie die Bewerbungsschreiben und die Lebensläufe.

**BEWERBER NR: 1**

Frankfurt, den 12. 5. 1998

Martin Thalmann
Hohler Weg 18
60226 Frankfurt/M.
Tel. 06 11/42 95 37

Fa. Calcinelli S. p. A.
Herrn Dott. Corte
via della Repubblica, 23
I- 60044 Fabriano (An)

Ihr Stellenangebot in der *Frankfurter Rundschau* vom 8. 5. 1998

Sehr geehrter Herr Dott. Corte,

aufgrund der o. g. Stellenanzeige bewerbe ich mich hiermit um die Stellung als
**Leiter Ihrer Verkaufsniederlassung in Frankfurt.**

Wie Sie meinem Lebenslauf entnehmen können, verfüge ich über die Berufserfahrung, die zur Übernahme einer solchen Verantwortung erforderlich ist. Auch die Branche, in der Ihre Firma tätig ist, ist mir seit vielen Jahren vertraut. Aus meinen Zeugnissen ersehen Sie, wie meine Kenntnisse, meine Leistung und mein Sozialverhalten von meinem derzeitigen Arbeitgeber beurteilt werden. Dieser ist auch gerne bereit, Ihnen weitere Auskünfte über meine Person zu geben.

Ich bin in ungekündigter Stellung tätig und könnte die Position in Ihrer Firma zum 1. 1. 1999 übernehmen. Mein jetziger Arbeitgeber ist über diese Bewerbung informiert. Ich strebe einen Wechsel der Arbeitsstelle an, weil ich in meinem gegenwärtigen Arbeitsbereich keine Aufstiegsmöglichkeiten und Herausforderungen sehe.

Über die Gelegenheit, mich in einem persönlichen Gespräch bei Ihnen vorstellen zu dürfen, würde ich mich sehr freuen.

Ich danke Ihnen für Ihre Aufmerksamkeit und verbleibe
mit freundlichen Grüßen

(Martin Thalmann)

Anlagen
Tabellarischer Lebenslauf
Zeugnis des derzeitigen Arbeitgebers

# TABELLARISCHER LEBENSLAUF

Name:        Martin Thalmann
Geburtstag:    23. 5. 1955
Geburtsort:    Frankfurt/M.
Familienstand:  verheiratet, 2 Kinder
Wohnort:     Hohler Weg 18; 60220 Frankfurt/M.
Telefon:      06 11/42 95 37

## Schulbildung

1961–1965    Grundschule Frankfurt-Sachsenhausen
1965–1971    Städtische Realschule Frankfurt, Abschluss:
             Mittlere Reife

## Berufsausbildung

1971–1974    Ausbildung als Bürokaufmann bei Kornfeld
             und Söhne GmbH (Autozulieferunternehmen)

## Berufspraxis

1974–1976    Sachbearbeiter im Einkauf bei Kornfeld
1976–1980    Leiter der Einkaufsabteilung der gleichen
             Firma
1980–1985    Einkaufsleiter bei Selting KG (Küchen-
             möbelverkäufer)
seit 1985    Produktmanager für Großkücheneinrichtungen
seit 1992    zusätzlich stellvertreter Geschäftsführer

Besondere Kenntnisse und Fertigkeiten:

Sprachen:     Englisch, gute Kenntnisse
             Italienisch, Grundkenntnisse
Computerkennt- Textverarbeitung und Excel
nisse:
Frankfurt, den 12. 5. 1998

*(Unterschrift)*

(Martin Thalmann)

---

# Tabellarischer Lebenslauf

Name:        Ulrike Wegener
Geburtsdatum   18. 7. 1960 in Gütersloh
und -ort:
Wohnort:     Großbeerenstr. 82; 10963 Berlin
Telefon:      0 30/3 22 35 66
Familienstand:  verheiratet

## Schulbildung und Studium

1966–1970    Evangelische Grundschule Gütersloh
1970–1979    Gymnasium der Stadt Gütersloh, Abschluss: All-
             gemeine Hochschulreife
1980–1986    Studium der Betriebswirtschaft an der Universität
             Köln, Abschluss: Diplom-Kauffrau

## Praktika und Berufserfahrungen

1986–1987    Praktikum bei der Commerzbank-Filiale Paris
1987–1989    Trainee bei Otto-Versand Hamburg, Abteilung für
             Öffentlichkeitsarbeit
1989–1991    Jacobs-Suchard, Hamburg: Produktmanagerin
             für Tütensuppen
seit 1991    Marketingleiterin bei Sat 1, erst Hamburg, jetzt
             Berlin

## Besonderheiten

1979–1980    Au-pair-Aufenthalt in Frankreich
Sprachkennt-   Französisch: perfekt in Wort und Schrift
nisse          Englisch: verhandlungssicher
             Spanisch: Grundkenntnisse

Berlin, den 11. 5. 1998

*(Unterschrift)*

(Ulrike Wegener)

---

Ulrike Wegener
Großbeerenstr. 82
D – 10963 Berlin

Calcinelli S. p.A.
Herrn Dr. Corte
via della Repubblica, 23
I – 60044 Fabriano (An)

Ihr Stellenangebot in der
**Frankfurter Rundschau**
**vom 8. 5. 1998**

Sehr geehrter Herr Dr. Corte,

mit großem Interesse habe ich in
der „Frankfurter Rundschau" gelesen,
dass Sie für Ihre Niederlassung in Frankfurt einen neuen
Leiter/eine neue Leiterin suchen. Ich möchte mich hiermit um diese Stelle bewerben.
Wie Sie meinem Lebenslauf entnehmen können, habe ich ein Studium der Betriebswirtschaft
absolviert und danach in verschiedenen Positionen Erfahrungen, auch in verantwortungs-
vollen Positionen, gesammelt. Ich bin der Meinung, dass diese mich für die ausgeschriebene
Stelle qualifizieren. Sicherlich muss ich einräumen, dass mir die Branche, in der Ihre Firma
arbeitet, noch nicht sehr vertraut ist. Diesen Mangel glaube ich aber durch Engagement,
Flexibilität und fundierte Kenntnisse in allen betriebswirtschaftlichen Feldern ausgleichen zu
können. Meinen Zeugnissen können Sie entnehmen, dass diese Eigenschaften mich nach
der Meinung früherer Arbeitgeber auszeichnen.
Ich bin im Moment in ungekündigter Stellung bei SAT 1 tätig. Aus persönlichen Gründen
möchte ich aber Berlin gerne verlassen. Da für meinen Tätigkeitsbereich nur am Hauptsitz
des Senders Verwendung gefunden werden kann, ist damit zwangsläufig auch ein Wechsel
des Arbeitgebers verbunden. Eine Stelle in Ihrer Firma könnte ich frühestens zum 1. 11. 1998
antreten.
Sollten Sie an meiner Bewerbung interessiert sein, würde ich mich über einen Termin zu
einem persönlichen Gespräch sehr freuen.

Mit Dank für Ihre Aufmerksamkeit verbleibe ich
mit freundlichen Grüßen

*(Unterschrift)*

(Ulrike Wegener)

Anlagen
Tabellarischer Lebenslauf
Zeugnisse
Referenzen

E 5 **Vergleichen Sie die beiden Bewerbungen unter möglichst vielen Aspekten.**

Sammeln Sie zuerst Charakterisierungen zu: Alter, Berufserfahrungen, Branchenkenntnis, Sprachkenntnisse, Form der Bewerbung, Eigenschaften, ... Vergleichen Sie dann unter Verwendung des Komparativs. *Herr Thalmann ist älter als Frau Wegener.*

**Alter:** JUNG, ALT

**Berufserfahrungen:** BRANCHENBEZOGEN, ...

**Sprachkenntnisse:**

**Form der Bewerbung:**

**Eigenschaften:**

● Welche Argumente sprechen für eine Einstellung von Frau Wegener, welche für Herrn Thalmann?

*Herr Thalmann ist für die Stelle geeignet, weil er über mehr Branchenkenntnis verfügt.*

G1,2 | Seite 90

● Welchen Bewerber würden Sie einstellen? Begründen Sie Ihre Antwort.

● Bereiten Sie ein Vorstellungsgespräch vor. Machen Sie dazu eine Liste mit Fragen, die Sie dem Bewerber/der Bewerberin stellen würden. Spielen Sie dieses Gespräch in der Gruppe mit verteilten Rollen.

Ü5 | Seite 93

Ü7 | Seite 94

# Grammatik

## 1 Komparation der Adjektive: Wiederholung der Formen (→ Kap. 2)

**Gruppe 1**

| | | |
|---|---|---|
| fleißig | fleißiger | am fleißigsten |
| höflich | höflicher | am höflichsten |

**Gruppe 2**

| | | |
|---|---|---|
| jung | jünger | am jüngsten |
| stark | stärker | am stärksten |

**Gruppe 3**

| | | |
|---|---|---|
| gut | besser | am besten |
| gern | lieber | am liebsten |

MEMO

> Wenn am Ende des Adjektivs *d, t, s, ß, sch, x* oder *z* steht, wird beim Superlativ vor der Endung ein zusätzliches *e* eingefügt (nicht bei *-end*):
> *intelligent – intelligenter – am intelligentesten*

## 2 Gebrauch der Formen

### Gebrauch als Attribut

Wenn Komparative oder Superlative als Attribute zu Substantiven gebraucht werden, werden sie dekliniert. Man gebraucht mit dem Komparativ die Konjunktion „als", der Superlativ wird immer ohne „am" verwendet.

Bewerber 1 hat eine bessere Bewerbung geschrieben als Bewerber 2.
Bewerber 1 hat die beste Bewerbung geschrieben.

### Gebrauch als Prädikat

Die Bewerbung von Bewerber 1 ist besser als die von Bewerber 2.
Die Bewerbung von Bewerber 1 ist am besten.
                                   die beste.

### Gebrauch als Adverb

Bei Porsche verdient ein Manager mehr als bei Mercedes.
Bei Porsche verdienen die Manager am meisten.

# Übungen

**1**    **Betrachten Sie das Schema.**

Ergänzen Sie in den Sätzen die richtige Form des Adjektivs und überlegen Sie, welcher Phase man die Aussagen zuordnen kann.

Phasenschema des Konjunkturverlaufs

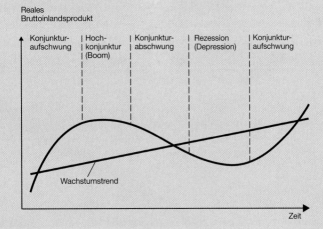

1. Es gibt _____ (viel, Komp.) Arbeitslose.
2. Die Zahl der Arbeitslosen erreicht den _____ (hoch, Superl.) Stand.
3. Die Preise werden _____ (hoch, Komp.).
4. Die Preise werden _____ (niedrig, Komp.).
5. Es gibt eine _____ (hoch, Komp.) Nachfrage.
6. Die Menschen konsumieren _____ (wenig, Komp.).
7. Die Unternehmen verdienen das _____ (viel, Superl.) Geld.
8. Die _____ (viel, Superl.) Menschen haben Arbeit.

**2**    **Betrachten Sie die Statistik: Welche Informationen bekommen Sie?**

### Warum Bewerber scheitern

*Deshalb werden Arbeitsstellen nicht besetzt (Angaben in Prozent)*

| Gründe | unange-lernte Arbeiter/innen | Fach-arbeiter/innen | Angestellte/Beamte in einfachen Tätigkeiten | Angestellte/Beamte in qualifizierten Tätigkeiten |
|---|---|---|---|---|
| Mängel in der Allgemeinbildung | 10 | 10 | 1 | 15 |
| keine oder keine geeignete Berufsausbildung | 10 | 33 | 4 | 14 |
| keine erforderlichen Kenntnisse | 30 | 47 | 17 | 40 |
| zu wenig Berufserfahrung | 15 | 32 | 4 | 15 |
| überqualifiziert | 1 | 8 | 0 | 5 |
| gesundheitlich leistungsgemindert | 9 | 11 | 0 | 6 |
| zu alt | 0 | 9 | 22 | 12 |
| unvereinbare Arbeitszeitwünsche | 29 | 10 | 5 | 15 |
| zu hohe Einkommensvorstellungen | 50 | 27 | 35 | 35 |
| aufgrund ihrer Persönlichkeit nicht geignet | 66 | 31 | 23 | 21 |
| sonstige Gründe | 28 | 18 | 56 | 43 |
| keine Angaben | 3 | 7 | 3 | 7 |

Quelle: IAB, Nürnberg

**3** **Die folgende Grafik zeigt die Entwicklung von Ausbildungsplätzen.**

Bilden Sie Vergleichssätze:
*1991 gab es mehr Stellen als Bewerber.*
*1991 gab es weniger Bewerber als Stellen.*

*1991 gab es weniger Bewerber als 1992/93.*
*1993/94 ...*

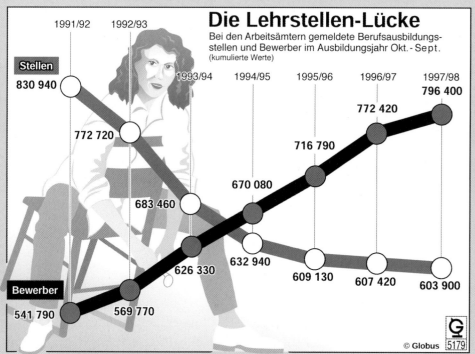

**Die Lehrstellen-Lücke**

Bei den Arbeitsämtern gemeldete Berufsausbildungs-
stellen und Bewerber im Ausbildungsjahr Okt. - Sept.
(kumulierte Werte)

1991/92    1992/93    1993/94    1994/95    1995/96    1996/97    1997/98

**Stellen**
830 940                                                    796 400
          772 720                                772 420
                                    716 790
                      683 460
                              670 080
                                      632 940
                      626 330              609 130    607 420    603 900
**Bewerber**
541 790      569 770

© Globus 5179

**4** **Ergänzen Sie im folgenden Text den Komparativ bzw. den Superlativ.**

Beantworten Sie anschließend die Fragen.

**Sparen, Sparen, Sparen ...**

*Staat und Wirtschaft kürzen Tausende Lehrstellen.*

Das neue Opel-Werk in Eisenach sollte in allen Details vorbildlich sein. Nur auf Werkstätten für Lehrlinge wollten die Planer verzichten. Die Gewerkschaften und das Bundesarbeitsministerium protestierten. Jetzt werden pro Jahr 10 Lehrlinge ausgebildet.
Andere große Unternehmen waren noch _____ (sparsam, Komp.). Vor allem im Osten gibt es wenig Lehrstellen. Manche Leute sprechen schon von einer „Systemkrise" der Berufsbildung: Immer _____ (wenig, Komp.) Lehrstellen werden angeboten, immer _____ (unattraktiv, Komp.) wird die Karriere als Facharbeiter. Einer der _____ (wichtig, Superl.)

Vorteile der deutschen Wirtschaft ist in Gefahr.
Krisensymptome kann man überall sehen: Allein 1994 gab es 16 % _____ (wenig, Komp.) Lehrstellen als im Jahr vorher. Das duale System ist in Gefahr.
Die Vorteile des deutschen Systems der Berufsbildung sehen alle. Ausländische Beobachter wie der amerikanische Wirtschaftsminister Reich sind neidisch auf das duale System. _____ (viel, Komp.) als zwei Drittel aller Schulabgänger in jedem Jahr findet so eine Arbeit. Die Jugendarbeitslosigkeit in Deutschland ist so viel _____ (niedrig, Komp.) als der OECD-Durchschnitt.

Was bedeutet „Systemkrise" der Berufsbildung?
Welche Krisensymptome gibt es?
Welche Vorteile hat das duale System?
Wie kann man das duale System nach Ihrer Meinung retten?

**Schauen Sie sich den Comic aus einer deutschen Wochenzeitung an.**

Beschreiben Sie zunächst, was Sie auf den Bildern sehen:
– eine interessante Stellenanzeige
– ein junger Physiker
– ...

Beschreiben Sie die Jobsuche von Otto Atom, dem jungen Physiker:
*Otto liest die Zeitung ...*

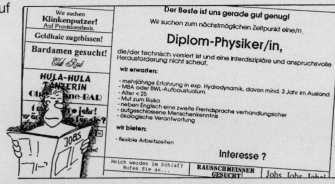

6 **Phonetik: Hören Sie die Wörter und markieren Sie die betonte Silbe.**

Polizei – Region – Union – Friseur – Motivation – Fähigkeit – Offenheit – Universität – Optimist – Rechnung – Zuverlässigkeit – Organisation – Qualität – Journalist – Gesellschaft – Nation – Bescheidenheit – Pessimist – Marxist – Bäckerei – Quälerei

Lesen Sie die Wörter.
Ergänzen Sie *betont* oder *unbetont*.

Die Suffixe -heit, -keit, -ung, -schaft sind _____ .
Die Suffixe -ei, -ist, – ion, – ät, – eur sind _____ .

7

## Die Firma Calcinelli sucht einen Firmenwagen für den neuen Niederlassungsleiter.

Der Niederlassungsleiter verdient ca. 150 000 DM pro Jahr. Er ist verheiratet und hat zwei Kinder. Vergleichen Sie die Modelle. Welches Modell ist für ihn am besten?

*groß – klein – stark – schnell – sicher – teuer – hässlich – bequem – unbequem – geräumig – gut – schlecht – angemessen – repräsentativ*

### Untere Mittelklasse

**VW Passat CL, 1,8 l, 66 kW, 37 355 Mark**
Der Bestseller (Listenpreis 32 420 Mark) verfügt über ABS, Airbags, elektronische Heizungsregulierung, elektr. Fensterheber, Zentralverriegelung.

| Marke, Modell | Preis in Mark | Preis in EURO |
|---|---|---|
| **Hyundai Lantra GLS,** 1,6 l, 84 kW | 28 090 | 14 362 |
| **Renault Laguna,** 1,8 l, 66 kW | 30 650 | 15 671 |
| **Ford Mondeo CLX,** 1,6 l, 65 kW | 33 530 | 17 144 |
| **Opel Vectra GL,** 1,8 l, 66 kW | 34 936 | 17 862 |
| **Mazda 626 LX,** 1,9 l, 77 kW | 29 950 | 15 313 |
| **Audi A4,** 1,6 l, 74 kW | 39 145 | 20 015 |
| **BMW 316 i,** 1,6 l, 75 kW | 40 527 | 20 721 |

Die Koreaner halten ihr Versprechen: viel Auto für wenig Geld. Ihre Strategie haben sie von den Japanern übernommen, die in ihrer Aufpreispolitik kaum noch von den Europäern unterschieden werden können. Während der Hyundai seinen Preisvorteil hält, büßt ihn Mazda wieder ein. Teuer aber wertstabil sind BMW und Audi.

### Mittelklasse

**Mercedes C180, 1,8 l, 90 kW, 48 904 Mark**
Der Gipfelstürmer (Listenpreis 42 895 Mark) unter anderem mit Schiebedach, Metalliclack, Colorverglasung, Radioanlage, verstellbarem Lenkrad.

| Marke, Modell | Preis in Mark | Preis in EURO |
|---|---|---|
| **Citroën Xantia SX,** 2,0 l, 89 kW | 42 860 | 21 914 |
| **Rover 620 Si,** 2,0 l, 96 kW | 44 345 | 22 673 |
| **Audi A4,** 1,8 l, 85 kW | 44 485 | 22 745 |
| **BMW 318i,** 1,8 l, 85 kW | 45 442 | 23 234 |
| **Honda Accord iES,** 2,0 l, 96 kW | 45 280 | 23 151 |
| **Mazda Xedos 6,** 2,0 l, 103 kW | 50 440 | 25 790 |

Mercedes-Fahrer sind, so die hauseigene Marktforschung, zum größten Teil anspruchsvolle Autointeressierte, die Image und Prestige hoch schätzen. Das schlägt sich im Preis der Zusatzausrüstung nieder, die den Listenpreis extrem anheben kann. Trotzdem: Audi und BMW, mit vergleichbarem Image, sind deutlich billiger.

### Obere Mittelklasse

**Opel Omega, 2,5 l, 125 kW, 55 134 Mark**
Ausstattung des Klassenprimus (Liste 50 570 Mark) unter anderem: Niveauregulierung, Schiebedach, Metallic, Color, elektrische Fensterheber.

| Marke, Modell | Preis in Mark | Preis in EURO |
|---|---|---|
| **Audi A6,** 2,6 l, 110 kW | 58 015 | 29 663 |
| **Volvo 850,** 2,5 l, 125 kW | 57 920 | 29 614 |
| **Citroën XM SX,** 3,0 l, 123 kW | 60 155 | 30 757 |
| **Ford Scorpio,** 2,9 l, 152 kW | 61 750 | 31 572 |
| **BMW 525i,** 2,5 l, 141 kW | 65 850 | 33 669 |
| **Mercedes E,** 2,8 l, 142 kW | 71 927 | 36 776 |

Status kostet Geld: Gemessen am Omega lässt sich Mercedes den Stern mit einem Kleinwagen bezahlen. Das ist sogar für die Fangemeinde, die auf die Wertbeständigkeit ihrer Fahrzeuge setzt, eine Stange Geld. BMW lässt sich den Einstieg ins Auto-Oberhaus auch noch kräftig honorieren. Gute Alternativen sind der Audi und Volvo.

94

# 5 ── Bewerbungen

*In diesem Kapitel finden Sie folgende Themen:*

A: Arbeitslosigkeit in Deutschland; B: Frauen und Karriere; C: Die Bewerbung; D: Das Vorstellungsgespräch

## A ── Arbeitslosigkeit in Deutschland

### A 1 Die wirtschaftliche Situation in Deutschland

Welches Bild vermitteln Ihnen die beiden Statistiken von der Situation in Deutschland am Ende des 20. Jahrhunderts? Trifft es zu?

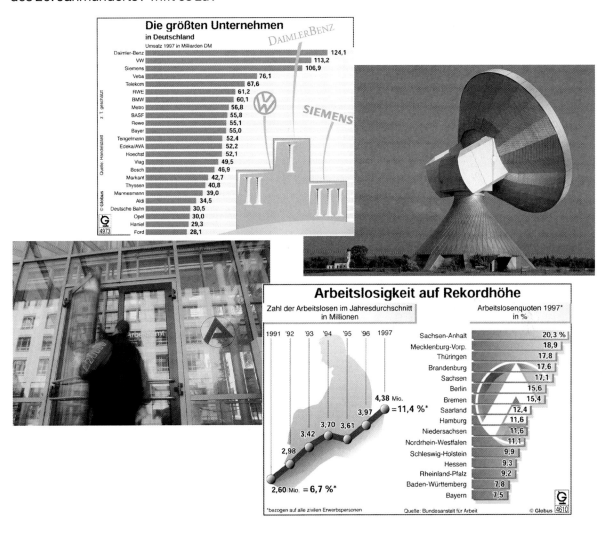

Die größten Unternehmen
in Deutschland
Umsatz 1997 in Milliarden DM

| Daimler-Benz | 124,1 |
| VW | 113,2 |
| Siemens | 106,9 |
| Veba | 76,1 |
| Telekom | 67,6 |
| RWE | 61,2 |
| BMW | 60,1 |
| Metro | 56,8 |
| BASF | 55,8 |
| Rewe | 55,1 |
| Bayer | 55,0 |
| Tengelmann | 52,4 |
| Edeka/AVA | 52,2 |
| Hoechst | 52,1 |
| Viag | 49,5 |
| Bosch | 46,9 |
| Markant | 42,7 |
| Thyssen | 40,8 |
| Mannesmann | 39,0 |
| Aldi | 34,5 |
| Deutsche Bahn | 30,5 |
| Opel | 30,0 |
| Haniel | 29,3 |
| Ford | 28,1 |

Quelle: Handelsblatt, z. T. geschätzt
© Globus 4973

Arbeitslosigkeit auf Rekordhöhe

Zahl der Arbeitslosen im Jahresdurchschnitt in Millionen

1991 '92 '93 '94 '95 '96 1997

2,60 Mio. = 6,7 %*
2,98
3,42
3,70 3,61
3,97
4,38 Mio. = 11,4 %*

Arbeitslosenquoten 1997* in %

| Sachsen-Anhalt | 20,3 % |
| Mecklenburg-Vorp. | 18,9 |
| Thüringen | 17,8 |
| Brandenburg | 17,6 |
| Sachsen | 17,1 |
| Berlin | 15,6 |
| Bremen | 15,4 |
| Saarland | 12,4 |
| Hamburg | 11,6 |
| Niedersachsen | 11,6 |
| Nordrhein-Westfalen | 11,1 |
| Schleswig-Holstein | 9,9 |
| Hessen | 9,3 |
| Rheinland-Pfalz | 9,2 |
| Baden-Württemberg | 7,8 |
| Bayern | 7,5 |

*bezogen auf alle zivilen Erwerbspersonen
Quelle: Bundesanstalt für Arbeit
© Globus 4610

● Charakterisieren Sie die wirtschaftliche Situation in Deutschland Ende der neunziger Jahre. Welche Adjektive erscheinen Ihnen passend?

*unbeweglich – dynamisch – optimistisch – ruhig – stabil – hoffnungslos – zuversichtlich – verzweifelt*

A 2 **Beschreiben Sie die Statistiken von A 1.**

REDEMITTEL **Statistiken**

| Die Zahl der... | steigt<br>fällt<br>sinkt<br>steigt an<br>erhöht sich | von ... auf ...<br>um ... |
|---|---|---|
| Die Unternehmen | senken<br>erhöhen<br>steigern | die Kosten ...<br>ihre Erträge/Gewinne ...<br>ihren Umsatz ... |

A 3 **Welche Gründe gibt es nach Ihrer Meinung für die hohe Arbeitslosigkeit?**

Welche der folgenden Gründe können Sie akzeptieren?

- Die deutsche Wirtschaft ist nicht flexibel.
- Die Kosten für Arbeit sind in Deutschland zu hoch.
- Globalisierung der Wirtschaft
- Die Deutschen wollen nicht mehr arbeiten.
- Die Produktion wird immer mehr rationalisiert.
- Die Politiker sind schuld.
- Die Konkurrenz aus dem Ausland ist zu stark.
- Die Gewerkschaften in Deutschland sind zu stark.
- Die deutsch-deutsche Vereinigung kostet zu viel Geld.
- Deutsche Unternehmen produzieren keine Qualitätsprodukte.
- Die europäischen Regierungen sparen wegen der EWU.

A 4 **Befindet sich das kapitalistische Wirtschaftssystem in einer Krise?**

Einige Leute behaupten, dass das kapitalistische Wirtschaftssystem in einer Krise ist: Symptom für die Krise ist für sie die anhaltend hohe Arbeitslosigkeit.
Finden Sie Argumente für und gegen diese These und diskutieren Sie dann.

„Arbeit ist in den Industrieländern zu teuer."

„Die höchsten Arbeitslosenzahlen in Europa gibt es in den so genannten Niedriglohnländern (Irland, Spanien)."

„Arbeit ist für die Menschen nicht mehr attraktiv."

„Viele Menschen suchen einen neuen Arbeitsplatz."

„In Deutschland arbeiten die Menschen zu wenig."

„Die Produktivität der Arbeit steigt immer weiter."

„Große Unternehmen ‚exportieren' Arbeitsplätze ins Ausland."

„Wenn Unternehmen Gewinn machen, schaffen sie qualifizierte Arbeitsplätze."

„Deutschland wird zur Dienstleistungsgesellschaft."

## B 1   Der Fall Barbara Lehti

Barbara Lehti kommt aus Finnland. Sie hat in Deutschland und Italien Wirtschaftswissenschaften mit dem Schwerpunkt Marketing studiert. Auf der Universität hat sie Stefan Beller kennen gelernt. Die beiden haben geheiratet und sind dann nach Bremen gezogen, weil Stefan hier eine Arbeit gefunden hat. Barbara hat noch keine Arbeit, möchte aber auch eine Stelle finden. Was kann sie machen?

Barbara liest zunächst Informationen über Frauen in Führungspositionen. Betrachten Sie die beiden Übersichten. Sind Frauen in Deutschland auf Führungspositionen in der Wirtschaft vorbereitet? Begründen Sie Ihre Antwort.

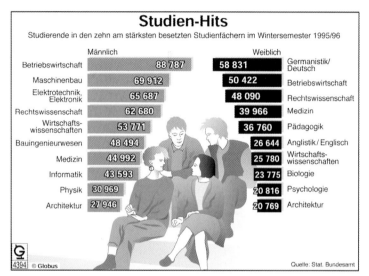

### Studien-Hits

Studierende in den zehn am stärksten besetzten Studienfächern im Wintersemester 1995/96

| Männlich | | Weiblich | |
|---|---|---|---|
| Betriebswirtschaft | 88 787 | 58 831 | Germanistik/Deutsch |
| Maschinenbau | 69 912 | 50 422 | Betriebswirtschaft |
| Elektrotechnik, Elektronik | 65 687 | 48 090 | Rechtswissenschaft |
| Rechtswissenschaft | 62 680 | 39 966 | Medizin |
| Wirtschafts-wissenschaften | 53 771 | 36 760 | Pädagogik |
| Bauingenieurwesen | 48 494 | 26 644 | Anglistik/Englisch |
| Medizin | 44 992 | 25 780 | Wirtschafts-wissenschaften |
| Informatik | 43 593 | 23 775 | Biologie |
| Physik | 30 969 | 20 816 | Psychologie |
| Architektur | 27 946 | 20 769 | Architektur |

Quelle: Stat. Bundesamt
© Globus 4394

*Akademische Laufbahn:*
### Für Frauen verschlossen?

Frauenanteile in %
(Deutschland)

Studienanfänger **48%** — Studierende **43**

Absolventen **41**

Promotionen **32**

Professoren **8**    **13** Habilitationen

*zum Vergleich: Bevölkerung insgesamt* **51**

Quelle: Stat. Bundesamt
© Globus
1995 bzw. 1996
4896

## B 2   Die Position von Frauen in Unternehmen

Die Position von Frauen in großen Unternehmen in Deutschland wird aus der folgenden Aufstellung deutlich. Lesen Sie zunächst die Daten und vergleichen Sie.

Welches sind die wichtigsten Probleme von Frauen, die arbeiten? Warum haben Frauen oft größere Schwierigkeiten eine qualifizierte Arbeitsstelle zu finden?

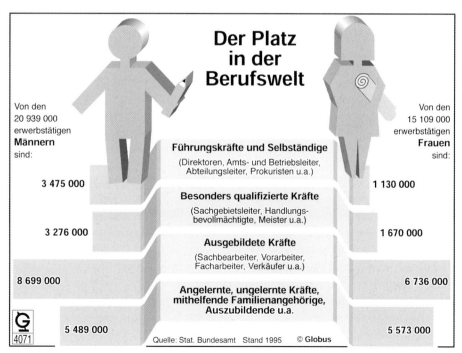

### Der Platz in der Berufswelt

Von den 20 939 000 erwerbstätigen **Männern** sind:

Von den 15 109 000 erwerbstätigen **Frauen** sind:

| Männer | Kategorie | Frauen |
|---|---|---|
| 3 475 000 | **Führungskräfte und Selbständige** (Direktoren, Amts- und Betriebsleiter, Abteilungsleiter, Prokuristen u.a.) | 1 130 000 |
| 3 276 000 | **Besonders qualifizierte Kräfte** (Sachgebietsleiter, Handlungsbevollmächtigte, Meister u.a.) | 1 670 000 |
| 8 699 000 | **Ausgebildete Kräfte** (Sachbearbeiter, Vorarbeiter, Facharbeiter, Verkäufer u.a.) | 6 736 000 |
| 5 489 000 | **Angelernte, ungelernte Kräfte, mithelfende Familienangehörige, Auszubildende u.a.** | 5 573 000 |

Quelle: Stat. Bundesamt   Stand 1995    © Globus
4071

**B 3** Ordnen Sie dem Hauptsatz einen passenden Nebensatz zu.

| | |
|---|---|
| Jura ist ein Studienfach, | die für eine Karriere sehr wichtig sind. |
| Die zentrale Kreditbetreuung ist eine Abteilung, | den eine Firmeninhaberin beherrschen muss. |
| Die Tagesmutter ist eine Frau, | die bei der Württembergischen Landesgirokasse knapp unter dem Vorstand angesiedelt ist. |
| Innere Stärke und Fähigkeit zur Selbstkritik sind Eigenschaften, | der für eine Karriere sehr wichtig sein kann. |
| Die Distribution ist ein Unternehmensbereich, | das viele Jahre in Anspruch nimmt. |
| Ein Auslandsaufenthalt ist ein Schritt, | das in vielen Bereichen aktiv ist. |
| Die Kommunikationschefin von Sony ist eine Frau, | die sich tagsüber um die Kinder berufstätiger Frauen kümmert. |
| Ein Mischkonzern ist ein Unternehmen, | die Literaturwissenschaften studiert hat. |

G1,2 Seite 110
Ü1 Seite 111
Ü5 Seite 112

**B 4** Wählen Sie eine der zwei Frauen aus, die in den Zeitungsausschnitten vorgestellt werden.

Konzentrieren Sie sich nur auf die wichtigsten Informationen, wenn Sie die Texte lesen.

### CLAUDIA DIEM, 38

- Leiterin der Kreditabteilung der Württemberg Landesgirokasse
- Personalverantwortung über 80 Mitarbeiter
- verheiratet und Mutter von zwei Kindern

**Beruf und Haus professionell organisiert**

**Knapp unter dem Vorstand** der Württembergischen Landesgirokasse ist Claudia Diem bereits angekommen. Ganz nebenbei hat die Juristin ihr Fachgebiet ständig erweitert. Nun leitet sie mit ihren 80 Mitarbeitern die zentrale Kreditbetreuung. „Die Ausbildung zur Volljuristin dauert viele viele Jahre", erklärt sie ihre Einstellung zum Beruf, „die sollen nicht umsonst gewesen sein."

**Auf dem Weg nach oben** behinderten sie auch zwei Kinder wenig. „Ich hatte gerade meinen Sohn geboren, als ich vor gut einem Jahr diese Position annahm", beweist sie, dass Mutterschaft und beruflicher Erfolg durchaus vereinbar sind. Haushalt und Kinderbetreuung habe sie perfekt organisiert. „Meine Hilfe kommt, wenn ich morgens gehe, und hat in dieser Zeit auch das Sagen im Haus." Verantwortung abzugeben gehöre eben mit dazu, und wenn sie in der Woche mal zum Mittagessen heimkehrt, ordnet sie sich dem gewohnten Ablauf unter.

**Ihre Liebe zur Doppelrolle** erklärt sie einleuchtend: „Ich sitze verdammt gern an diesem Schreibtisch, aber am Wochenende ebenso gerne am Sandkasten." Den Preis verschweigt sie nicht: „Ich verzichte auf sportliche Aktivitäten und einen großen Freundeskreis, ebenso wie auf ausgefallene Reisen." Man müsse eben klare Prioritäten setzen – dazu zähle auch, dass die Wochenenden der Familie gehören und der Urlaubsort kindgerecht ausgewählt wird.

### MARIE-LUISE WOLFF, 38

- seit wenigen Monaten Kommunikationschefin bei VEBA
- verantwortet mit 15 Mitarbeitern die gesamte Öffentlichkeitsarbeit des Unternehmens
- Ehemann ja, Kinder nein

**Innere Stärke und Selbstbewusstsein**

**Volle Berufstätigkeit** ja oder nein, diese Frage stellte sich Marie-Luise Wolff nie. „Während der Studienjahre hat uns die gesamte Dozentenschar persönliche Unabhängigkeit als höchstes Ziel gepredigt", beschreibt sie die Lehrkultur der 80er Jahre. Ihren Karriere-Kick führt sie indes auf einen USA-Aufenthalt zurück. „Nachdem ich zwei Jahre amerikanisches Tempo und Pragmatismus kennen gelernt hatte, konnte ich mir die avisierte Akademikerlaufbahn hierzulande nicht mehr vorstellen", analysiert sie den wichtigen Wendepunkt in ihrer Laufbahn.

**Zum Entsetzen ihres Doktorvaters** entschied sich die Literaturwissenschaftlerin für einen Public-Relation-Job beim Unterhaltungselektroniker Sony in Hamburg. Sieben erfolgreichen Jahren dort folgte vor einigen Monaten der Wechsel als Kommunikationschefin zu VEBA einem der größten deutschen Mischkonzerne.

**Innere Stärke** und eigene Kritikfähigkeit nennt die 38-jährige als die Zutaten ihrer Karriere „und die Erkenntnis, dass der Beruf meine volle Einsatzbereitschaft fordert". Bewusst hat sie sich gegen die Mutterrolle entschieden: „Das ist in meinem persönlichen Fall der Preis."

**Besondere Förderung** hat sie nicht genossen: „Das würde ich mir auch verbeten haben." Fast ablehnend steht sie gezielter Frauenförderung gegenüber. Damit würde Frauen eine Sonderbehandlung verbrieft. „Ich brauche doch keinen Minderheitenschutz", meint sie entrüstet.

● Füllen Sie die Tabelle aus und stellen Sie die Person den anderen Kursteilnehmern vor.

|  | Claudia Diem | Marie-Luise Wolff |
|---|---|---|
| Ausbildung |  |  |
| Beruf/Tätigkeit |  |  |
| familiäre Situation |  |  |
| Meinung zu Karriere und Familie |  |  |

B 5 **Typisch weiblich, typisch männlich?**

Welche der folgenden Eigenschaften und Einstellungen sind eher typisch weiblich, welche typisch männlich? Vergleichen Sie Ihre Ergebnisse und diskutieren Sie.

|  | weiblich | männlich | beide |
|---|---|---|---|
| defensiv | ○ | ○ | ○ |
| Statussymbole sind wichtig | ○ | ○ | ○ |
| bescheiden | ○ | ○ | ○ |
| nutzt Karrierechancen immer aus | ○ | ○ | ○ |
| selbstbewusst | ○ | ○ | ○ |
| bereit, die Arbeit zu wechseln | ○ | ○ | ○ |
| hat Angst, Fehler zu machen | ○ | ○ | ○ |
| kann eigene Schwächen zugeben | ○ | ○ | ○ |
| perfektionistisch | ○ | ○ | ○ |
| entscheidungsfreudig | ○ | ○ | ○ |
| gelassen | ○ | ○ | ○ |
| souverän | ○ | ○ | ○ |
| kontaktfreudig | ○ | ○ | ○ |
| familienorientiert | ○ | ○ | ○ |

● Passen Ihre Antworten zu den Ergebnissen aus der folgenden Umfrage?

**Spaß und Sicherheit**

»Besonders wichtig an meinem Beruf ist mir ...«

... die Sicherheit des Arbeitsplatzes: % 68 / 70

... der Spaß an der Arbeit: 65 / 70

... ein gutes Betriebsklima: 59 / 68

... eine flexible Arbeitszeit: 16 25

... eine gute Aufstiegsmöglichkeit: 22 / 15

... ein hohes Einkommen: 18 / 14

... ein hohes Prestige: 7 / 6

männlich ■ weiblich

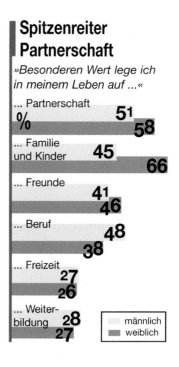

**Spitzenreiter Partnerschaft**

»Besonderen Wert lege ich in meinem Leben auf ...«

... Partnerschaft: % 51 / 58

... Familie und Kinder: 45 / 66

... Freunde: 41 / 46

... Beruf: 48 / 38

... Freizeit: 27 / 26

... Weiterbildung: 28 / 27

männlich / weiblich

**Lesen Sie die folgenden Tipps für Frauen, die beruflichen Erfolg haben möchten.**

Ordnen Sie vor dem Lesen den Substantiven ein passendes Verb zu.

| Substantive | Verben |
|---|---|
| die Konsequenz | wechseln |
| den Job | treffen |
| eine Entscheidung | anführen |
| auf Verständnis | fällen |
| etwas als Hindernis | übernehmen |
| einen Überblick | verpassen |
| eine Frage | stellen |
| eine Chance | verschaffen |
| Verantwortung | ziehen |

● **Ordnen Sie die Überschriften dem richtigen Abschnitt zu.**

○ AUFSTIEG PLANEN

○ VERBISSENHEIT VERMEIDEN

○ KURZE BABYPAUSE

○ HÄUSLICHE KONFLIKTE AUSTRAGEN

○ MENTORENSCHAFT AUFBAUEN

○ SELBSTBEWUSST VORSTELLEN

○ KINDER UND KARRIERE VEREINEN

## Rüstzeug für den beruflichen Erfolg
*Die wichtigsten Strategien, die ambitionierten Frauen beim erfolgreichen Ein- und Aufstieg helfen*

**①**

Schon beim Berufseinstieg verhalten sich Frauen häufig defensiv. Die Gehaltsvorstellungen liegen meist unter denen Ihrer männlichen Konkurrenten, Fragen nach Statussymbolen wie ein Firmenwagen oder ein Sekretariat stellen sie schon gar nicht. Rat: vorher Erkundigungen einziehen, wie vergleichbare Positionen honoriert werden. Bescheidenheit gilt nicht als herausragendes Karrieremerkmal.

**②**

Die anfänglichen Berufsjahre verschaffen einen ersten Überblick, welche Aufstiegschancen sich im Unternehmen bieten und wo die Grenzen liegen. Wie auch immer die Analyse ausfällt: Ziehen Sie bald die Konsequenzen. Im Zweifel sollten Sie den Job wechseln oder Ihre Chancen im eigenen Unternehmen bewusst ausreizen. Vorgesetzte erwarten deutliche Signale von Mitarbeitern, die mehr Verantwortung oder andere Aufgaben übernehmen wollen.

**③**

Aus Angst davor, Fehler zu machen, verlieren Entscheidungsträgerinnen immer wieder Gelassenheit und Souveränität, die ihre Position eigentlich erfordert. Die Ursache hierfür liegt häufig in der Scheu, eigene Schwächen einzugestehen. Übersteigerter Perfektionismus hilft indes wenig. Lieber einmal eine falsche Entscheidung treffen als gar keine.

**④**

Männliche Seil- und Brüderschaften führen Frauen immer wieder als weibliche Karrierehindernisse an. Vergleichbare Beziehungen haben sie selten aufzuweisen, allerdings weniger, weil es an geeigneten Genossinnen fehlt, sondern an der Bereitschaft, andere Frauen zu unterstützen oder gar weiblichen Nachwuchs aufzubauen. Mit der Devise „Mir hat auch niemand geholfen!" verpassen sie regelmäßig die Chance, ausreichende und helfende Kontakte zu knüpfen und loyale Mitarbeiter heranzuziehen.

**⑤**

Karrierefrauen führen nicht zwangsläufig ein Single-Dasein. Im Gegenteil. Allerdings fordert ihr Beruf sie oft derart, dass Vorwürfe des Partners nicht ausbleiben. Mit diesem Konfliktpotential müssen Sie rechnen, um ihm profund begegnen zu können.

**⑥**

Die grundsätzliche Entscheidung kann man nur allein fällen: Gibt die berufstätige Frau ihren Job zugunsten des Kindes auf oder nicht? Wer erfolgreich im Beruf tätig ist, kann sich nicht mehr vorstellen, darauf den Rest des Lebens zu verzichten. In diesem Fall aber ist die werdende Mutter in der Bringschuld. Sie muss klare Vorstellungen entwickeln, wie sie beides – Beruf und Kind – vereinen will und wie viel Zeit sie sich für ihre Mutterschaft nimmt. Nahezu alle engagierten Mitarbeiterinnen, die ihren Vorgesetzten frühzeitig mit ihrer Schwangerschaft und klaren Zukunftsvorstellungen konfrontieren, treffen in den meisten Unternehmen mittlerweile auf Verständnis und Unterstützung.

**⑦**

Drei Jahre ausschließlicher Mutterfreuden sind für die karrierebewusste Frau nicht drin. Auch wenn viele immer noch die Nase rümpfen, wenn berufstätige Frauen den Nachwuchs in die Obhut von Kinderfrauen und Tagesmüttern geben, geht es nicht, diese Entscheidung aufzuschieben.

B 7 **Suchen Sie im Text die Wörter, die zu den folgenden Definitionen passen.**

Personen, die im Unternehmen
Entscheidungen treffen: → _____

Gruppe von Bekannten, die bei der
Verwirklichung der Karriere hilft: → _____

ein Auto, das die Firma bezahlt: → _____

Frauen, die die Kinder von berufstätigen → _____
Müttern tagsüber betreuen:

● **Welche Fehler machen Frauen oft? Markieren Sie die Stellen im Text, die Ihnen darüber Auskunft geben.**

Ü8,9 | Seite 114

B 8 **Barbara Lethis berufliche Situation**

Barbara Lehti trifft sich mit einer Freundin und unterhält sich mit ihr über ihre berufliche Situation. Hören Sie das Gespräch zwischen Barbara und ihrer Freundin.

Welche Stelle sucht Barbara?
Welche Vorteile hat Barbara bei der Stellensuche?
Welche Nachteile hat sie?
Wie beurteilen Sie den Rat von Claudia?

● **Formulieren Sie Tipps für Barbara Lehti. Worauf muss sie bei der Stellensuche achten?**

## C – Die Bewerbung

C 1 **Wie bewirbt man sich?**

Barbara Lehti möchte sich bei einigen deutschen Unternehmen als Trainee in Führungskräfte-Nachwuchsprogrammen bewerben. Zuerst muss sie Bewerbungsunterlagen zusammenstellen: ein Bewerbungsschreiben und einen Lebenslauf. Die folgenden Seiten geben Informationen, worauf man dabei in Deutschland besonders achten muss. Lesen Sie die Übersicht über Struktur und Inhalt eines Bewerbungsschreibens und markieren Sie Elemente, die nicht Teil eines solchen Briefes sein sollten.

| | |
|---|---|
| **Vorname, Name** | Ort, Datum |
| **Straße, Hausnummer** | |
| **PLZ Ort** | |
| **Telefonnummer** | |
| **Geburtsdatum** | |

**Vollständige Anschrift des Empfängers**
(nach der Abteilung – Name des Ansprechpartners)

**Bewerbungsanlass** (ohne das Wort „Betreff")

**Anrede** („Sehr geehrte Damen und Herren", wenn der Empfänger unbekannt)

**Inhalt des Schreibens:**
Bewerbung um . . . ①
Bezug auf . . . ②
Angaben über die jetzige Tätigkeit ③
Angaben über die Schullaufbahn ④
Was habe ich zu bieten . . .? (Bezug zum Anforderungsprofil) ⑤
Warum bewerbe ich mich bei dieser Firma! ⑥
(Nicht nur Informationen aus der Anzeige wiederholen!)
Informationen über die Gesundheit ⑦
Referenzen, frühester Termin, wann Sie die Arbeitsstelle beginnen können ⑧
Gehaltsvorstellungen (falls gefordert) ⑨
Familienstand (ledig, verheiratet, geschieden) ⑩
Ein deutlicher Schlusssatz, dass Sie sich auf eine Einladung freuen ⑪

Mit freundlichen Grüßen

**Unterschrift** mit Vor- und Zunamen

**Anlage**

● **Suchen Sie in den Bewerbungen aus Kapitel 4 Sätze, die zu den Gliederungspunkten 1–11 passen und ergänzen Sie diese in der Übersicht.**

Sie finden hier Beispiele aus drei Bewerbungsschreiben auf eine Stelle als Verkäufer in einem Chemieunternehmen. Der Personalberater hat eine Bewerbung als „gut" bewertet, eine als „nicht ganz so gut" und die dritte als „schlecht".

Lesen Sie die Sätze. Überlegen Sie zunächst, zu welchem Gliederungspunkt (vgl. ① – ⑪ von C 1) sie passen und bewerten Sie sie dann.

**Gliederungspunkt:** ◯

a) „Da ich sehr daran interessiert bin, in Ihrem Unternehmen die geforderte Tätigkeit zu übernehmen, würde ich mich freuen, wenn wir uns zu einem persönlichen Gespräch zusammenfinden könnten.
In der Hoffnung auf eine positive Nachricht Ihrerseits ..."

b) Ihre Antwort erwartend verbleibe ich ..."

c) „Wenn diese Argumente Ihr Interesse geweckt haben, würde ich mich gerne zu einem persönlichen Gespräch bei Ihnen vorstellen, in dem wir weitere Einzelheiten besprechen können."

**Gliederungspunkt:** ◯

a) „Sie suchen mit Ihrem Stellenangebot vom 8. Mai 1999 in der Frankfurter Allgemeinen Zeitung Nr. 106 einen Verkäufer für Ihre chemischen Spezialitäten im Raum Frankfurt/M.
Vermutlich stellen Sie sich die Frage, welchen Nutzen Sie haben, wenn ich den Vertrieb Ihrer Produkte übernehmen würde. Einige Angaben zu meiner Person können Ihnen helfen, eine Antwort darauf zu finden."

b) „... hiermit bewerbe ich mich um die Position als Verkäufer-Chemische Spezialitäten in Ihrem Hause."

c) „... mit Bezug auf Ihre Anzeige möchte ich mich für die Stelle eines Verkäufers, Raum Frankfurt bewerben.
Angaben zu meiner Position können Sie fürs Erste dem Lebenslauf entnehmen."

**Gliederungspunkt:** ◯

a) „Das Chemie-Studium wurde nicht abgeschlossen und bei BWL klage ich seit Studiumsende gegen die Uni."

b) „Nachdem ich den experimentellen und schriftlichen Teil meiner Dissertation in Chemie erfolgreich abschließen konnte, werde ich diese am 10.07.1999 beenden. In meiner vorangegangenen Diplomarbeit und jetzigen Dissertation, die beide unter Betreuung des Leiters des Instituts für Anorganische Chemie Herrn Professor Dr. X liefen, beschäftige ich mich mit der Darstellung von neuartigen Derivaten der Pentahexocarbotensäure ... Dabei eignete ich mir ein umfassendes Wissen in den Standardmessmethoden ... an."

c) „Sie gewinnen einen Diplom-Chemiker, der eine breit angelegte fachliche Ausbildung erworben und auf verschiedenen Fachgebieten (Biochemie, Oberflächenanalytik, Elektrochemie) gearbeitet hat, das heißt bereit und damit vertraut ist, sich in neue Fragestellungen einzuarbeiten.
Sie stellen einen Gesprächspartner ein, der seit zwei Jahren für ein Unternehmen der petrochemischen Industrie im Außendienst seine eigenen Kunden betreut. Erworben habe ich hier Sicherheit im Umgang mit unterschiedlichen Gesprächspartnern, in der Kommunikation und Akquisition. Meine Fähigkeit, komplexe Sachverhalte anschaulich darstellen zu können, habe ich dabei erweitert".

**Gliederungspunkt:** ◯

a) „Meine Gehaltsvorstellung liegt bei ca. 79 000 DM per anno plus Gewinnbeteiligung."

b) „Der Verdienst sollte nicht unter 140.000,– liegen."

c) (keine Angabe)

**C 3  Welches Verb passt? Suchen Sie im Text passende Verben.**

| | |
|---|---|
| sich eine Frage | STELLEN |
| eine Antwort | _____ |
| Kunden | _____ |
| Fähigkeiten | _____ |
| Interesse | _____ |
| eine Diplomarbeit | _____ |
| sich Wissen | _____ |
| einen Einblick in ... | _____ |
| Sachverhalte | _____ |

**C 4  Welche der folgenden Äußerungen halten Sie für richtig?**

Finden Sie Beispiele in den Briefen aus C 2?

| | Ja | Nein |
|---|---|---|
| Ein Bewerber soll möglichst ausführlich über sich berichten. | ○ | ○ |
| Man soll positive Formulierungen verwenden. | ○ | ○ |
| Man soll seinen möglichen Nutzen für das Unternehmen betonen. | ○ | ○ |
| Man soll seine Teamfähigkeit betonen. | ○ | ○ |
| Man soll nicht zu niedrige Gehaltsvorstellungen äußern. | ○ | ○ |
| Man soll die Seiten des Briefes möglichst voll schreiben. | ○ | ○ |
| Man soll auch seine Schwächen erwähnen. | ○ | ○ |
| Man soll ein Lichtbild beilegen. | ○ | ○ |
| Man soll seine fachliche Qualifikation in den Mittelpunkt stellen. | ○ | ○ |

**C 5  Der Personalberater hat seine Urteile auch begründet.**

Zu welchen Sätzen aus C 2 passen die Begründungen?

„Gut, weil der Bewerber nicht sofort anfängt, von sich zu reden. Er stellt den Nutzen für das Unternehmen und den Leser in den Mittelpunkt."

    Satz: _____

„Nicht so gut: Spätestens hier merkt der Leser, dass der Bewerber von einer Sache keine Ahnung hat: vom VERKAUF."

    Satz: _____

„Nicht so gut: Ganz schön kräftig hingelangt für einen Berufsanfänger."

Satz: _____

„Nicht so gut. Redet sofort von sich selbst."

    Satz: _____

„Schlecht: Stellt zu hohe Ansprüche."

    Satz: _____

● **Was muss man bei einer Bewerbung in Ihrem Land beachten?**

C 6  **Der Lebenslauf:  Vergleichen Sie den Lebenslauf mit den Beispielen aus Kapitel 4.**

Welcher der Lebensläufe gefällt Ihnen auf den ersten Blick besser? Begründen Sie Ihre Antwort.

### Der Lebenslauf

LEBENSLAUF

| | |
|---|---|
| **Name** (1) | Peter Mustermann |
| **Geburtsdatum** | 30. Oktober 1972 |
| **Geburtsort** | Bdorf |
| **Familienstand** | ledig |
| **Schulbesuche** | |
| 1978 - 1982 | Grundschule in Bdorf |
| 1982 - 1988 (2) | Realschule in Bdorf (3) Abschluss: Mittere Reife |
| 1988 - 1991 | Gymnasium in Bdorf Abschluss: Abitur |
| **Studium** | |
| 1991 - 1997 | Raumplanung Universität Beispielstadt (4) Abschluss: Dipl.-Ing Raumplanung Diplomnote: gut |
| **Weiterbildung** (5) | |
| 1998 - 1999 | Institut X, Beispielstadt (6) Abschluss: Software-Engineer |
| **Fremdsprachen** | Englisch (7) |
| Musterstadt, 1.1.1999 | (Unterschrift) (8) |

C 7  **Wie soll ein Lebenslauf aussehen? Welche der folgenden Adjektive treffen zu?**

klar – übersichtlich – knapp – ausführlich – vollständig – eng beschrieben – bescheiden – chronologisch – handgeschrieben – präzise – adressatenbezogen – prägnant

C 8  **Zu dem Lebenslauf oben finden Sie hier die Meinung eines Spezialisten.**

Ergänzen Sie zunächst die Relativpronomen.

**Karriereberater Bernd Andersch analysiert Bewerbungen von Lesern**
**Das richtige Maß an Informationen finden**

Wenn man den Informationsgehalt des Lebenslaufs analysiert, so kann man zwei Extremgruppen von Bewerbern unterscheiden: Zum einen gibt es die Detailfreaks: Bewerber, _____ auch die unwichtigste Aktivität genau darstellen. Ihre Lebensläufe sind manchmal drei bis vier eng bedruckte Seiten lang. Zum anderen gibt es Menschen, _____ kaum Informationen für eine Seite präsentieren. Welche Informationsmenge ist richtig?

Sie finden hier den Lebenslauf eines Ingenieurs, _____ die Fachrichtung Raumplanung studiert hat. Er ist ein Beispiel für einen Bewerber, _____ wenig Informationen gibt. Nach dem Studium absolvierte der Ingenieur eine Fortbildung zum Software-Engineer. Jetzt bewirbt er sich um eine Stelle in der EDV-Abteilung eines Unternehmens.
Dieser Lebenslauf ist übersichtlich und kurz. In einer Zeit, _____ durch Informationsüberflutung charakterisiert ist, möchte der Verfasser den Leser nicht mit Informationen überschütten. Hat er das richtige Maß getroffen?

Zu den markierten Punkten im Lebenslauf von Peter Mustermann hat der Karriereberater sich näher geäußert. Lesen Sie die Texte und überlegen Sie zu welchem Punkt der Text passt.

Nummer _____: Gut! Unter dem Stichwort Weiterbildung hat der Bewerber geschickt seine Umschulung zum Software-Engineer versteckt. „Weiterbildung" klingt besser als „Umschulung".

Nummer _____: Optimierbar. Der Bewerber hat die Zeitleiste des Lebenslaufs unter die Gliederungspunkte gezogen. Sie ist damit für den Leser schnell und leicht zu verfolgen. Aber er macht nur Jahresangaben. Oft tun dies Kandidaten, die zeitliche Lücken im Lebenslauf haben. Herr Mustermann kann auch Monatsangaben machen.

Nummer _____: Gut! Der Bewerber verfügt über eher mittelmäßige Englischkenntnisse, deshalb beschreibt er diese Kenntnisse nicht genauer. Wenn man gute Sprachkenntnisse hat, sollte man dies auch deutlich sagen, zum Beispiel durch Formulierungen wie „gute Kenntnisse" oder „verhandlungssicher".

Nummer _____: Optimierbar! Die Gliederungspunkte im oberen Teil sind zu detailliert gewählt. Besser ist es, wenn man sie zu einem Schwerpunkt „Persönliche Daten" zusammenfasst. Die übliche Gliederung eines Lebenslaufs von Bewerbern, die eine Hochschule besucht haben, zeigt die Mindestschwerpunkte: Persönliche Daten, Schulbesuche, Studium, Berufspraxis. Wenn vorhanden, kann man weitere Schwerpunkte bilden: Berufsausbildung, außeruniversitäre Engagements, Fremdsprachen, EDV-Kenntnisse, Hobbys.

Nummer _____: Schlecht! Die Informationen zur Weiterbildung sind viel zu knapp. Für die Firma ist dies die einzige wirklich wichtige Information. Hier kann man ergänzen: Inhalte der Weiterbildung, die in der Praxis angewendet werden können, Praktika, Thema der Abschlussarbeit.

Nummer _____: Optimierbar! Bei den Schulbesuchen kann man auf die Orte verzichten. Wichtig ist aber der Schulabschluss.

Nummer _____: Gut! Der Lebenslauf wird unterschrieben. Auch das Datum darf man mit der Hand schreiben.

Nummer _____: Schlecht! Raumplanung hat mit EDV nichts zu tun. Man sieht nicht, ob es während des Studiums Aktivitäten gab, die in Zusammenhang mit EDV stehen. Das Diplomzeugnis zeigt ein anderes Bild: Der Ingenieur hat an einem Softwareprojekt mitgearbeitet – ein Teil des Hauptstudiums, _____ in Teamarbeit geleistet wurde. Außerdem hat der Kandidat EDV-bezogene Prüfungen gemacht. Das ist hier wichtig!

● **Sammeln Sie Informationen aus den Texten.**

**gut**

DER LEBENSLAUF IST UNTERSCHRIEBEN

**schlecht**

ZU WENIG INFORMATION ÜBER DIE WEITERBILDUNG

**Schreiben Sie ein Bewerbungsschreiben und einen Lebenslauf für Barbara Lehti.**

Hier sind einige Informationen zu ihrer Person:

geboren am 4.5.1972 in Helsinki/Finnland

wohnhaft in Bremen, Kantstr. 14

1978–82 Grundschule in Helsinki

1982–91 Gymnasium in Helsinki, Schwerpunkt Fremdsprachen, Abschluss: allgemeine Hochschulreife

1992–94 Studium der Betriebswirtschaft an der Universität Köln,

Sternzeichen: Stier

Abschlussarbeit über „Internationales Marketing", Abschlussnote: „mit Auszeichnung"

dann Wechsel zur „Bocconi" nach Mailand, Studienabschluss 1997

Praktikum: 6 Monate in der Marketingabteilung von Nokia-Data, Helsinki

Schwerpunkte im Studium: Internationales Marketing, Europäisches Recht, Personalpolitik

möchte als Trainee in den Abteilungen Öffentlichkeitsarbeit oder Marketing eines großen Unternehmens anfangen

verheiratet

Telefonnummer: 03 01/80 22 17

Hobbys: Segeln, Wandern, Oper

Fremdsprachenkenntnisse: Finnisch, Schwedisch, Deutsch und Italienisch: verhandlungssicher, Englisch: gut, Französisch: Schulkenntnisse

keine Kinder

EDV-Kenntnisse: Textverarbeitung (Word) und Excel

Ü4 Seite 112

---

# D Das Vorstellungsgespräch

## D 1 Haben Sie Erfahrungen mit Vorstellungsgesprächen?

Über welche Themen spricht man dabei? Auf was muss ein Bewerber besonders achten? Wie laufen Bewerbungsgespräche normalerweise ab?

| Themen | wichtig |
| --- | --- |
|  |  |
|  |  |
|  |  |
|  |  |

**Barbara Lehti hat Glück gehabt.**

Neben vielen Absagen bekommt sie auch eine Einladung zu einem Vorstellungsgespräch bei der Firma Otto-Versand Hamburg. Zur Vorbereitung auf das Gespräch liest sie in einem Ratgeber für Bewerbungen, dass es sinnvoll ist, Informationen über das Unternehmen zu sammeln, bei dem man sich bewirbt.

Suchen Sie aus dem Material über den Otto-Versand Informationen zu folgenden Punkten:

- Unternehmensstruktur, Standorte
- Branche (einschließlich der Entwicklung und Perspektiven)/ Konkurrenzunternehmen, Unternehmenskennzahlen
- Geschäftsfelder, Produktionspalette bzw. Dienstleistungsangebot
- ggf. aktueller Aktienkurs, Name des Vorstandsvorsitzenden/ Geschäftsführers

*Dr. Michael Otto*
*(Vorstandsvorsitzender)*

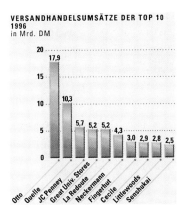

VERSANDHANDELSUMSÄTZE DER TOP 10 1996 in Mrd. DM

VERSANDHANDELSUMSÄTZE 1996 in Mrd. DM

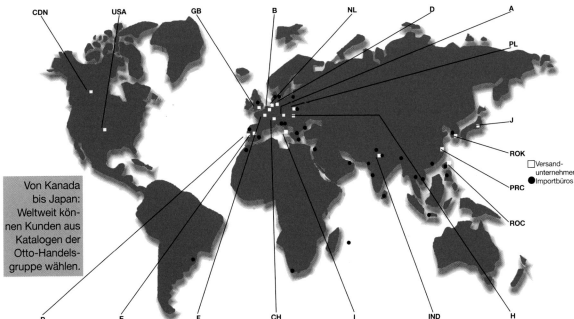

Von Kanada bis Japan: Weltweit können Kunden aus Katalogen der Otto-Handelsgruppe wählen.

☐ Versand-unternehmen
● Importbüros

UMSATZENTWICKLUNG DER OTTO-HANDELSGRUPPE in Mrd. DM

■ Spiegel-Gruppe
■ Konzern Ausland
■ Konzern Inland

Durch ständige Innovation entwickelte sich der Versandhandel zu einer modernen, leistungsfähigen und bequemen Einkaufsalternative für alle Konsumentenschichten in Deutschland.
Der Umweltschutz ist eines der wichtigsten Themen unserer Zeit. Der Otto Versand setzt in allen Unternehmensbereichen auf ein ganzheitlich-ökologisches Konzept.

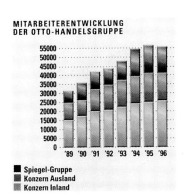

MITARBEITERENTWICKLUNG DER OTTO-HANDELSGRUPPE

■ Spiegel-Gruppe
■ Konzern Ausland
■ Konzern Inland

Bei Vorstellungsgesprächen achten die Firmenvertreter nicht nur auf Aussagen, sondern auch auf die Körpersprache des Bewerbers. Ordnen Sie den Zeichnungen die richtige Bezeichnung zu und überlegen Sie, welche Interpretation es für die dargestellte Geste geben kann.

**Bezeichnungen** ———▶

weit ausgestreckter Arm ———▶

weicher, kraftloser Händedruck ———▶

häufiger Blickkontakt ———▶

wenig Blickkontakt ———▶

häufiges Abnehmen der Brille ———▶

Fingertrommeln ———▶

Hand vor dem Mund (beim Sprechen) ———▶

mit dem Finger auf andere Person zeigen ———▶

erhobener Zeigefinger ———▶

hochgezogene Schultern ———▶

zurückgelehnter Oberkörper ———▶

Sitzen auf der Stuhlkante ———▶

genüssliches Zurücklehnen ———▶

**Interpretation**

Schuldzuweisung, Angriff

Rechthaberei

Selbstsicherheit, Arroganz

Einschränkung des Gesagten

Rat- und Machtlosigkeit

Nervosität

Entspannung, evtl. Desinteresse

Ungeduld

Desinteresse, Unsicherheit

Unsicherheit, Angst, Aufbruchbereitschaft

Sympathie

Unsicherheit, mangelnder Tatendrang, Desinteresse

Distanz und Ablehnung

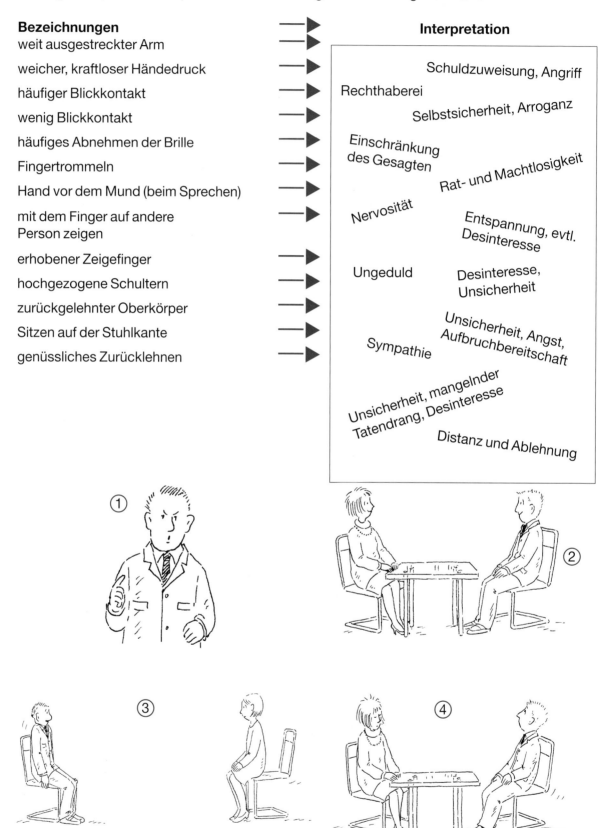

● **Wie werden diese Gesten in anderen Kulturen interpretiert?**

Kann und soll man die Körpersprache kontrollieren?

Ü6 Seite 113 | Ü7 Seite 114

D 4  **Hören Sie Ausschnitte aus einem Vorstellungsgespräch.**

Versuchen Sie, sie verschiedenen Gesprächsphasen zuzuordnen (Aufwärmphase/„Small Talk", Vorstellung des Unternehmens, Vorstellung des Bewerbers, Fragen des Bewerbers).

Wie gefallen Ihnen die Antworten des Bewerbers? Machen Sie Verbesserungsvorschläge.

D 5  **Bereiten Sie jetzt ein Vorstellungsgespräch vor.**

Bilden Sie zwei Gruppen. Eine Gruppe bereitet sich aus der Perspektive des Otto-Versandes vor, die andere für Barbara Lehti.

**Gruppe 1:  Otto-Versand**

Überlegen Sie genau, was die Bewerberin auf der Stelle (Abteilung Öffentlichkeitsarbeit) tun soll. Welche Eigenschaften sind wichtig? Formulieren Sie Fragen. Schauen Sie sich dafür auch noch einmal den Lebenslauf von Barbara an. Entscheiden Sie auch, welche Personen (Personalchef, Abteilungsleiter, Geschäftsführer . . .) am Gespräch teilnehmen sollen und wie die Gesprächspartner angeordnet sind. Bereiten Sie sich auf eventuelle Fragen der Bewerberin vor.

**Gruppe 2:  Barbara Lehti**

Überlegen Sie zusätzlich zu den Informationen aus D 2 Antworten zu den folgenden Punkten:
- Warum haben Sie diesen Beruf gewählt und warum bewerben Sie sich bei Otto?
- Warum sind Sie von Köln nach Mailand gezogen?
- Ursachen eventueller Misserfolge und Gründe für Erfolge
- Welche Berufspläne und Ziele haben Sie mittel- und langfristig?
- Welche besonderen Fähigkeiten und Hobbys haben Sie?
- Was erwarten Sie von der zukünftigen Tätigkeit?
- Gehaltswunsch

Überlegen Sie auch, welche Fragen Sie stellen könnten. Zum Beispiel zu folgenden Bereichen:
- Planungen und Markteinschätzungen des Unternehmens
- Wie ist der zukünftige Arbeitsplatz ausgestattet? Welche Stellung haben Sie? Für was sind Sie zuständig?
- Wie läuft das Traineeprogramm ab? Welche Schwerpunkte gibt es?
- Welche Aufstiegschancen/Weiterbildungsmöglichkeiten haben Sie?
- Mitarbeiter und Ansprechpartner
- soziale Leistungen des Betriebes
- Umzug, Urlaub . . .

● **Spielen Sie das Gespräch. Wenn Sie die Möglichkeit haben, zeichnen Sie es mit einer Videokamera auf und analysieren Sie es dann genau.**

Ü2,3 Seite 112

# Grammatik

## 1  Der Relativsatz

Ein Relativsatz ist die verkürzte Version von zwei Hauptsätzen, die ein Satzteil gemeinsam haben.

| **Hauptsatz 1** | | **Hauptsatz 2** |
|---|---|---|
| (1) | Die Regierung kritisiert  Unternehmen. | Unternehmen „exportieren" Arbeitsplätze. |

| **Hauptsatz** | | **Relativsatz** |
|---|---|---|
| (2) | Die Regierung kritisiert  Unternehmen, | die Arbeitsplätze „exportieren". |

| neutral, Plural | | Nominativ        finites Verb |

Der Relativsatz ist ein Nebensatz. Das finite Verb steht also immer am Ende (hier: *exportieren*) Am Anfang des Relativsatzes steht ein Relativpronomen (hier: *die*). Das Relativpronomen ersetzt das Substantiv, das beide Hauptsätze in der ersten Version (1) gemeinsam hatten. Inhaltlich ist der Relativsatz ein Attribut: er gibt nähere Informationen zu einem Substantiv aus dem Hauptsatz. Dieses Substantiv nennt man das Bezugswort.

MEMO

> Die Form des Pronomens richtet sich nach:
> 1. Genus und Numerus des Bezugswortes im Hauptsatz (hier: neutral, Plural)
> 2. Funktion des Pronomens im Nebensatz (hier: Nominativ)

| **Hauptsatz** | | **Relativsatz** |
|---|---|---|
| Die Regierung kritisiert | ein Unternehmen, | das Arbeitsplätze „exportiert". |
| | neutral, Singular | Nominativ |
| Die Regierung kritisiert | den Manager, | der Arbeitsplätze abbaut. |
| | maskulin, Singular | Nominativ |
| Die Regierung kritisiert | die Firma, | die Arbeitsplätze abbaut. |
| | feminin, Singular | Nominativ |

## 2  Relativpronomen

| | Singular | | | Plural |
|---|---|---|---|---|
| | **maskulin** | **feminin** | **neutral** | |
| **Nominativ** | der | die | das | die |
| **Akkusativ** | den | die | das | die |
| **Dativ** | dem | der | dem | denen |
| **Genitiv** | dessen | deren | dessen | deren |

**1** Berufe mit Zukunft. Bilden Sie mit den unterstrichenen Satzteilen Relativsätze.

## Die Stellenanzeigen von morgen

Attraktive Berufschancen für Abiturienten und Studenten – eine Auswahl.

### Film- und Videoeditoren

Sie prüfen in TV-Sendern, Film- und Multimediafirmen Material auf ihre Verwendung für Multimediaprodukte. Dazu gehört, Filmsequenzen auszusuchen und zu digitalisieren, die später in einer CD-ROM verwendet werden. Der Ausbildungsberuf ist aus dem der Cutter hervorgegangen.

### Gerontologen

Mit der Verschiebung der Alterspyramide erschließen sich dem studierten Experten in Sachen Alter neue Aufgaben: Management von Seniorenwohnanlagen oder Alters- und Pflegeheimen, aber auch Berater für die Industrie, die sich Senioren als Zielgruppe ausgesucht hat.

### Informationsbroker

Die Scouts im Internet-Dschungel stellen Informationen aus weltweit rund 6000 Datenbanken für Manager und Unternehmer zusammen. Voraussetzungen sind gute Fachkenntnisse in einer Branche oder auf einem Spezialgebiet, zum Beispiel Wirtschafts- oder Steuerrecht sowie der sichere Umgang mit Datenbanken. Gute Voraussetzungen für den Beruf bietet die Ausbildung zum wissenschaftlichen Dokumentar, die ein Hochschulstudium voraussetzt.

### Bankenkundenberater

Privatkunden oder Firmenkunden – der Service wird zum ausschlaggebenden Kriterium im Wettbewerb der Banken. Gefragt sind qualifizierte Kundenberater mit Wirtschaftsstudium. Firmenkundenberater gewinnen neue Kunden, übernehmen Sicherheits- und Bonitätsprüfungen sowie Bilanzanalysen, Privatkundenberater helfen bei der Vermögensanlage.

### Kommunikationstrainer

Kommunikation nach innen und nach außen, mit Kunden und Mitarbeitern, müssen Führungskräfte beherrschen. Als Trainer haben Geistes- und Sozialwissenschaftler mit pädagogischem Geschick eine gute Chance.

### Medienrechercheur

Um eine CD-ROM oder ein anderes Multimediaprodukt herzustellen, braucht man sehr unterschiedliches Material. Medienrechercheure besorgen es aus Datenbanken, Zeitungsarchiven, Filmarchiven oder bei einer Bildagentur. Bisher herrschen Quereinsteiger vor. Die Fachhochschule Hamburg bietet den Studiengang Mediendokumentation.

### Medizininformatiker

Operationen via Bildschirm oder Diagnose mittels Computertomographie – je weiter der EDV-Einsatz in der Medizin voranschreitet, desto wichtiger sind auf Humanmedizin spezialisierte Informatiker. Sie lernen im Studium Grundkenntnisse der Medizin.

### Multimedia-Projektmanager

In Werbeagenturen, Softwarefirmen, Buch- oder Spieleverlagen sind sie verantwortlich für die Herstellung von Multimediaprodukten. Das heißt: Sie entscheiden mit bei der Auswahl des Stoffs, sorgen für die Finanzierung, koordinieren die Abläufe, motivieren das Team. Gute Aufstiegschancen!

### Technischer Redakteur

Mit ihrer Hilfe wissen wir, wie ein Videorecorder oder ein Staubsauger zu bedienen ist. Sie verfassen die Gebrauchsanleitung für Haushaltsgeräte, aber auch Montageanleitungen für Industrieanlagen oder Handbücher für Computer. Voraussetzung ist in der Regel ein technisches Studium und Weiterbildung.

*Film- und Videoeditoren sind Personen, die in TV-Sendern Material prüfen.*

## 2 Welche Definition passt?

Das Assessment-Center ist eine Veranstaltung, — die von Kandidaten bearbeitet werden.

Die Teamfähigkeit ist eine Eigenschaft, die für viele Unternehmen sehr wichtig ist.

Fallstudien sind Simulationen, das nur wenige Bewerber aufnimmt.

Routinefälle sind Probleme, die in Unternehmen oft auftreten.

Das Assessment-Center ist eine Art Trainingslager, — die Unternehmen organisieren, um optimale Bewerber zu finden.

Fachwissen ist das Wissen, das man mithilfe von Büchern erwerben kann.

## 3 Ergänzen Sie im Text die fehlenden Wörter und die Relativpronomen.

### Fit für die Karriere

Trainingslager für Einsteiger, Aufsteiger und künftige Direktoren: Im Assessment-Center entscheidet sich, wer Karriere macht. „Natürlich ist am besten", sagt Jan-Martin Daum oft zu Bewerbern, _____ Angst vor dem Assessment-Center haben. Daum, _____ bei der Hamburg-Mannheimer Versicherung als Personalchef arbeitet, weiß, von was er spricht. Ins Trainingslager seiner Versicherung lädt er nur wenige Kandidaten ein. Von denen will er nicht nur Zeugnisse sehen, sondern „die wahren Stärken und Potentiale". Das sind vor allem soziale Kompetenz und Persönlichkeit, der richtige Umgang mit Menschen, _____ und Führungsverhalten. Reines _____ ist nicht genug. Zwei Tage dauert ein normales Assessment-Center. Maximal zwölf Bewerber nehmen teil. In Einzelinterviews, Gruppendiskussionen, _____ und Präsentationen absolvieren die Bewerber _____ - und Krisenfälle. In Rollenspielen simulieren sie schwierige Gesprächssituationen. Eine Gruppe entwickelt ein neues Werbekonzept,

eine andere soll Entlassungen vorbereiten. Das Problem bei allen Tests: eine richtige Lösung gibt es nicht.

Bewerber, _____ sich auf ein Assessment-Center vorbereiten, sollten folgende Grundregeln beachten:

- Informieren Sie sich gut über das Unternehmen und die Position, _____ Sie besetzen wollen.
- Gehen Sie ausgeschlafen, ruhig und entspannt ins Center.
- Beteiligen Sie sich aktiv an den Diskussionen und Rollenspielen, aber drängen Sie andere nicht an den Rand.
- Lassen Sie die Kollegen immer ausreden, auch wenn Sie anderer Meinung sind.
- Spielen Sie sich nicht zu sehr in den Vordergrund.
- Nehmen Sie Argumente anderer auf. Führen Sie diese weiter.
- Organisieren Sie die Gruppendiskussion.
- Bleiben Sie natürlich.
- Kämpfen Sie nicht gegen die anderen. Zeigen Sie Ihre Fähigkeit zur Teamarbeit.

## 4 Welches Wort passt nicht in die Reihe?

der Job – die Stelle – die Karriere – der Arbeitsplatz

der Arbeitslose – der Kurzarbeiter – der Manager – der Vollbeschäftigte

das Vorstellungsgespräch – der Lebenslauf – das Bewerbungsschreiben – das Zeugnis

die Frauenquote – die Karriere – der Werdegang – die Laufbahn

die Begrüßung – der Small Talk – die Fragen – die Schwangerschaft

der Vorgesetzte – der Chef – der Manager – der Boss

## 5 Definieren Sie.

ein Arbeitsloser – ein Manager – ein Bewerbungsschreiben – ein Erwerbstätiger – eine Karrierefrau – ein Studienfach

*Ein Arbeitsloser ist eine Person, die keine Arbeit hat.*

# Vorstellungsgespräche laufen oft nach einem bestimmten Schema ab.

Lesen Sie die folgende Übersicht. Ergänzen Sie nach dem ersten Lesen an den richtigen Stellen die Überschriften der Abschnitte.
Notieren Sie dann in den Zeilen am Rand in Stichworten Inhalt und Ziele der jeweiligen Phase.

Fragen des Bewerbers

Aufwärm- und Lockerungsphase

Vorstellung des Bewerbers

Vorstellung des Unternehmens

Der Begrüßung folgt meistens eine Aufwärm- oder Lockerungsphase, bei der etwas „Small Talk" betrieben wird und der
Bewerber seine natürliche Nervosität etwas abbauen und sich auf
die Gesprächssituation einstellen kann. Man sollte versuchen, sich
die Namen der Gesprächspartner zu merken, um sie im Folgenden
ansprechen zu können. Angebotene Getränke kann man ruhig an-
nehmen, alkoholische Getränke sollte man jedoch ablehnen. Nicht
rauchen!

*NERVOSITÄT ABBAUEN*

In einer zweiten Phase wird das Unternehmen und der zu besetzen-
de Arbeitsplatz vorgestellt. Dabei sollten Sie ruhig zuhören, die vor-
tragende Person nicht unterbrechen und Fragen notieren. Die Darstellung des Unternehmens kann aber auch in Form eines Dialogs
erfolgen, wobei Sie aufgefordert werden, Ihre Vorstellungen über
das Unternehmen einzubringen. Sind Sie darauf vorbereitet?

In der dritten Gesprächsphase wird sich dann alles um Ihre Person
drehen! Das ist der entscheidende Teil. Im Mittelpunkt steht natürlich
die Erörterung Ihres Lebenslaufs. Man bittet Sie vielleicht, Ihren persönlichen und beruflichen Werdegang noch einmal zu beschreiben
und die Motive für Ihre Entscheidungen und Ziele zu erklären. Da der
oder die Gesprächspartner Ihren Lebenslauf schon gesehen haben,
können Sie bestimmte Stationen betonen. Darauf folgen die Fragen
nach Ihren Stärken und Schwächen, nach Ihren Interessen und Nei-
gungen etc. Auf diese Fragen sollten Sie vorbereitet sein, ohne aber
hier etwas auswendig zu erzählen. Man kann Sie auch bitten, Ihre
Diplomarbeit kurz zu präsentieren. Berücksichtigen Sie dabei, ob
Sie mit einem Fachvertreter oder einem Personalverantwortlichen
sprechen. Sie können in dieser Phase auch mit sehr direkten oder
provokanten Fragen konfrontiert werden. Dabei ist es wichtig, dass
Sie gelassen bleiben, offen auf Fragen antworten und Ihre Position
sachlich verteidigen können. Es gibt aber auch unzulässige Fragen,
die Sie nicht beantworten müssen. Diese betreffen eine mögliche
Schwangerschaft, die Religions-, Partei- oder Gewerkschaftszuge-
hörigkeit (es sei denn, Sie führen das Gespräch bei einem kirchlichen
Träger, einer Partei- oder Gewerkschaftsorganisation).

Spätestens jetzt werden Sie Gelegenheit haben, auch Ihre Fragen zu
stellen. Sie sollten unbedingt ein paar sinnvolle Fragen haben und so
Ihr ernsthaftes Interesse an der angebotenen Stelle demonstrieren.

Markieren Sie im Text die Tipps für Bewerber.

## 7 Markieren Sie die Wortanfänge.

Das Vorstellungsgespräch

Daserstegebotimberufslebenheißtimmernochpünktlichkeitfüreinenvorstellungs-
besuchgiltdiesinganzbesonderemmaßobsiedieeinladendefirmazufußmitderstraßenbahnmit-
demautoodermitdemzugaufsuchenstellensiegenaufestwievielzeitsiebrauchenund-
welchenichtnurdiegünstigstensondernauchdiesicherstenverbindungensindkalkulierensie-
etwasreservezeiteinseiensieetwasvorderangegebenenzeitdortwosieempfangenwerdensie-
könnendieüberschüssigenminutengutnutzenindemsiesichnocheinmalaufdasbevor-
stehendegesprächkonzentrierenunddaswassievortragenwollennocheinmalpunktfürpunkt-
durchgehen.
einkapitelfürsichistdiekleidungsiemüssennichtumjedenpreisauffallenabersiemüssen-
auchnichtwieeinegrauemausaussehenextravaganzensindfehlamplatzziehensieanwasihnen-
gutstehtambestenmittlerefarbenschmückensiesichdezentdasgiltfürringehalskettenund-
uhrenundauchfürdasmakeup.

## 8 Ordnen Sie die Satzteile zu.

Ein Ziel ist ein Punkt,
Die Außenwirkung ist der Effekt,
Das Image ist das Bild,
Ein Klischee ist eine Vorstellung,
Ein Lebensplan ist ein Projekt,
Perfektionisten sind Menschen,

das man für sein Leben macht.
das andere von einer Person haben.
den man auf andere Personen hat.
den man erreichen will.
die alles richtig machen wollen.
die man sehr oft findet.

## 9 Ergänzen Sie die Verben.

*überprüfen – überwinden – festlegen – stellen – pflegen – entwerfen – schaffen – vermeiden*

### KARRIERE-CHECK
Die wichtigsten Regeln für den Weg nach oben

Lebensplan _____:
Machen Sie sich klar, wo Sie beruflich hinwollen, ob und wie Sie Familienpläne damit verbinden können.
Ziele _____:
Setzen Sie sich realistische Etappenziele.
Forderungen _____:
Sagen Sie Ihrem Vorgesetzten, dass Sie weiterkommen möchten. Kämpfen Sie um Gehaltserhöhungen. Geld hat auch mit Status zu tun.
Außenwirkung _____:
Finden Sie heraus, wie andere Sie sehen – am besten in Seminaren oder mithilfe eines Coachs. Er kann Ihnen sagen, wo Sie arrogant oder unsicher wirken und sich damit Chancen verbauen.

Kontakte _____ und
Image _____: Sorgen Sie dafür, dass man Ihre Leistungen und Ihr Gesicht kennt – im eigenen Haus und in der Branche. Machtspiele erkennen: Analysieren Sie die informellen Hierarchien, finden Sie heraus, wer wen beeinflusst.
Klischees _____:
Achten Sie darauf, dass Sie niemanden im Büro bemuttern und nicht mädchenhaft mit Ihren Schwächen kokettieren.
Perfektionismus _____:
Wer täglich entscheiden muss, trifft auch Fehlentscheidungen. Lernen Sie, mit dem Fehlermachen zu leben.

# 6 — Wirtschaftsregionen

**In diesem Kapitel finden Sie folgende Themen:**

A: Wirtschaftsregionen in Deutschland, B: Made in Germany – die Geschichte der Hannover-Messe, C: Der Maschinenbau in Deutschland, D: Unternehmensformen

## A — Wirtschaftsregionen in Deutschland

### A 1 Von der Ukraine nach Deutschland

Boris Korolenko arbeitet in einem Unternehmen in der Nähe von Kiew in der Ukraine. Das Unternehmen stellt Telefonhäuschen her. Bis jetzt werden die Bleche in Handarbeit bearbeitet. Das Unternehmen will aber die Produktion erhöhen und braucht daher Maschinen, die Bleche bearbeiten können. Wie kann es einen geeigneten Hersteller finden? Boris Korolenko informiert sich zuerst über die Wirtschaftsregionen in Deutschland.

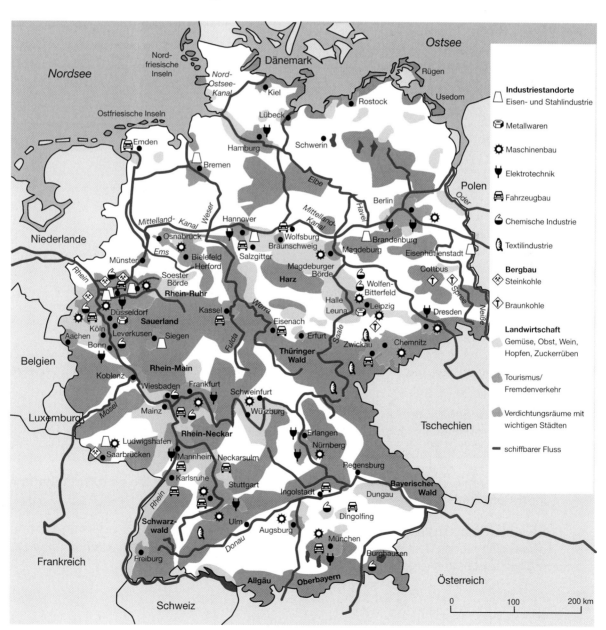

● Suchen Sie Beispiele aus der Karte für die einzelnen Sektoren.

**Wirtschaft**

| **Primärer Sektor** Urproduktion | **Sekundärer Sektor** Produktion | **Tertiärer Sektor** Dienstleistung |
|---|---|---|
| LANDWIRTSCHAFT | MASCHINENBAU | |
| ABBAU VON BODENSCHÄTZEN | | |
| | | |
| | | |

● Notieren Sie die wichtigsten Industriezweige in den einzelnen Regionen.

| **Rhein-Ruhr** | **Sachsen (Leipzig, Dresden, Chemnitz)** |
|---|---|
| CHEMISCHE INDUSTRIE | |
| | |
| | |

| **Rhein-Main** | **Rhein-Neckar** |
|---|---|
| | |
| | |
| | |

| **Stuttgart** | **Augsburg/München** |
|---|---|
| | |
| | |
| | |

● Bilden Sie Gruppen und stellen Sie jeweils eine Region vor.

REDEMITTEL

| In der Region . . . gibt es | (keine) vor allem mehr ↔ weniger | Industrie. Industrie. Industrie. |
|---|---|---|
| In der Region . . . dominiert herrscht | | die . . . Industrie. die . . . Industrie vor. |
| In der Region . . . haben sich | vor allem Unternehmen | der . . . Industrie angesiedelt/ niedergelassen. |

**Dagegen/hingegen/stattdessen** fehlt die . . . Industrie.
Die Menschen arbeiten vor allem in der . . . Industrie/im Maschinenbau.
sind in der . . . Industrie beschäftigt.

● Recherchieren Sie in Lexika oder im Internet: Beschreiben Sie eine Wirtschaftsregion in Ihrem Land.

Bereiten Sie einen kleinen Vortrag vor. Machen Sie sich nur Notizen.
Warum entstehen bestimmte Industrieregionen? Denken Sie auch an die Infrastruktur (schiffbare Flüsse, Eisenbahn- und Straßennetz) und Bodenschätze (Kohle . . .).

Ü10 Seite 135

**Was würden Sie an Boris Korolenkos Stelle tun?**

Sie kennen jetzt die Wirtschaftsräume in Deutschland. Welche Informationen sind noch wichtig, wenn Sie mit einem deutschen Hersteller Kontakt aufnehmen wollen?

| Information | unwichtig (–) | wichtig (+) | sehr wichtig (++) |
|---|---|---|---|
| Industriemessen | | | |
| deutsche Außenhandelspartner | | | |
| deutsche Außenhandelskammern | | | |
| Anbieter-/Herstellerverzeichnis | | | |
| Produktgruppen, die Deutschland exportiert | | | |
| allgemeine wirtschaftliche Situation in Deutschland | | | |
| _____ | | | |
| _____ | | | |
| _____ | | | |

- **Sie möchten wissen, wer in Deutschland Maschinen herstellt.**

Tipp:
Der Verband Deutscher Maschinen- und Anlagenbau e.V. (VDMA) gibt jedes Jahr ein Verzeichnis mit dem Titel „Wer baut Maschinen in Deutschland" in den verschiedenen Sprachen heraus.

Man kann es gegen Bezahlung direkt beim Verlag bestellen:
Verlag Hoppenstedt GmbH
Havelstraße 9
D-64295 Darmstadt

Hier ist auch die Adresse des VDMA:
VDMA-Zentraler Informationsservice
Postfach 710864
D-60498 Frankfurt/Main
Fax: (0)69-6603-1511
Internet: http://www.vdma.org

Wer baut Maschinen in Deutschland '98
Produkte und Anbieter
VDMA 1998
910 Seiten, DM 45,-
VDMA-Mitglieder
DM 36,- , Bestell-Nr. 498
Deutsch, Englisch, Französisch, Spanisch

CD-Rom: DM 25,-
VDMA-Mitglieder Dm 20,-
Buch + CD-ROM: DM 60,-
VDMA- Mitglieder DM 48,-

■ Zielgruppe:
- Geschäftsleitungen
- Vertriebsleitungen
- Einkaufsleitungen
■ Inhalt:
- Zentraler Einkaufsführer des VDMA
- Über 26 000 Hersteller- und Lieferantennachweise
- Produke von 7 200 Anbietern aus den alten und neuen Bundesländern
■ Herausgeber:
VDMA
Erscheint jährlich im März

- **Schreiben Sie für Boris Korolenko an den Verlag oder den VDMA und bestellen Sie die Broschüre. Fordern Sie auch das AUMA-Handbuch an.**

Tipp:
Hier finden Sie eine Übersicht über die wichtigsten Messen in Deutschland:
AUMA Handbuch „Messeplatz Deutschland. Termine, Angebotsgruppen, Aussteller- und Flächenzahlen mit repräsentativem Angebot"

Es erscheint zweimal im Jahr, am 15. Juni und am 15. Dezember – kostenlos.

Hier ist die Adresse:
Ausstellungs- und Messeauschuss der Deutschen Wirtschaft e. V. (AUMA)
Lindenstraße 8
D-50647 Köln
Fax: (0)221-20907-12
Internet: http://www.auma.de

_Sehr geehrte Damen und Herren,_
_hiermit . . . wir bei Ihnen die folgende . . ._
_bitte . . . Sie uns die folgende. . . ./folgende Materialien . . ._
_Mit . . . Grüßen_

**B 1** **Ein Rückblick ...**

1997 feierte die Hannover-Messe ihren 50. Geburtstag. Als Spiegelbild der deutschen Industrie war sie jahrelang Schaufenster des Wirtschaftswunders und zeugte von den Stärken und Schwächen des Standorts Deutschland.

Ludwig Erhard, erster Wirtschaftsminister der Bundesrepublik Deutschland und von 1963–66 Bundeskanzler, gehörte immer wieder zu ihren Besuchern. Er vertrat dort seine Vorstellung von der „sozialen Marktwirtschaft".

Ü13 | Seite 139

Nachkriegs-High-Tech: Triumph stellte den ersten deutschen Fernschreiber vor.

Exportstar: Henschel präsentierte eine Heißdampf-lokomotive für die Caminho de Ferro Moçambique.

Treuer Besucher: Ludwig Erhard auf der Hannover-Messe

Blick in die Zukunft: Mit der Büro- und Informationstechnik der Cebit hat die Hannover-Messe ein starkes zweites Standbein.

Bauboom: Der Blick auf das Freigelände der Industrie-messe zeigt die Wunder von Wiederaufbau und Wirtschafts-wunder.

Cocktails aus dem Automaten: Die AEG-Barmaschine mixte jeden Drink, setzte sich aber nicht durch.

1947

1953

1951

1960

1953

1956

1996

G1 | Seite 126

● Was war im Jahre ...? Ordnen Sie die Texte den Bildern und Jahreszahlen zu und ergänzen Sie die Sätze.

Die Hannover-Messe fand ... statt.
Man konnte ... sehen/besichtigen.
AEG zeigte/präsentierte/stellte ... aus

1947 _____

1951 _____

_____

_____

_____

_____

1997 *FEIERTE DIE HANNOVERMESSE DAS 50-JÄHRIGE BESTEHEN.*

**5 0
JAHRE
ZUKUNFT**

**SEIT 1947 WELTMESSEN IN HANNOVER**

Im August 1947 öffnete die „Exportmesse Hannover" erstmals ihre Pforten. Aus dieser Initiative der damaligen britischen Militärregierung entwickelte sich die HANNOVER MESSE zur größten Industriemesse der Welt. Als „Messe der Messen" vereint sie führende Fachmessen unter einem Dach. 7000 Aussteller aus 60 Ländern bieten 1997 ein einzigartiges Technik-Angebot.

Die Hannover-Messe im Internet:
http://www.messe.de

● Warum spricht man vom „Wirtschaftswunder" in Deutschland? Suchen Sie den Begriff im Wörterbuch. Recherchieren Sie auch in Lexika.

Ü1 Seite 128
Ü6 Seite 131
Ü9 Seite 134

## B 2  So fing alles an ...

**Fischbrötchen für Besucher**

Knapp 1300 Aussteller waren dem Ruf nach Hannover gefolgt, viele freilich erst nach sanftem Druck der Alliierten – „mit erstklassiger Hilfe der US-Behörden", wie es offiziell hieß. Sie zeigten, dass die deutsche Industrie noch was zu bieten hatte: den kleinsten Dieselmotor der Welt, Zahnprothesen, zusammenklappbare Kinderwagen, das Chassis eines Mercedes Rennwagens, Heringstonnen, den berühmten Patenthosenknopf, aber auch schon ein großes Angebot deutscher Elektroartikel und Schneidwerkzeuge.

Und sie präsentierten ein Auto, das im folgenden Wirtschaftswunder weltweit ein Renner werden sollte: den Volkswagen, der seit 1946 wieder in Wolfsburg gebaut wurde. Im März 1947 liefen ganze 358 Käfer vom Band, ausschließlich für den Export bestimmt.

Mehr als 700 000 Besucher strömten in ihren gefärbten Wehrmachtsklamotten oder herausgeputzter Vorkriegsgarderobe in den 21 Messetagen durch die Hallen und Zelte und über das Freigelände, immer darauf aus, etwas zu ergattern, einen Radiergummi vielleicht oder einen Kleiderbügel. Für das Volk war der Clou der Messe auch nicht ein besonderes Ausstellungsstück, sondern der Hamburger Fischhöker Heinrich, der an die Besucher, ohne dass die ihre Lebensmittelmarken opfern mussten, Heringsbrötchen verkaufte, in den drei Wochen insgesamt 60 Tonnen.

**Worterklärungen:**

ein zweites Standbein haben: nicht nur von einer Arbeit, einem Produkt abhängig sein; ein Spiegelbild sein: etwas reflektieren, widerspiegeln; ein Renner sein: Ware, die sich gut verkauft; vom Band laufen: produziert werden; Zahnprothese: künstliche Zähne; zusammenklappbar: man kann sie zusammenlegen; der Patenthosenknopf: besonderer Hosenknopf; das Chassis: Fahrgestell beim Auto; Schneidwerkzeuge: Werkzeuge, mit denen man schneiden kann; gefärbte Wehrmachtsklamotten, herausgeputzte Vorkriegsgarderobe: die Menschen waren nach dem Krieg so arm, dass die Männer ihre Soldatenuniformen und die Frauen ihre Kleider aus der Zeit vor dem Krieg trugen, nur die Stoffe waren gefärbt; ein Clou sein: der Höhepunkt; verhökern: zum Kauf anbieten; der Höker: der Besitzer eines Standes; Lebensmittelkarten: Die Lebensmittel waren knapp. Die Menschen bekamen gegen Lebensmittelkarten Lebensmittel, z. B. Mehl, Butter, Brot.

● Waren Sie neulich auf einer Messe? Schreiben Sie einen kurzen Bericht. Verwenden Sie dabei auch die Redewendungen aus B 1.

Was gab es auf der ersten Hannover-Messe 1947 zu sehen?

1. _____

2. _____

3. _____

4. _____

5. _____

Warum wirkt das Produktangebot heute so kurios?
Was erfahren Sie über den VW?
Woran merkt man noch die Folgen des 2. Weltkriegs (1939–1945)?

G2 | Seite 127
Ü11 | Seite 136
Ü12 | Seite 137
Ü14,15 | Seite 140

# C – Der Maschinenbau in Deutschland

## C 1 Welche Produkte/Erzeugnisse werden von der metallverarbeitenden Industrie hergestellt?

Benzin - Elektromaschinen - Düngemittel -
Kühlschränke - Brot - Turbinen - Zement -
Waschmittel - Motoren - Kolben - Häuser -
Traktoren - Medikamente - Landmaschinen

● **Betrachten Sie die Karte in A 1. Suchen Sie
Standorte für den Maschinenbau in den
alten und neuen Bundesländern.**

Kolben

metallverarbeitende Industrie

Motoren

## C 2 Der Maschinenbau in Deutschland

**Der Maschinen- und Anlagenbau** ist mit seinen über 3 600 Betrieben in den alten und rund 930 Betrieben in den neuen Bundesländern die größte deutsche Industriegruppe. Sie besteht hauptsächlich aus mittelständischen Unternehmen, die sehr flexibel und technologisch leistungsfähig sind. Nur drei Prozent der Betriebe haben mehr als 1 000 Mitarbeiter. Das sind hauptsächlich Unternehmen, die Serienerzeugnisse herstellen oder komplexe Großanlagen konzipieren und fertigen. Über 90 Prozent der Maschinenbauunternehmen sind Klein- und Mittelbetriebe mit unter 300 Beschäftigten. Sie haben sich auf bestimmte Fachgebiete spezialisiert. Als Ausrüster der Industrie hat dieser Industriezweig eine Schlüsselstellung. Die Produktpalette ist im internationalen Vergleich einzigartig und umfasst rund 17 000 verschiedene Erzeugnisse – von Armaturen über Druckmaschinen und Landmaschinen bis hin zu Werkzeugmaschinen. 1991 erzielte der Maschinenbau mit seinen knapp 1,2 Millionen Beschäftigten einen Gesamtumsatz von 240 Milliarden DM. Rund 60 Prozent der Produkte wurden im Ausland abgesetzt.

| Abgrenzungskriterien für kleine und mittlere Unternehmen in Deutschland | | |
| --- | --- | --- |
| Unternehmens-größe | Zahl der Beschäftigten | Umsatz DM/Jahr |
| klein | bis 9 | bis unter 1 Mio. |
| mittel | 10-499 | 1-100 Mio. |
| groß | 500 und mehr | 100 Mio. und mehr |

**Worterklärungen:**
der Ausrüster: Unternehmen, das für die Hersteller von Endprodukten arbeitet, z. B. ein Zulieferer, der Batterien für die Autoindustrie produziert; absetzen: verkaufen

● **Ergänzen Sie die Sätze.**

Der Maschinenbausektor ist die _____ _____ in Deutschland.

In Westdeutschland gibt es _____ als in Ostdeutschland.

Hauptsächlich _____ und _____ Unternehmen sind in diesem

Industriezweig vertreten. Nur in wenigen Betrieben arbeiten _____ _____

1000 Beschäftigte. Die Produktpalette ist _____ _____ .

Eine Schlüsselstellung ist eine sehr _____ Stellung.

● **Recherchieren Sie in Lexika oder im Internet: Welche Rolle spielt der Maschinenbau in Ihrem Land? In welchen Bereichen sind kleinere und mittlere Unternehmen in Ihrem Land tätig?**

Ü2 | Seite 128
Ü3,4 | Seite 130

C 3   **Der Werkzeugmaschinenbau in Deutschland**

Welche Maschinen kennen Sie?                    Was macht man damit?

Schleif-                                         drehen
Fräs-                    maschinen               bohren
                                                 schweißen
_____

_____

Der Maschinenbau, vor allem der Werkzeugmaschinenbau, war Anfang der neunziger
Jahre in einer Krise.

Beschreiben Sie mithilfe der Redemittel die
Grafik. Erklären Sie auch den Titel. Diskutieren
Sie die Ursachen der Krise. Woher kommen die
Hauptkonkurrenten der deutschen Werkzeug-
maschinenbauer?

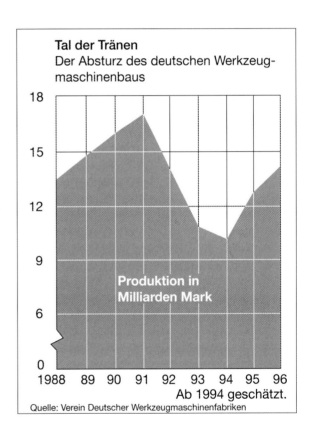

Tal der Tränen
Der Absturz des deutschen Werkzeug-
maschinenbaus

Produktion in Milliarden Mark

1988  89  90  91  92  93  94  95  96
Ab 1994 geschätzt.
Quelle: Verein Deutscher Werkzeugmaschinenfabriken

REDEMITTEL | Die Produktion ging zurück.
Die Produktion nahm ab ↔ zu.
Die Deutschen produzierten weniger ↔ mehr.
Der Umsatz sank ↔ stieg.
Die Produktion erreichte . . . ihren Tiefststand ↔ ihren Höchststand.

# Sprung ins Unbekannte

## Warum Trumpf die Krise besser überstand

Oft machen Spitzenpositionen schläfrig. Der Ditzinger Maschinenbauer Trumpf, erfolgreicher Spezialist für Blechbearbeitung, ruhte sich jedoch nicht auf seiner Führungsrolle aus. Anfang der 80er Jahre begann Trumpf die Entwicklung eines eigenen Lasers zum Schneiden und Schweißen von Blechen. Der Sprung in technologisches Neuland sollte sich lohnen: Der schwäbische Familienbetrieb ist heute weltweit der größte Hersteller laserbestückter Werkzeugmaschinen. 40 Prozent seines Geschäfts macht das Unternehmen inzwischen mit Lasermaschinen und ist damit die Nummer eins. Das traditionsreiche Stammgeschäft wurde dennoch nicht vergessen. Berthold Leibinger, geschäftsführender Gesellschafter: „Wir sind noch immer die Könige des Nibbelns." Als einer der wenigen in der Branche hat Leibinger auch die Herausforderungen eines globalen Marktes frühzeitig begriffen. Über die Hälfte des Umsatzes wird jenseits der deutschen Grenzen erzielt. Trumpf produziert außerhalb Deutschlands in der Schweiz, in Österreich und in Frankreich. Das Werk im amerikanischen Bundesstaat Con-

Trumpf-Chef Berthold Leibinger

necticut wird gerade erweitert, eine Fabrik in Südostasien ist in der Planung. Und in Deutschland läuft in diesen Wochen ein Totalumbau der Fertigung, bei dem sämtliche Arbeitsabläufe neu geordnet werden. Das Maschinensortiment ist bereinigt, nur vier Kernprodukte machen heute 80 Prozent des Umsatzes.

**Worterklärungen:**
nibbeln: Bleche schneiden; sich auf seinen Lorbeeren (hier: Führungsrolle) ausruhen: nach guten Leistungen faul werden; das Stammgeschäft: das ursprüngliche, traditionelle Geschäft

Der Zeitungstext ist schwierig. Schlagen Sie unbekannte Wörter in einem technischen Wörterbuch nach. Markieren Sie nur die wichtigsten Informationen und beantworten Sie die folgenden Fragen:

Warum hat Trumpf die Krise überstanden?
Wie hat Trumpf auf den globalen Markt reagiert?

# D  Unternehmensformen

## D 1  Unternehmensformen in Deutschland

**BOSCH**

**TRUMPF**

**Deutsche Bank**

## Unternehmensformen

| Personengesellschaften | Kapitalgesellschaften |
| --- | --- |

| KG = Kommanditgesellschaft<br>OHG = offene Handelsgesellschaft | AG = Aktiengesellschaft<br>GmbH = Gesellschaft mit beschränkter<br>Haftung |
| --- | --- |

Formen der Konzentration: Holding

### OHG

Sie wird von mindestens zwei Gesellschaftern gegründet. Die Gesellschafter betreiben ein Handelsgewerbe unter einer gemeinsamen Firma. Ein Mindestkapital ist nicht vorgeschrieben.
Jeder haftet für die Schulden der Gesellschaft mit seinem betrieblichen und seinem privaten Vermögen.

### KG

Die Gesellschafter betreiben unter gemeinsamer Firma ein Handelsgewerbe. Mindestens 1 Gesellschafter ist Komplementär (Vollhafter), der mit seinem gesamten Vermögen haftet, und mindestens 1 Gesellschafter ist Kommanditist (Teilhafter), der nur mit seiner Einlage haftet.

### Sonderform einer KG: GmbH & Co. (KG)

Nicht nur natürliche (= Mensch), sondern auch juristische Personen können vollhaftende Gesellschafter (= Komplementär) der Personengesellschaft KG sein. Meist handelt es sich um eine GmbH. Sie haftet nur mit dem Stammkapital (d. h. mindestens 50 000 DM).

### GmbH

Eine GmbH ist eine Handelsgesellschaft. Ihr Stammkapital (mind. 50 000 DM) ist in Stammeinlagen (= Geschäftsanteile) zerlegt. Sie ist eine eigene Rechtspersönlichkeit (= juristische Person).
Sie haftet gegenüber Dritten nur mit ihrem Vermögen. Die Gesellschafter haften nur mit ihrer Einlage.

### AG

Die AG ist die wichtigste Rechtsform für das Großunternehmen. Ein Unternehmen gibt Anteilscheine (= Aktien) aus und beschafft sich so Kapital. Der Aktionär als Eigentümer der Aktie ist Miteigentümer der AG. Der Aktionär ist in Höhe des Nennwerts der Aktie (meistens 50.– DM) am Unternehmen beteiligt. Das Grundkapital beträgt 100 000.– DM. Die AG haftet gegenüber Dritten nur mit dem Gesellschaftskapital. Die Aktionäre haften nur mit dem Wert ihrer Aktien.

### Holding-Gesellschaft

Ein Unternehmen kauft die Kapitalmehrheit (mind. 51 %) an einem oder mehreren Unternehmen auf. Durch die Kapitalverflechtung entsteht ein Mutter-Tochter-Verhältnis.
Bei einer Holding-Gesellschaft übertragen die Konzernunternehmen alle oder nur einen Teil der Kapitalanteile auf eine Dachgesellschaft. Sie „hält" nur Kapitalanteile („Holding"). Dafür erhalten die Konzernunternehmen Anteile an der Holding. Die Dachgesellschaft verwaltet ihre Gesellschaftsanteile und lenkt den Konzern.

**Worterklärungen:**
Gesellschafter: eine Person, die an einem Wirtschaftsunternehmen beteiligt ist; haften für: man muss mit seinem Vermögen eintreten, verantwortlich sein; die Einlage: Geld, das ein Gesellschafter in ein Unternehmen einbringt; das Stammkapital: alle Stammeinlagen zusammen; die Verflechtung: Das Kapital von zwei Unternehmen ist bei einer Holding eng miteinander verbunden.

Welche Unternehmensform wird von einem großen, welche von einem kleinen oder mittleren Unternehmen bevorzugt? Warum?

Sie machen Geschäfte mit einem deutschen Unternehmen. Sie haben Angst, dass das Unternehmen nicht zahlen kann. Bei welcher Unternehmensform ist das Risiko größer, bei welcher geringer? Wer haftet jeweils?

Man schlägt Ihnen vor, in ein deutsches Unternehmen einzusteigen. Welche Unternehmensform ist Ihnen lieber? Warum?

Ü7 | Seite 132

● **Ergänzen Sie die Übersicht mit den Informationen aus dem Text.**

| Unternehmensform | OHG | KG | GmbH | AG |
|---|---|---|---|---|
| **Art der Gesellschaft** | | | | |
| **Grundkapital** | | | | |
| **Gesellschafter** | | | | |
| **Wer haftet? Wie haftet er?** | | | | |

Ü8 | Seite 133

D 2 **Präsentation eines deutschen Unternehmens: Die Kolbenschmidt AG**

Lesen Sie zuerst die Beschreibung der Kolbenschmidt (KS) AG. Hören Sie dann das Interview. Ergänzen Sie das Schaubild.

| KS Motor Service International | = | _____%ige _____ der KS _____ |

Mitarbeiter: _____

Umsatz: _____

Bereich: _____

Produkte: _____

Mitarbeiter (weltweit): _____

Umsatz (weltweit): _____

● **Wo ist die Kolbenschmidt AG weltweit vertreten? Tragen Sie die Länder auf der Karte in D 2 ein.**

**Wir über uns:**

Die Kolbenschmidt AG, Neckarsulm (Deutschland), nördlich von Stuttgart, zählt seit über 80 Jahren zu den weltweit führenden Entwicklern und Herstellern von Motorenteilen (Kolben, Gleitlager, Motorblöcke, Zylinderköpfe, Öl- und Wasserpumpen) für die internationale Automobil- und Motorenindustrie. Nahezu alle namhaften Hersteller stehen auf der Kundenliste. Mit einem Jahresumsatz von ca. 1,3 Mrd. DM beschäftigt Kolbenschmidt heute 3 400 Mitarbeiter in sechs deutschen Werken und weitere 3 900 Beschäftigte in acht Werken und Beteiligungsgesellschaften in Italien, Frankreich, der Tschechischen Republik, Brasilien und den USA. Lizenznehmer sind in China, Indien, der Türkei und Südafrika.

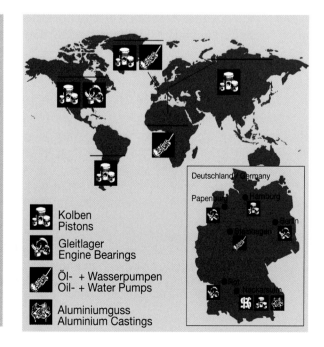

Holding

verschiedene_____ und_____

_____
_____

(weltweit)

_____ stätten
1. _____
2. _____
3. _____
4. _____

KS Gleitlager_____

_____

_____
_____

z.B. für
Scheibenwischer,
Türscharniere

KS_____

_____

Produktion von

Zylinder _____
und _____
_____ blöcken

KS _____

_____

weltweiter

_____

● **In welchen Bereichen ist die KS AG führend? Kreuzen Sie an.**

○ Gleitlager            ○ Kolben
○ Bremsen              ○ Wasserpumpen
○ Aluminiumblöcke      ○ Motoren

● **Wie sieht die Zukunft im Bereich metallverarbeitende Industrie aus? Wie ist das Verhältnis zu den Ländern der so genannten Dritten Welt? Ergänzen Sie die Notizen.**

_____ -Produkte

Entwicklung: _____
Produktion: _____
Gefahr: _____

denn:
1. Länder der Dritten Welt _____
_____
2. deutsche Unternehmen: _____
im Ausland: _____ aus Deutschland
➔ _____ .

● **Fassen Sie nun die Notizen mit eigenen Worten zusammen.**
**Sie können dabei folgende Ausdrücke verwenden:**

Hansjörg Rölle sieht die Zukunft der metallverarbeitenden Industrie in Deutschland so:
Die _____ Produkte werden in Deutschland _____ und _____ .
Es besteht aber die Gefahr, dass diese Produkte _____ .
Wie Länder aus der Dritten Welt gezeigt haben, braucht man _____ .
Viele deutsche Unternehmen haben _____ im _____ .
Auf diese Weise erhalten ausländische Firmen _____
und können so auch _____ .

Ü5 | Seite 131

# 6

# Grammatik

## Verbformen im Präteritum

Das Präteritum der Verben „sein" und „haben" kennen Sie bereits (→ Band 1, Kapitel 7).

| Infinitiv | Präteritum | Perfekt |
|---|---|---|
| sein | war | ist gewesen |
| haben | hatte | hat gehabt |

Diese drei Formen nennt man Stammformen eines Verbs.
In Grammatiken und Wörterbüchern werden diese drei Formen in Listen aufgeführt (vor allem bei unregelmäßigen Verben).

**Regelmäßige Verben**

|  | zeigen |
|---|---|
| ich | zeig-te |
| du | zeig-te-st |
| er/sie/es | zeig-te |
| wir | zeig-te-n |
| ihr | zeig-te-t |
| sie/Sie | zeig-te-n |

Verbalstamm + te + Endung

**Unregelmäßige Verben**

|  | gehen |
|---|---|
| ich | ging- |
| du | ging-(e)st |
| er/sie/es | ging- |
| wir | ging-en |
| ihr | ging-(e)t |
| sie/Sie | ging-en |

Änderung des Stammvokals (Ablaut)

MEMO

> Regelmäßige Verben bilden das Präteritum mit dem Suffix -te.
> Endet der Stamm auf -d oder -t, so wird ein -e eingefügt: arbeit-e-te, red-e-te.
> Unregelmäßige Verben bilden das Präteritum ohne Suffix.
> Regelmäßige Verben ändern ihren Stammvokal nicht: machen – machte.
> Unregelmäßige Verben ändern ihren Stammvokal im Infinitiv, Präteritum und Partizip II (Ablaut): gehen – ging – gegangen.
> Die 1. und 3. Person haben bei regelmäßigen und unregelmäßigen Verben keine Endung.

**Regelmäßige Verben**

|  | Infinitiv Präsens | Präteritum | Partizip II |
|---|---|---|---|
|  | machen | machte | gemacht |
| untrennbar | besuchen | besuchte | besucht |
| trennbar | vorstellen | stellte . . . vor | vorgestellt |
| Fremdwörter auf -ieren | präsentieren | präsentierte | präsentiert |

**Unregelmäßige Verben**

|  | Infinitiv Präsens | Präteritum | Partizip II |
|---|---|---|---|
|  | gehen | ging | gegangen |
| untrennbar | vergessen | vergaß | vergessen |
| trennbar | anrufen | rief . . . an | angerufen |

**Mischverben**

| Infinitiv | Präteritum | Partizip II |
|---|---|---|
| kennen | kannte | gekannt |
| wissen | wusste | gewusst |
| bringen | brachte | gebracht |
| nennen | nannte | genannt |

MEMO

Die Mischverben ändern den Stammvokal im Präteritum und Partizip II. Gleichzeitig haben sie im Präteritum die Endung -te.

**Modalverben**

| Infinitiv | Präteritum | Partizip II |
|---|---|---|
| wollen | wollte | gewollt/wollen |
| müssen | musste | gemusst/müssen |
| können | konnte | gekonnt/können |
| dürfen | durfte | gedurft/dürfen |
| mögen | mochte | gemocht/mögen |
| sollen | sollte | gesollt/sollen |

## 2 Gebrauch des Präteritums

Bei der Lektüre der Texte über die Hannover-Messe haben Sie festgestellt:

Das Präteritum verwendet man zur Wiedergabe von Vergangenheit in geschriebenen Texten. In der gesprochenen Sprache gibt man vergangene Ereignisse meist im Perfekt wieder. In Norddeutschland verwendet man auch in der gesprochenen Sprache oft das Präteritum, in Süddeutschland und Österreich meistens das Perfekt. Die Verben „haben" und „sein" sowie die Modalverben verwendet man auch in der gesprochenen Sprache im Präteritum.

# Übungen

**1**

## Suchen Sie die Stammformen der folgenden Verben.

| | | | | | | |
|---|---|---|---|---|---|---|
| sein | verwenden | waschen | werden | ersetzen | gelten | schreiben |
| bauen | besitzen | erkennen | bringen | trocknen | liefern | machen |
| können | begrüßen | einleiten | bleiben | | | |

### Regelmäßige Verben

| Infinitiv | Präteritum | Partizip II |
|---|---|---|
| MACHEN | MACHTE | GEMACHT |
| | | |
| | | |

### Unregelmäßige Verben

| Infinitiv | Präteritum | Partizip II |
|---|---|---|
| | | |
| | | |
| | | |

**2** **Von der** _____ **zur** _____

Ein Beispiel aus der Hausgerätetechnik: Geschichte einer Waschmaschine

Auf den folgenden Seiten finden Sie die Geschichte eines bekannten Wasch-maschinenherstellers. Der Beginn vor hundert Jahren war einfach, das vorläufige Ende – die vollelektronische Spitzentechnologie? Leider hat jemand alle Adjektive aus dem Text entfernt. Sie finden sie unten in drei Gruppen. Jedes Adjektiv hat einen Kennbuchstaben. Setzen Sie die Adjektive ein. Die richtige Lösung ergibt den Titel dieser Fotogeschichte.

**Gruppe I** (hier stimmt die Reihenfolge, Text/Bild 1–4)

> B beste – U leichter – TT schneller – E besser – R sauberer – M weißer – A beste – SCH weniger – I einfacher – N starken – E modernste

Lösung: _____

**Gruppe II** (hier stimmt die Reihenfolge nicht mehr, Text/Bild 4–7)

> T neueste – LL fortschrittlichere – N größere – V alte – E sauberer – R beste – O stärkere – L schneller – K edelsten – E größer – O leichteres – I begeisterten – N weißer – SCH erste – E modernerer

Lösung: _____

**Gruppe III** (auch hier stimmt die Reihenfolge nicht, Text/Bild 7–9)

> W starkem – A unglaublichen – I vollautomatisches – A leisem – M schnellste – SCH hoher – N höherer – E erhöhter – SCH (der bisher) höchsten

Lösung: _____

1901 baut Miele die erste Waschmaschine aus einer Buttermaschine. Natürlich verwendet Miele nur das BESTE Eichenholz. Das umgebaute Holzfass macht das Waschen für die Hausfrau _____.

Das zweite Modell ist schon besser. Die Hausfrau wäscht immer noch von Hand, aber die Wäsche wird _____ sauber und die Waschlauge verteilt sich _____ an die Wäschestücke. So wird die Wäsche auch _____ und _____.

1914: Miele Waschmaschine Nr. 24, die _____ Waschmaschine der Zeit. Ein Schwungrad hat das Pendel ersetzt. Das bedeutet _____ Kraftaufwand beim Waschen. Aber noch immer ist Waschen Handarbeit.

Mit dieser Schaukelwaschmaschine wird das Waschen noch _____. Sie besitzt schon einen _____ Elektromotor.
Nummer 30 von Miele: bestimmt das _____ Haushaltsgerät von 1925. Aber noch _____ immer erkennt man die ____ALTE____ Buttermaschine.

Ein Jahr später bringt Miele eine _____ und _____ Waschmaschine auf den Markt. Mit dieser Waschmaschine kann man die Wäsche schon auswringen. So wird die Wäsche noch

_____ und trocknet _____ als bisher. Die Arbeitsersparnis ist noch _____ als mit Nummer 30.

Aber der Fortschritt macht auch nicht vor dem _____ Produkt halt: Der Holzbottich hat endgültig ausgedient. Diese Waschmaschine mit Metallbottich ist das

_____ und _____ auf dem Markt. _____ Waschen und _____ Zeitersparnis; denn jetzt kann der Elektromotor das Wasser auch heizen.

Millionen von _____ Hausfrauen begrüßen das _____ Nachkriegsmodell von Miele in _____ Ausführung. So waschen die Deutschen wieder _____. _____ Wahlweise mit _____ Elektromotor oder mit _____ Zweitaktmotor lieferbar, beide mit _____ Heizleistung.

1954: die _____ Waschmaschine des Jahrhunderts. 2 kg Trockenwäsche in _____ vier Minuten mit der bisher _____ Heizleistung.

Zwei Jahre später. Der erste Waschvollautomat leitet die Revolution des Waschens ein. _____ Waschen mit einem Knopfdruck, noch _____ Heizleistung und _____ Schleuderleistung. Aber die Devise von Miele bleibt: immer besser, immer reiner, immer schneller.

## 3  Ergänzen Sie die unten aufgeführte Tabelle.

| Adjektiv – Positiv | Komparativ | Superlativ |
|---|---|---|
| leicht | LEICHTER | |
| schnell | | |
| modern | | |
| hoch | | |
| stark | | |
| gut | | |

## 4  Das „historische Präsens"

Der Text über die Waschmaschine beschreibt historische Ereignisse. Trotzdem steht er im Präsens. Man nennt es ‚historisches Präsens'. Setzen Sie nun den Text in die Vergangenheit. Verwenden Sie – wo möglich – das Präteritum.

*1901 baute Miele die erste Waschmaschine aus* _____

Können Sie aus Ihrer Firma/Branche eine ähnliche Produktgeschichte erzählen? Machen Sie eine Bildmontage, wenn Sie Lust und Material haben.

## 5  Im Rückspiegel

Setzen Sie die Verben sinngemäß im Präteritum ein.

*bleiben – gelten – sein – schreiben – zurücklegen – stellen – sein*

In den Anfangsjahren des 20. Jahrhunderts _____ der Flugbetrieb die höchsten Anforderungen an Verbrennungsmotoren. Die Luftschiffe des Grafen Zeppelin _____ zwar sehr schwer, _____ aber als Wunderwerke technischer Berechnung. Das Flugschiff „Graf Zeppelin" _____ über eine Million Flugkilometer _____. Mit Aluminiumkolben von KS.

Von 1945 bis 1972 _____ der legendäre „Käfer" seine Erfolgsgeschichte. Trotz vieler Veränderungen _____ die charakteristische Form und der Boxermotor unverändert.

Eine Sensation _____ 1963 der NSU Spider, das weltweit erste Auto mit Wankelmotor.

Recherchieren Sie in Ihrer Firma. An welchen Innovationen war bzw. ist Ihr Unternehmen beteiligt? Erzählen Sie davon.

## 6  Früher und heute

Wie hat sich das Leben bei Ihnen im Laufe der letzten 50 Jahre verändert?

Bilden Sie Gruppen zu den einzelnen Themen. Schreiben Sie kurze Texte in der Vergangenheit. Was halten Sie von den Veränderungen?

*Früher schrieb man noch Briefe, heute verschickt man eine E-Mail.*

das Essen

die Familie/Kinder

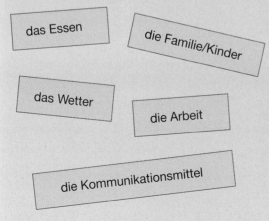

das Wetter

die Arbeit

die Kommunikationsmittel

| | | | |
|---|---|---|---|
| spielen | essen | arbeiten | telefonieren |
| sich unterhalten | in Urlaub fahren | | sicher sein |
| regnen | reisen | ruhiger sein | (Sonne) scheinen |
| schneien | flexibel sein | kochen | verdienen |
| anstrengend sein | bauen | | Briefe schreiben |
| fernsehen | sich beschäftigen mit (Dat.) | | wohnen |
| eine E-Mail schicken | zur Schule gehen | | trinken |
| ein Buch lesen | den Computer bedienen | | |
| | | | Auto, Rad fahren |

Beschreiben Sie das Bild. Lesen Sie den Artikel auf Seite 133. Entwerfen Sie dann einen Text für einen kleinen Werbefilm.

gla. FRANKFURT, 25. April. Ein Arme-Leute-Essen hatte Julius Maggi im Sinn. Jahrelang experimentierte er mit eiweißreichen Hülsenfrüchten. Für die Industriearbeiter wollte er eine billige, fleischlose Kost schaffen. 1882 begann der Schweizer Müllerssohn mit seinen Versuchen, vier Jahre später gelang ihm die Herstellung der ersten kochfertigen Suppen aus Erbsen- und Bohnenmehlen. Die Idee mit der Suppe machte den Erfinder zum reichen Mann und das Unternehmen zum reichen Konzern.

Schon 1887 war Maggi mit seiner klassischen „Maggi's Suppenwürze" auf den deutschen Markt gekommen. Im gleichen Jahr eröffnete der Schweizer Unternehmer eine deutsche Niederlassung in Singen, bis heute das Stammwerk und größter Betrieb der deutschen Maggi ...

Am 17. August 1897 wurde aus der Niederlassung ein rechtlich selbstständiges Unternehmen. Als „Maggi Gesellschaft mbH Singen" trug man sie ins Handelsregister ein. Seit 1947 gehört das Unternehmen zum schweizerischen Nestlé-Konzern. Zwei Jahre nach dem Ende des Zweiten Weltkrieges schloss sich die Alimentana AG, die als Holding die Maggi-Unternehmen seit 1934 umfasste, mit Nestlé zur Nestlé Alimentana AG, Vevey/Schweiz, zusammen. 1950 kamen die ersten Rindsbouillon-Würfel auf den Markt. Suppen und Würze sind bis heute ein wichtiger Bestandteil des Geschäfts geblieben. ... 3000 Menschen arbeiten heute in drei Werken und in der Frankfurter Zentrale für Maggi in Deutschland. Deutschland ist für Maggi der mit Abstand wichtigste Markt.

**Worterklärungen:**
Hülsenfrüchte (Pl.): Erbsen, Bohnen, Linsen; das Eiweiß: das Protein; fleischlos: ohne Fleisch; die Kost: das Essen; die Herstellung gelang: er konnte ... herstellen; die Würze: Extrakt aus Fleisch, Gemüse und Kräutern, damit wird die Suppe gewürzt, verfeinert; sich zusammenschließen: fusionieren, einen großen Konzern bilden.

Schreiben Sie die Verben im Präteritum heraus. Suchen Sie die Infinitive.
Wie hat sich das Unternehmen Maggi im Laufe des letzten Jahrhunderts entwickelt?

8 **Ergänzen Sie die Zeitleiste mit kurzen Sätzen.**

| 1882 | _____ |
| 1887 | _____ |
| 1887 | _____ |
| August 1897 | _____ |
| 1934 | _____ |
| 1947 | _____ |

> Die Maggi-Flasche hat viele Künstler inspiriert. So montierte der deutsche Künstler Joseph Beuys 1972 für sein Objekt „Ich kenne kein Weekend" eine Maggi-Flasche auf einen schwarzen Koffer. Der Frankfurter Kunstprofessor Thomas Bayrle über Maggi: „Die Amerikaner haben sich Coke, die Deutschen Maggi geschaffen."

„Es war einmal ..." So fangen viele Märchen an – auch Firmenlegenden: z. B. Bill Gates, Henry Ford, Siemens. Recherchieren Sie in Lexika oder im Internet. Wählen Sie eine Person aus und schreiben Sie eine kurze Biografie.

**Unser Prin zip Zukunft.**

Funktioniert ganz einfach: gemeinsam. Ein schönes Beispiel dafür gibt es bei VW. Hier ermöglicht es das Unternehmen älteren Arbeitnehmern, weniger zu arbeiten, und schafft so Platz für neue Mitarbeiter. Ganz besonders kommt das natürlich Auszubildenden zugute, die so nach ihrer Lehre übernommen werden können. VW nennt das einen Generationenvertrag, wir in ▇▇▇ nennen es neues Denken. Dass dadurch wieder Arbeitsplätze gesichert wurden, ist nicht nur eine gute Nachricht, sondern ein schöner Beweis dafür, dass sie funktioniert: unsere neue Industriegesellschaft.

**Land mit Weitblick**

Wenn Sie mehr über die Neue Industrie gesellschaft, VW und flexible Arbeitszeit wissen wollen: Infoservice ▇▇▇ – Tel.: 05 11/ 55 00 71 und Internet – http://www. ▇▇▇.de

Wenn Sie das Kreuzworträtsel mit den korrekten Präteritumformen der Verben lösen, dann wissen Sie, welches Bundesland hier wirbt.

Präteritum von
1. gehen – 2. bleiben – 3. fallen – 4. stehen – 5. vergessen – 6. bringen – 7. wissen –
8. beginnen – 9. denken – 10. sprechen – 11. lesen – 12. raten – 13. erfinden

1.
2.
3.
4.
5.
6.
7.
8.
9.
10.
11.
12.  R I E T
13.

Für viele bedeutete „Ruhrgebiet" bis jetzt: Ein dicht besiedeltes Industriegebiet, Steinkohlebergbau, Stahlwerke (Krupp und Thyssen), verpestete Luft, die Fußballvereine Borussia Dortmund und Schalke 04 ...

Doch das Ruhrgebiet hat sich in den letzten Jahrzehnten gewaltig verändert. Immer mehr Zechen werden geschlossen, viele Menschen sind arbeitslos und müssen neue Berufe erlernen. Aber im Ruhrgebiet vollzieht sich ein Strukturwandel und erwacht auch ein neues Selbstbewusstsein ...

Lesen Sie die Werbung des Kommunalverbands Ruhrgebiet.
Welche Stärken des Ruhrgebiets werden hervorgehoben?
Wer wird mit dieser Werbung angesprochen?
Schreiben Sie an den Kommunalverband und fordern Sie Informationen an.

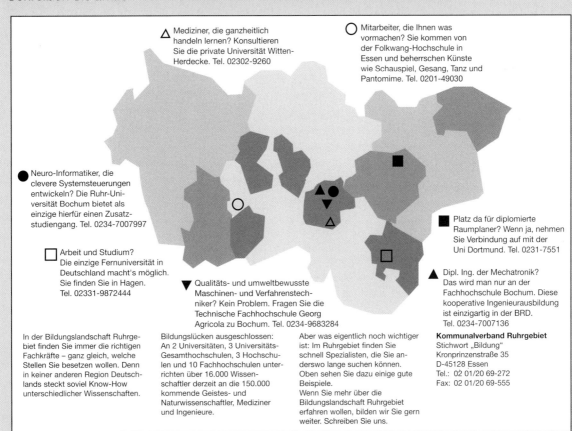

△ Mediziner, die ganzheitlich handeln lernen? Konsultieren Sie die private Universität Witten-Herdecke. Tel. 02302-9260

○ Mitarbeiter, die Ihnen was vormachen? Sie kommen von der Folkwang-Hochschule in Essen und beherrschen Künste wie Schauspiel, Gesang, Tanz und Pantomime. Tel. 0201-49030

● Neuro-Informatiker, die clevere Systemsteuerungen entwickeln? Die Ruhr-Universität Bochum bietet als einzige hierfür einen Zusatzstudiengang. Tel. 0234-7007997

□ Arbeit und Studium? Die einzige Fernuniversität in Deutschland macht's möglich. Sie finden Sie in Hagen. Tel. 02331-9872444

▼ Qualitäts- und umweltbewusste Maschinen- und Verfahrenstechniker? Kein Problem. Fragen Sie die Technische Fachhochschule Georg Agricola zu Bochum. Tel. 0234-9683284

■ Platz da für diplomierte Raumplaner? Wenn ja, nehmen Sie Verbindung auf mit der Uni Dortmund. Tel. 0231-7551

▲ Dipl. Ing. der Mechatronik? Das wird man nur an der Fachhochschule Bochum. Diese kooperative Ingenieurausbildung ist einzigartig in der BRD. Tel. 0234-7007136

In der Bildungslandschaft Ruhrgebiet finden Sie immer die richtigen Fachkräfte – ganz gleich, welche Stellen Sie besetzen wollen. Denn in keiner anderen Region Deutschlands steckt soviel Know-How unterschiedlicher Wissenschaften.

Bildungslücken ausgeschlossen: An 2 Universitäten, 3 Universitäts-Gesamthochschulen, 3 Hochschulen und 10 Fachhochschulen unterrichten über 16.000 Wissenschaftler derzeit an die 150.000 kommende Geistes- und Naturwissenschaftler, Mediziner und Ingenieure.

Aber was eigentlich noch wichtiger ist: Im Ruhrgebiet finden Sie schnell Spezialisten, die Sie anderswo lange suchen können. Oben sehen Sie dazu einige gute Beispiele. Wenn Sie mehr über die Bildungslandschaft Ruhrgebiet erfahren wollen, bilden wir Sie gern weiter. Schreiben Sie uns.

**Kommunalverband Ruhrgebiet**
Stichwort „Bildung"
Kronprinzenstraße 35
D-45128 Essen
Tel.: 02 01/20 69-272
Fax: 02 01/20 69-555

Stellen Sie sich vor, Sie arbeiten in einer Werbeagentur. Verfassen Sie einen Slogan für eine Region in Ihrem Land.

Der Schriftsteller Heinrich Böll (1917–1985) wurde in Köln geboren. 1945, nach sechs Kriegsjahren als Soldat, kehrte er nach Köln zurück. Er schrieb Erzählungen, Romane, Hörspiele. 1972 erhielt er den Nobelpreis für Literatur. In seinen frühen Erzählungen beschreibt Böll vor allem den Alltag im Krieg und in der Nachkriegszeit in Deutschland.

„Trümmerfrauen"

### Mein Onkel Fred (1951)

Mein Onkel Fred ist der einzige Mensch, der mir die Erinnerung an die Jahre nach 1945 erträglich macht. Er kam an einem Sommernachmittag aus dem Kriege heim, schmucklos gekleidet, als einzigen Besitz eine Blechbüchse an einer Schnur um den Hals tragend sowie beschwert durch das unerhebliche Gewicht einiger Kippen, die er sorgfältig in einer kleinen Dose aufbewahrte. Er umarmte meine Mutter, küsste meine Schwester und mich, murmelte die Worte „Brot, Schlaf, Tabak" und rollte sich auf unser Familiensofa, und so entsinne ich mich seiner als eines Menschen, der bedeutend länger war als unser Sofa . . . . . .
Ich selbst übte damals eine undankbare Funktion in unserer unbescholtenen Familie aus: ich war 14 Jahre alt und das einzige Bindeglied zu jener denkwürdigen Institution, die wir Schwarzmarkt nannten. Mein Vater war gefallen, meine Mutter bezog eine winzige Pension, und so bestand meine Aufgabe darin, fast täglich kleinere Teile unseres geretteten Besitzes zu verscheuern oder sie gegen Brot, Kohle und Tabak zu tauschen. Die Kohle war damals Anlass zu erheblichen Verletzungen des Eigentumbegriffes, die man heute mit dem harten Wort Diebstahl bezeichnen muss. So ging ich fast täglich zum Diebstahl oder Verscheuern aus, und meine Mutter . . . sah mich morgens nur mit Tränen in den Augen meinen komplizierten Pflichten entgegengehen. So hatte ich die Aufgabe, ein Kopfkissen zu Brot, eine Sammeltasse zu Grieß oder drei Bände Gustav Freytag zu fünfzig Gramm Kaffee zu machen . . .
Onkel Freds Ankunft weckte in uns allen die Erwartung starker männlicher Hilfe. Aber zunächst enttäuschte er uns. Schon vom ersten Tage an erfüllte mich sein Appetit mit großer Sorge, und als ich dieses meiner Mutter ohne Zögern mitteilte, bat sie mich, ihn erst einmal „zu sich kommen zu lassen". Es dauerte fast acht Wochen, ehe er zu sich kam. Trotz aller Flüche über das Sofa schlief er dort recht gut, verbrachte den Tag dösend oder indem er uns mit leidender Stimme erklärte, welche Stellung er im Schlaf bevorzuge.
. . . Aber das Ereignis in dieser Zeit war die Tatsache, dass Onkel Fred gut acht Wochen nach seiner erfreulichen Heimkehr die Initiative ergriff. Er erhob sich an einem Spätsommertag morgens von seinem Sofa, rasierte sich so umständlich, dass wir erschraken, verlangte saubere Wäsche, lieh sich mein Fahrrad und verschwand. Seine Heimkehr stand unter dem Zeichen großen Lärms und eines heftigen Weingeruchs; der Weingeruch entströmte dem Munde meines Onkels, der Lärm rührte von einem halben Dutzend Zinkeimern, die er mit einem Seil zusammengebunden hatte. Unsere Verwirrung legte sich erst, als wir erfuhren, dass er entschlossen sei, den Blumenhandel in unserer arg zerstörten Stadt zum Leben zu erwecken. Meine Mutter, voller Misstrauen . . ., verwarf den Plan und behauptete, für Blumen bestehe kein Bedürfnis. Aber sie täuschte sich. Es war ein denkwürdiger Morgen, als wir Onkel Fred halfen, die frischgefüllten Eimer an die Straßenbahnhaltestelle zu bringen, wo er sein Geschäft startete. Und ich habe den Anblick der gelben und roten Tulpen, der feuchten Nelken noch heute im Gedächtnis, wie schön er aussah, als er inmitten der grauen Gestalten und der Trümmerhaufen stand und mit schallender Stimme anfing zu rufen: „Blumen ohne!" Über die Entwicklung seines Geschäftes brauche ich nichts zu sagen: sie war kometenhaft. Schon nach vier Wochen war er Besitzer von drei Dutzend Zinkeimern, Inhaber zweier Filialen, und einen Monat später war er Steuerzahler. Jedenfalls waren wir nicht nur dauernd mit frischen Blumen, sondern auch mit Brot und Kohlen versehen, und ich konnte meine Vermittlertätigkeit niederlegen . . . Onkel Fred ist längst ein gemachter Mann: seine Filialen blühen immer noch, er hat ein Auto, und ich bin als sein Erbe vorgesehen und habe den Auftrag, Volkswirtschaft zu studieren, um die steuerliche Betreuung des Unternehmens schon vor Antritt der Erbschaft übernehmen zu können. Wenn ich ihn heute sehe, . . . kommt es mir merkwürdig vor, dass es wirklich eine Zeit in meinem Leben gab, in der mir sein Appetit schlaflose Nächte bereitete.

**Worterklärungen:**
erträglich: man kann etwas ertragen; die Blechbüchse: die Dose aus Blech; schmucklos: einfach; die Kippe: der Rest einer Zigarette; verscheuern: verkaufen; unbescholten: integer; dösen: leicht, nicht tief schlafen; der Zinkeimer: ein Eimer aus Zink; kometenhaft: sehr schnell; die Vermittlertätigkeit niederlegen: mit dem Handel auf dem Schwarzmarkt aufhören; der Erbe: Person, die nach dem Tod eines Menschen ein Erbe (z. B. Geld, Haus etc.) erhält; Gustav Freytag (1816–1895): Kulturhistoriker und Schriftsteller (*Soll und Haben*, u. a.)

1. Heinrich Böll beschreibt den Onkel als „Kriegsheimkehrer". Woran erkennt man ihn (Kleidung, Besitz, Wünsche)?
2. Erläutern Sie den Begriff „Schwarzmarkt". Warum muss der Neffe dort verkaufen? Womit handelt er?
3. Suchen Sie Beispiele aus dem Text.

| Hoffnungen der Familie an den Onkel | Verhalten des Onkels |
|---|---|
| _____ | _____ |
| _____ | _____ |
| _____ | _____ |

4. Mit welcher Idee will der Onkel Geschäfte machen? Wie reagiert die Familie darauf? Wie entwickelt sich das Geschäft?
5. Was bedeutet der Begriff „gemachter Mann"?
   ○ Er ist für das Geschäft nicht geeignet.
   ○ Er ist erfolgreich.
   ○ Er hat das Geschäft aufgegeben.

## 12 Stationen der deutschen Nachkriegsgeschichte: Von der Teilung zur Einheit

| 8. Mai 1945 | Ende des 2. Weltkriegs: Das deutsche Reich kapituliert. |
|---|---|
| 5. Juni 1945 | Die vier Siegermächte (USA, England, Frankreich, die Sowjetunion) teilen Deutschland in vier Besatzungszonen auf. (Potsdamer Konferenz) |
| 1947 | Die USA beschließen mit dem Marshall-Plan ein Wiederaufbauprogramm in Europa. |
| 1948 Juni | Währungsreform in den 3 Westzonen. Die Sowjetunion blockiert die Zufahrtswege nach Berlin („Berlin-Blockade"). Berlin wird aus der Luft versorgt („Luftbrücke"). |
| September | In der Trizone (brit., amerik., franz.) wird der Parlamentarische Rat gebildet. |
| 1949 23. Mai | Der Präsident des Parlamentar. Rats, Konrad Adenauer, verkündet das Grundgesetz. Die Bundesrepublik D. wird gegründet. |
| 7. Oktober | Die DDR wird gegründet. |
| 1953 17. Juni | Die Erhöhung der Arbeitsnormen führt in Ost-Berlin zu einem Streik der Arbeiter. Er weitet sich zum Volksaufstand aus und wird gewaltsam niedergeschlagen (bis zur Einigung am 3.10.90 im Westen „Tag der deutschen Einheit"). |
| 1954 | Pariser Verträge: Die Bundesrepublik wird Mitglied der Westeuropäischen Union und der NATO. |
| 1955 | Die Ostblockstaaten schließen den Warschauer Pakt. Die DDR tritt ihm bei. |
| 1957 | Römische Verträge: Die Außenminister der Bundesrepublik, Frankreichs, Italiens u. der Benelux-Staaten unterzeichnen in Rom die Verträge über die Gründung einer Europäischen Wirtschaftsgemeinschaft und einer Europäischen Atomgemeinschaft. |
| 1961 13. August | Immer mehr Menschen fliehen über Ost-Berlin aus der DDR in den Westen. Die DDR-Regierung unter Walter Ulbricht lässt in Berlin eine Mauer bauen. |
| 1963 Januar | K. Adenauer und Charles De Gaulle unterzeichnen in Paris den deutschfranz. Freundschaftsvertrag. |
| Juni | Der amerikanische Präsident John F. Kennedy besucht die Bundesrep. und Berlin. (Kennedy: „Ich bin ein Berliner") |
| 1969 Oktober | Die SPD unter Willy Brandt übernimmt zusammen mit der FDP die Regierung (ab 1974 Helmut Schmidt, SPD). |
| 1970 August Dezember | Moskauer Vertrag zwischen der Bundesrep. und der Sowjetunion Warschauer Vertrag zwischen der Bundesrep. und Polen. Beide Staaten stellen die Unverletzlichkeit der Grenzlinie an Oder und Neiße fest. |
| 1971 | Vier-Mächte-Abkommen über Berlin: Es regelt u. a. den Transitverkehr zwischen West-Berlin und der Bundesrepublik. |
| 1972 Dezember | Grundlagenvertrag zwischen den beiden deutschen Staaten: Die beiden deutschen Staaten wollen auf Gewalt verzichten und erkennen die Grenze an. |
| 1974 | DDR und Bundesrepublik eröffnen „ständige Vertretungen" (=kleine Botschaften). |
| 1976 | Der Sänger Wolf Biermann wird aus der DDR ausgebürgert und muss die DDR verlassen. |
| 1982 | Helmut Kohl (CDU) übernimmt mit der CSU und der FDP die Regierung. |
| 1989 ab August/ September | Montagsdemonstrationen in den großen Städten der DDR Die ungarische Regierung öffnet die Grenze zu Österreich. In 3 Tagen reisen 15 000 DDR-Bürger über Ungarn und Österreich in die Bundesrepublik. |
| September/Okt. | Demonstrationen in Leipzig, Ost-Berlin, Dresden gegen das SED-Regime („Wir sind das Volk") |
| 7. Oktober | Die DDR feiert den 40. Jahrestag der Staatsgründung. (M. Gorbatschow warnt Erich Honecker: „Wer zu spät kommt, den bestraft das Leben"). |
| 9. November | Die Mauer wird geöffnet. |
| 1990 18. März | In der DDR finden die ersten freien Wahlen statt. |
| 1. Juli | Währungs-, Wirtschafts- und Sozialunion. Die D-Mark wird alleiniges Zahlungsmittel in der DDR. |
| 3. 10. 1990 | Deutschland erhält die volle Souveränität zurück. Die DDR tritt der Bundesrepublik bei. |

1. Geben Sie die Geschichte der beiden deutschen Staaten in der Vergangenheit wieder.
2. Notieren Sie in Stichworten die verschiedenen Phasen der deutschen Geschichte.

| Teilung | Annäherung | auf dem Weg zur Einheit |
|---|---|---|
| DIE ALLIIERTEN TEILTEN DEUTSCHLAND IN VIER BESATZUNGSZONEN AUF. | | |

Das von Ludwig Erhard, dem ersten Wirtschaftsminister der Bundesrepublik, vertretene Konzept der „sozialen Marktwirtschaft" verfolgt das Prinzip „So wenig Staat wie möglich, so viel Staat wie nötig".

## Einschränkungen der Marktwirtschaft

Merkmal der Marktwirtschaft ist der Wettbewerb und das Streben nach Gewinn. Das Kartellgesetz von 1957 soll jedoch verhindern, dass Konkurrenten sich absprechen oder sich zu großen Firmen zusammenschließen und dadurch den Wettbewerb beschränken. Einige Wirtschaftsbereiche sind nicht ganz dem marktwirtschaftlichen System unterworfen und werden deshalb subventioniert, wie z. B. die Landwirtschaft oder das Verkehrswesen.

## Tarifautonomie

Der Staat verzichtet fast vollkommen darauf, in die Preis- und Lohngestaltung einzugreifen. Im Rahmen der Tarifautonomie handeln die Tarifpartner (Arbeitgeber und Arbeitnehmer) allein die Tarifverträge aus. Sie legen die Löhne und Gehälter, die Urlaubsdauer sowie die allgemeinen Arbeitsbedingungen fest. Die Arbeitgeber werden dabei durch ihre Arbeitgeberverbände (z. B. Gesamtmetall), die Arbeitnehmer durch die Gewerkschaften vertreten. Die Gewerkschaften in der Bundesrepublik sind im Deutschen Gewerkschaftsbund (DGB) zusammengeschlossen. Die Einzelgewerkschaften (z. B. IG Metall, IG Chemie) vertreten die Arbeitnehmer eines gesamten Wirtschaftsbereichs. Sie sind parteipolitisch neutral.

## Das Betriebsverfassungsgesetz

Das Betriebsverfassungsgesetz aus dem Jahre 1952 regelt die innerbetriebliche Ordnung. Dazu gehören die Mitbestimmung und Mitwirkung des einzelnen Arbeitnehmers, die Arbeitnehmervertretung und die Rechte der Gewerkschaften.
Der Betriebsrat vertritt die Interessen der Arbeitnehmer gegenüber dem Arbeitgeber. Er wird von allen Arbeitnehmern über 18 Jahren gewählt. Er muss z. B. darauf achten, dass die Tarifverträge eingehalten werden. Seine Mitbestimmungsrechte betreffen z. B. Fragen der Arbeitszeit und der Urlaubsregelung. Der Arbeitgeber braucht bei Einstellungen und Kündigungen die Zustimmung des Betriebsrats.

## Soziale Sicherheit

Das Sozialsystem in der Bundesrepublik umfasst die gesetzliche Rentenversicherung für Angestellte und Arbeiter, die Kranken-, Unfall- und Arbeitslosenversicherung, Kindergeld, den Erziehungsurlaub für Mütter und Väter nach der Geburt der Kinder (bis zu 3 Jahren) und die Sozialhilfe für bedürftige Menschen.

**Worterklärungen:**
unterworfen sein: unterliegen, bestimmt sein; sich absprechen: hier: sich über Preise einigen; festlegen: bestimmen

1. In welchen Bereichen greift der Staat in die Marktwirtschaft ein? In welchen nicht?
2. Welche Rechte haben Arbeitgeber und Arbeitnehmer?
3. Was bedeutet „soziale Marktwirtschaft"? Suchen Sie dafür Beispiele im Text.

REDEMITTEL

| | | | |
|---|---|---|---|
| Unter... | versteht man, dass... | | |
| Unter... | versteht man... | Substantiv (Akk.) | = Definition |
| Der Begriff... | bedeutet, dass... | | |
| Der Begriff... | bedeutet... | Substantiv (Akk.) | |
| Tarifautonomie | heißt, dass... | | |
| Der Begriff... | umfasst... | | = Was gehört zu einem Begriff? |
| Zu... | gehört/gehören... | | |
| | zählt/zählen... | | |

4. Zu Beginn des 21. Jahrhunderts ist das deutsche Sozialsystem in der Krise, weil es zu teuer geworden ist.

   Diskutieren Sie: Was kann/muss Aufgabe des Staates sein?
   Worum können/sollen sich die Bürger kümmern?

**14** **Wir sind wieder wer: Deutschland wird Exportweltmeister.**

Wirtschaftlicher Aufschwung, Wirtschaftswunder. Im Sommer 1964 wird in der Bundesrepublik der millionste Gastarbeiter, Armando Rodrigues, begrüßt.
Hören Sie dazu eine Rundfunksendung des Bayerischen Rundfunks vom 24. 4. 1997. Die Sendung beginnt mit einem Zitat Ludwig Erhards, der die Deutschen zum Sparen auffordert.

Moderatorin:

„Die Wahrheit in der Wirtschaftspolitik ist eine umstrittene Größe. Natürlich gab es Politiker, die andere Überzeugungen hatten als Erhard, der sich auf dem Gebiet aber für unfehlbar hielt und die Forderungen nach mehr sozialer Sicherheit aus Kostengründen abblockte. Und das in Zeiten wirtschaftlichen Booms. Niemals mehr gab es so viele offene Stellen und so wenig Arbeitssuchende wie Anfang der sechziger Jahre. Man musste sich anderweitig umsehen, wenn man den Bedarf an Arbeitskräften auch nur einigermaßen decken wollte."

Ergänzen Sie die Sätze.

Über die Wahrheit in der Wirtschaftspolitik kann man _____.
Erhard glaubte, dass er auf dem Gebiet der Wirtschaft keine Fehler _____.
Er war gegen noch mehr soziale Sicherheit, weil sie zu viel _____.
Anfang der 60er Jahre _____ es in Deutschland
viele Arbeitsplätze, und nur wenige Menschen _____ eine Arbeit.
Da die Wirtschaft Arbeitskräfte _____, _____ sie
in anderen Ländern nach Arbeitskräften.

**15** **Großer Bahnhof für einen kleinen Mann**

Hören Sie den Radiobericht und beantworten Sie die folgenden Fragen.

Woher kommt Armando Rodrigues? _____
Wo kommt er an? _____
Der Reporter unterhält sich mit Dr. Mühlwarth, einem Vertreter der Bundesvereinigung der deutschen Arbeitgeberverbände. In dem Gespräch werden ausländische Arbeitskräfte als „Gastarbeiter" bezeichnet. Was bedeutet das?

_____

Wie beurteilt Dr. Mühlwarth die Tendenz?

_____

Wie viele ausländische Arbeitskräfte sollten monatlich
nach Deutschland kommen?
○ 10 000    ○ 20 000    ○ 30 000
Wie viele ausländische Arbeitskräfte sollten im Jahr
1964 nach Deutschland kommen? _____
Woher kamen bis jetzt die meisten ausländischen Arbeitskräfte? Wie sieht die Situation dort aus?

_____

Aus welchen Ländern kommen die Arbeitskräfte jetzt?

_____

Man hat die ausländischen Arbeitskräfte auch als
„Arbeitswillige" bezeichnet. Wie beurteilt die Moderatorin diesen Begriff?

_____

Überlegen Sie sich: Was haben wohl der Vertreter der
Arbeitgeberverbände und Armando Rodrigues bei
der Begrüßung gesagt?

Armando Rodrigues bei seiner
Ankunft in Köln

# 7 — Eine Reise mit Hindernissen

*In diesem Kapitel finden Sie folgende Themen:*

A: Einladung zum Firmenjubiläum, B: Am Flughafen, C: In der Apotheke, D: Einkaufen in Stuttgart, E: Die Lufthansa

## A — Einladung zum Firmenjubiläum

### A 1   Eine Maschine für Boris Korolenko

Boris Korolenko, Entwicklungschef einer ukrainischen Maschinenfabrik, sucht einen deutschen Kooperationspartner. Wie Sie wissen, will seine Firma die Produktion umstellen und sucht einen Hersteller von Maschinen für die Blechbearbeitung. Er hat sich beim VDMA erkundigt und im AUMA-Handbuch nach einer Fachmesse gesucht. Auf der „EMO – Die Welt der Metallverarbeitung" in Hannover im September hat er den Messestand der Fa. Stahl besucht und sich über ein bestimmtes Verfahren informiert. Das Unternehmen hat ihn zum Firmenjubiläum nach Ditzingen bei Stuttgart eingeladen.

> *Einladung*
>
> *zu unserem Firmenjubiläum am Freitag, den 26. 5. 20... in Ditzingen*
> *Programm:*
> *16 Uhr Festvortrag mit anschließendem Rundgang*
> *durch die neuen Produktionsanlagen*
> *ab 19.00 Uhr Aperitif und Kaltes Buffet*
>
> *Bitte teilen Sie uns auf dem nachstehenden Abschnitt bis 1. 5. 20.. mit, ob*
> *Sie an dieser Veranstaltung teilnehmen.*

- **Hat es einen Sinn, dass Boris Korolenko an dem Jubiläum teilnimmt? Vergleichen Sie die Einladung mit dem Text (A 1).**

- **Füllen Sie nun die Antwortkarte aus. Wann muss Boris Korolenko anreisen?**

Ich nehme am Jubiläum
teil  ❏       nicht teil   ❏
allein ❏      mit ___ Personen

Ich reise mit dem Zug ❏
mit dem Flugzeug ❏
mit dem eigenen PKW ❏ an.
Ich benötige ❏ ___ Einzelzimmer.
             ❏ ___ Doppelzimmer.

Voraussichtliche Ankunft: _____

Die Zimmer werden für Sie im Hotel Blankenburg in Ditzingen reserviert.

**Von:**  **IEV - Kiew  Zhulyany**
**Nach:**  **STR - Stuttgart - Echterdingen**
24. Mai ist ein Mittwoch
Zur besseren Übersicht zeigen wir Ihnen den Flugplan über 7 Tage zwischen dem 21. Mai 2000 und 27. Mai 2000.

| Abflug | Ankunft | Verkehrstage | | | | | | | Flugnummer | Stops | Umsteigeort |
|---|---|---|---|---|---|---|---|---|---|---|---|
| | | So 21 | Mo 22 | Di 23 | **Mi 24** | Do 25 | Fr 26 | Sa 27 | | | |
| 08:35 | 12:15 | | ✈ | | ✈ | | | ✈ | LH3217/LH1019 | 1 | München (DE)* |
| 14:05 | 17:55 | ✈ | ✈ | ✈ | ✈ | ✈ | ✈ | ✈ | LH326/LH349 | 1 | Frankfurt/Main (DE) |
| 08:35 | 16:30 | | ✈ | | ✈ | | | ✈ | LH3217/LH1039 | 1 | München (DE)* |
| 14:05 | 21:20 | ✈ | ✈ | ✈ | ✈ | ✈ | ✈ | ✈ | LH3261/LH234 | 1 | Frankfurt/Main (DE) |
| 14:05 | 22:15 | ✈ | ✈ | ✈ | ✈ | ✈ | ✈ | ✈ | LH3261/LH398 | 1 | Frankfurt/Main (DE) |

- **Rufen Sie bei der Firma Stahl an. Teilen Sie mit, dass Herr Korolenko zum Jubiläum kommt. Verfassen Sie dann ein Fax. Spielen Sie das Gespräch mit Ihrem Partner.**

**B 1** Was ist mit Boris Korolenko passiert? Weshalb steht er am Schalter der Lufthansa?

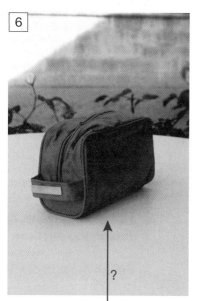

Was ist das für ein Gegenstand? Wozu braucht man ihn? Ordnen Sie die Begriffe den Gegenständen zu:

> die Zahnbürste – der Kamm – das Shampoo –
> die Zahnpasta – die Creme – die Rasiercreme
> – der Rasierapparat – das Parfüm – die Bürste
> – das Handtuch – die Seife – das Taschentuch

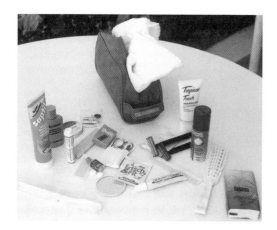

Hören Sie den ersten Teil des Gesprächs und machen Sie sich Notizen.

Warum wendet sich Boris Korolenko an den Schalter der Lufthansa?
Woher kommt er gerade?
Beschreiben Sie sein Gepäck.

 Hören Sie das Gespräch am Lufthansa-Schalter einmal vollständig.

→ Hostess:  ... Wir kümmern uns sofort darum. Morgen Vormittag haben Sie Ihr Gepäck. Füllen Sie bitte das Formular aus und geben Sie uns eine Adresse in Stuttgart an. Sind Sie im Hotel?

→ Korolenko:  Ja, ...

→ Hostess:  Gut. Dann bringen wir Ihnen das Gepäck ins Hotel ...

→ Korolenko:  Aber am Nachmittag bin ich zu einem Empfang eingeladen. Da muss ich mir noch ein paar Sachen kaufen. Bekomme ich die Kosten von Ihnen erstattet?

→ Hostess:  Aber selbstverständlich. Schauen Sie, wir haften maximal für 53,50 DM pro Kilogramm des vermissten Gepäckstücks.

→ Korolenko:  Verzeihung, das habe ich nicht verstanden.

→ Hostess:  Wie schwer war denn Ihre Tasche?

→ Korolenko:  Das kann ich nicht genau sagen, ungefähr 10 kg.

→ Hostess:  Also, dann bekommen Sie von der Fluggesellschaft 535.– DM für Ihr Gepäck ... So, wenn Sie so freundlich wären und bitte dieses Formular ausfüllen würden ...

→ Korolenko:  Selbstverständlich.

→ Hostess:  Und hier ist die Telefonnummer der Gepäckermittlung. Sie können auch heute noch einmal dort anrufen. Die kann Ihnen sagen, wo Ihr Gepäck geblieben ist.

→ Korolenko:  Ah ja, das ist gut.

→ Hostess:  Darf ich Ihnen inzwischen einen Toilettenbeutel unserer Gesellschaft geben? Da haben Sie schon das Nötigste.

→ Korolenko:  Das ist aber nett ...

Was muss Boris Korolenko tun, um sein Gepäck zu bekommen?
Was macht die Fluggesellschaft für ihn?
Wie reagiert Boris Korolenko? Wie reagiert die Hostess?
(ruhig, freundlich, sachlich, wütend, bestimmt, höflich, unsicher, aggressiv etc.)

● **Suchen Sie die entsprechenden Redewendungen im Dialog.**

| Korolenko | | Hostess | |
|---|---|---|---|
| **Reaktion** | **Sprache** | **Reaktion** | **Sprache** |
| WÜTEND | KEINE ANREDE, „HÖREN SIE" (IMPERATIV) | SACHLICH | |
| RUHIGER | | | |

● **Boris Korolenko hat sicher noch einige Fragen an die Hostess. Spielen Sie einen Dialog.**

 Ü1,2 Seite 158

143

● **Füllen Sie nun das Formular der Lufthansa für Boris Korolenko aus.**

## ✈ Lufthansa

| | |
|---|---|
| Bitte ausgefüllt an folgende Anschrift senden:<br>Please complete and return to this address: | **BAH oder/or AHL Reference** |
| Fax (069) 690 55171 | Ihr Nachname<br>Your last name |
| | Ihr Vorname<br>Your first name |
| Deutsche Lufthansa Aktiengesellschaft<br>Gepäckdienste | Ihre Konto-Nr.<br>Your Account No. |
| **D-60546 Frankfurt/Main** | Bankleitzahl<br>Bank code |
| **Deutschland** | Name des Geldinstitutes/Ort<br>Name of bank/Town |

Lieber Fluggast
Mit den von Ihnen bisher gemachten Angaben müssten wir Ihr Gepäck in kürzester Zeit finden. In Einzelfällen kann jedoch eine erweiterte Computer-Suche notwendig werden. Sollten Sie Ihr Eigentum nicht innerhalb von 3 Tagen erhalten haben, füllen Sie bitte diese Inhaltsliste aus und senden sie an uns. Eine möglichst detaillierte Beschreibung des Gepäckinhalts hilft uns bei der Suche. Fehlen Ihnen mehrere Gepäckstücke, bitten wir Sie, pro Stück eine separate Liste auszufüllen. Vielen Dank.

Dear passenger,
With the particulars you have given, we should be able to trace your baggage in next to no time. In some cases however, an extended computer search by means of detailed list of contents may be required. If your baggage cannot be retrieved within 3 days, please complete this form and mail it to us. In case several pieces of baggage are missing, please complete one separate list per missing bag. Thank you very much.

| Ständige Anschrift/Telefonnummer<br>Permanent address/Telephone number | | Vorübergehende Adresse/Telefonnummer<br>Temporary address/Telephone number | **bis**<br>**until** |
|---|---|---|---|

| Fluggesellschaft/Flugnr.<br>Airline/Flight No. | Datum<br>Date | von<br>from | nach<br>to |
|---|---|---|---|
| | | | |
| | | | |
| | | | |

Falls Sie uns den Verlust nicht sofort an Ihrem Ankunftsflughafen angezeigt haben, geben Sie bitte den Grund an.
If you did not report the loss at once on arrival, please state why not.

Verlust wurde bereits bei folgender anderer Luftverkehrsgesellschaft gemeldet
Loss was already reported to following other airlines
In                                                         Am/On

Das Gepäckstück wurde unterwegs neu abgefertigt und erhielt einen neuen Gepäckanhänger in (Flughafen)
The baggage was cleared again en route and was given a new baggage tag in (airport)

| ☐ Ich habe es dort gesehen<br>I saw it there | ☐ Ich habe es dort nicht gesehen<br>I did not see it there |
|---|---|

| Beschreibung des fehlenden Gepäckstückes<br>Description of missing piece of baggage | Material<br>Material | Farbe<br>Colour |
|---|---|---|
| Art<br>Type | Markenname<br>Brandname<br><br>Name am Gepäck<br>Name on bag | Gewicht          kg<br>Weight |

| Kaufpreis (Währung angeben/Quittungen beifügen)<br>Purchase price (indicate currency/enclose receipts) | Gekauft am<br>Bought on |
|---|---|

| Ist Ihr Gepäck versichert?<br>Is your baggage insured? | Ja/Yes ☐<br>Nein/No ☐ | Vers.-Schein-Nr.<br>Policy No. |
|---|---|---|

Versicherungsgesellschaft (Name/Anschrift)
Insurance company (name/address)

Form 6936 I-95 (FRA KB/P) Printed in the Fed. Rep. of Germany

REDEMITTEL **Am Flughafen**

| Fluggast | Hostess |
|---|---|
| Wo ist denn der Schalter der Lufthansa?/der Swissair? | Hier in der großen Halle. |
| Wo kann man einchecken?/sein Gepäck aufgeben? | Am Schalter 289. |
| Wann kann man einchecken? | Eine Stunde/30 Minuten vor Abflug. |
| Wann kommt die Maschine aus . . . an? | Die Maschine landet um . . . Uhr. |
| Wann startet das Flugzeug? | Es startet um . . . Die Maschine hat Verspätung. |
| | Der Flug ist annulliert. |
| Ist das ein Direktflug oder muss man umsteigen? Wie lange dauert der Flug? | Die Maschine hat Aufenthalt in . . . |
| | Die Reisedauer beträgt . . . Stunden. |
| Gibt es noch Plätze in der Business Class? | Möchten Sie einen Platz in der Nichtraucher- oder Raucherzone? |
| | Nein, aber in der Economy Class. |
| | Hier ist Ihre Bordkarte. |

Für Detailinformationen klicken Sie bitte auf das ✈ Flugzeug-Symbol.

**Von:  STR - Stuttgart - Echterdingen**
**Nach: IEV - Kiew Zhulyany**

26. Mai ist ein Freitag.
Zur besseren Übersicht zeigen wir Ihnen den Flugplan über 7 Tage zwischen dem 23. Mai 2000 und 29. Mai 2000.

| Abflug | Ankunft | Di 23 | Mi 24 | Do 25 | **Fr 26** | Sa 27 | So 28 | Mo 29 | Flugnummer | Stops | Umsteigeort |
|---|---|---|---|---|---|---|---|---|---|---|---|
| | | **Verkehrstage** | | | | | | | | | |
| 06:50 | 13:05 | ✈ | ✈ | ✈ | ✈ | ✈ | ✈ | ✈ | LH391/LH3372 | 1 | Frankfurt/Main (DE) |
| 08:10 | 13:05 | ✈ | ✈ | ✈ | ✈ | | ✈ | ✈ | LH231/LH3372 | 1 | Frankfurt/Main (DE) |
| 17:15 | 22:30 | ✈ | | | ✈ | | ✈ | | LH1024/LH3246 | 1 | München (DE)* |
| 12:50 | 22:30 | ✈ | | | ✈ | | ✈ | | LH1746/LH3246 | 1 | München (DE)* |

| Rückflug | Neue Suche | Flugverfügbarkeit |
|---|---|---|

**Detailinformation**

Datum:     28. Mai 2000
Abflug:    17:15 von   Stuttgart - Echterdingen
Ankunft: 18:15 in      München - Franz Josef Strauss
Fluggesellschaft: DEUTSCHE LUFTHANSA*
Flugnummer: LH1024
Flugzeugtyp: Fokker 50
*Dieser Flug wird von unserem Partner durchgeführt. CONTACT AIR*

Datum:     28. Mai 2000
Abflug:    19:15 von   München - Franz Josef Strauss
Ankunft: 22:30 in      Kiew Borispol (Terminal B)
Fluggesellschaft: DEUTSCHE LUFTHANSA
Flugnummer: LH3246
Flugzeugtyp: Airbus A319

**Reisedauer: 04:15 Stunden**

| OK |
|---|

Ü8 Seite 160

Ü9,10 Seite 161

145

B 4
**Ist Ihnen so ein Zwischenfall wie Boris Korolenko schon einmal passiert?**

Spielen Sie einen ähnlichen Dialog. Verwenden Sie die Redemittel.

Ü3 | Seite 158
Ü4,5,6 | Seite 159

REDEMITTEL **Sich beschweren – jemanden beruhigen**

| Fluggast | Hostess |
|---|---|
| Sagen Sie mal, was ist denn da passiert? Können Sie mir sagen, was mit meiner Tasche/ meinem Koffer passiert ist? Schauen Sie doch (bitte) einmal nach, was da passiert ist. Das gibt's doch nicht! Mein Koffer ist nicht mit der Maschine/dem Flugzeug/Zug angekommen. Wollen Sie damit sagen, dass meine Tasche/ mein Koffer verschwunden ist? Ich brauche . . . unbedingt/sofort/heute noch. Kümmern Sie sich bitte sofort darum! | Einen Moment bitte. Einen Augenblick bitte. Ich sehe/schaue mal nach. Ich nehme an, . . . . . . dass Ihr Gepäck nicht mit dem Flugzeug angekommen ist. . . . dass es beim Transfer Probleme gegeben hat. . . . dass das Personal in . . . das Gepäck nicht eingeladen hat. Ich kümmere mich darum. Ich sehe, was ich für Sie tun kann. |

Ü7 | Seite 160

B 5
**Ein ausländischer Geschäftspartner kommt zu Ihnen zu Besuch.**

Was machen Sie, wenn der Gast wichtig oder nicht so wichtig ist?

○ Wir holen sie/ihn persönlich vom Flughafen/Bahnhof ab.
○ Wir lassen sie/ihn durch einen firmeneigenen Wagen abholen.
○ Wir lassen sie/ihn durch einen hoteleigenen Wagen/Bus abholen.
○ Er/Sie nimmt ein Taxi und bekommt das Geld von seiner/ihrer/unserer Firma erstattet.
○ Er/Sie reist mit dem eigenen PKW an.
○ Er/Sie findet sich selbst zurecht.
○ Er/Sie benutzt öffentliche Verkehrsmittel.

Ü11 | Seite 162

B 6
**Wie geht Boris Korolenkos Reise weiter?**

Die Firma Stahl konnte leider niemanden zum Flughafen schicken. Es kommen zu viele Gäste zum Firmenjubiläum. Sie hat Boris Korolenko aber eine Lageskizze und einen Streckennetzplan von Stuttgart geschickt.
Boris Korolenko ist mittlerweile nervös. Er kennt sich in Stuttgart nicht aus. Deshalb fragt er einige Passanten. Formulieren Sie die Fragen höflicher und spielen Sie kleine Dialoge. Verwenden Sie dabei auch den S-Bahn-Plan von Stuttgart.

Wie komme ich am besten nach Ditzingen?
Ist das weit vom Flughafen?
Gibt es vom Flughafen aus einen Zug, eine U-Bahn?
Kann man mit der S-Bahn nach Ditzingen fahren?
Von welchem Bahnsteig fährt die S-Bahn?
Muss man umsteigen?
Wo kauft man denn die Fahrkarten?
Wie viel kostet denn die Fahrt ins Zentrum?
Wie spät ist es eigentlich?
Wann fährt denn die S-Bahn?
Wo gibt es hier Bekleidungsgeschäfte?
Bis wann sind sie geöffnet?
Gibt es hier in der Nähe eine Apotheke?

G1 | Seite 156

| Flug-hafen | Stgt.-Hbf | verkehrt | Flug-hafen | Stgt.-Hbf | verkehrt |
|---|---|---|---|---|---|
| 11.11 | 11.38 | Mo-Fr | 18.31 | 18.58 | tägl. |
| 11.31 | 11.58 | tägl. | 18.41 | 19.08 | Mo-Fr |
| 11.41 | 12.08 | Mo-Fr | 19.01 | 19.28 | tägl. |
| 12.01 | 12.28 | tägl. | 19.11 | 19.38 | Mo-Fr |
| 12.11 | 12.38 | Mo-Fr | 19.31 | 19.58 | tägl. |
| 12.31 | 12.58 | tägl. | 19.41 | 20.08 | Mo-Fr |
| 12.41 | 13.08 | Mo-Fr | 20.01 | 20.28 | tägl. |
| 13.01 | 13.28 | tägl. | 20.11 | 20.38 | Mo-Fr |
| 13.11 | 13.38 | Mo-Fr | 20.31 | 20.58 | Mo-Fr,So+F |
| 13.31 | 13.58 | tägl. | 20.41 | 21.08 | Mo-Sa |
| 13.41 | 14.08 | Mo-Fr | 21.01 | 21.28 | tägl. |
| 14.01 | 14.28 | tägl. | 21.31 | 21.58 | Mo-Fr |
| 14.11 | 14.38 | Mo-Fr | 21.41 | 22.08 | tägl. |
| 14.31 | 14.58 | tägl. | 22.01 | 22.28 | tägl. |
| 14.41 | 15.08 | Mo-Fr | 22.41 | 23.08 | tägl. |
| 15.01 | 15.28 | tägl. | 23.01 | 23.28 | tägl. |
| 15.11 | 15.38 | Mo-Fr | 23.41 | 00.08 | tägl. |
| 15.31 | 15.58 | tägl. | 00.01 | 00.28 | tägl. |
| 15.41 | 16.08 | Mo-Fr | | | |
| 16.01 | 16.28 | tägl. | | | |
| 16.11 | 16.38 | Mo-Fr | | | |
| 16.31 | 16.58 | tägl. | | | |
| 16.41 | 17.08 | Mo-Fr | | | |
| 17.01 | 17.28 | tägl. | | | |
| 17.11 | 17.38 | Mo-Fr | | | |
| 17.31 | 17.58 | tägl. | Einzelfahrpreis Flughafen-Hauptbahnhof |
| 17.41 | 18.08 | Mo-Fr | DM 4,30 |
| 18.01 | 18.28 | tägl. | One Way rate Airport-Stuttgart mainstation |
| 18.11 | 18.38 | Mo-Fr | DM 4,30 |

Angaben ohne Gewähr
Without guarantee

| Verzeihung, können Sie mir sagen, | **wie** ich nach Ditzingen | **komme**? |
|---|---|---|
| Wissen Sie, | **ob** es vom Flughafen aus eine S-Bahn | **gibt**? |

→ *Ja, einen Moment. Ich erkläre es Ihnen sofort.*

→ *Also, da müssen Sie ...*

→ *Ja, natürlich/selbstverständlich.*

→ *Ja, warten Sie, ich zeige Ihnen den Fahrkartenautomaten.*

→ *Tut mir Leid, ich bin auch nicht von hier.*

→ *Ich kenne mich in Stuttgart nicht aus.*

→ *... ich habe keine Ahnung/das weiß ich nicht.*

→ *Das weiß ich leider auch nicht. Fragen Sie doch mal ...*

G2 Seite 156

G3,4 Seite 157

## B 7  Was soll Boris Korolenko machen?

Mittlerweile ist es 18.30 Uhr. Boris Korolenko hat durch die Aufregung und den langen Flug Kopf- und Magenschmerzen. Was sollte er zuerst machen?

○ zum Hotel fahren?

○ in eine Apotheke gehen?

○ ins Zentrum fahren und einen Anzug kaufen?

○ bis zum nächsten Morgen warten und in Ditzingen einkaufen?

○ ...

Überlegen Sie und machen Sie für ihn einen Zeitplan.

**B 8** **Hören Sie nun die Dialoge. Ordnen Sie die Bilder zu.**

Notieren Sie sich auch die Informationen. Was macht Boris wohl zuerst?

○ _____

○ _____

○ _____

○ _____

---

**C** — **In der Apotheke**

**C 1** **Krank auf Geschäftsreisen. Welche Beschwerden sind „typisch"?**

Warum hat man diese Beschwerden?
Welche Medikamente nehmen Sie auf Geschäftsreise mit?

## Checkliste für Ihre Reiseapotheke
### Denn eine glückliche Reise beginnt schon zu Haus.

| Beschwerden | Empfehlenswerte Präparate |
| --- | --- |
| Durchfall | Kohlepräparate |
| trockene Nase | Meerwasser-Nasenspray |
| Sodbrennen-Reizmagen | Antacida, Magnesiumpräparate |
| Halsschmerzen | Rachendesinfizienta |
| Schnupfen | Schnupfenspray oder Gel |
| Husten | Pflanzl. Hustenmittel |
| Sonnenbrand | Fenistil Gel |
| Verschleimte Atemwege | Schleimlöser |
| Abwehrschwäche | Mittel zur Immunstimulation |
| Kopf-, Zahnschmerzen | ASS- und Ibuprofen-Präparate |
| Schürfwunden | Desinfektionsmittel, Wund-, Heilsalbe |
| Verstauchungen–Blutergüsse | Heparinhaltige Creme/Gel |
| Nervosität-Einschlafstörungen | Pflanzl. Beruhigungsmittel |
| Insektenstiche | Fenistil Gel |

| Ich habe | Kopfschmerzen. | Der Kopf tut weh. |
| | Halsschmerzen. | Der Hals tut weh. Ich huste/habe Husten. |
| | Magenschmerzen. | Der Magen drückt. Ich habe einen nervösen Magen/ Sodbrennen. |
| | eine Grippe, Fieber. | Ich bin erkältet, huste und habe Schnupfen. |
| | Kreislaufbeschwerden. | Der Blutdruck ist hoch/niedrig. |
| | Verdauungsprobleme. | Ich habe Durchfall ↔ Verstopfung. |
| Was nehmen Sie dagegen? | | Tropfen, einen Saft, einen Sirup, ein Aspirin |
| Ich nehme . . . Ich trinke . . . | | einen Tee |
| In welcher Form gibt es die Medikamente? | | Das Präparat gibt es als Kompressen, Spray, Tabletten . . . |

## C 2  In der Apotheke

Boris Korolenko geht doch zuerst in eine Apotheke. Er hat seine Magen- und Halstabletten im Koffer gelassen.
Suchen Sie geeignete Formulierungen aus. Ergänzen Sie das Gespräch mit der Apothekerin. Vergleichen Sie mit dem Hörtext.

**Korolenko:**

Ich hätte gern etwas gegen

_____

Ich bin auf Geschäftsreise. Zu Hause habe ich immer _____ genommen . . .
Haben Sie . . .
ein stärkeres, schwächeres _____?
ein homöopathisches _____?
Was heißt das?
Können Sie mir _____ _____ geben?

Wie oft_____?
Wie ist die Dosierung?

**Apothekerin:**

Möchten Sie ein bestimmtes Medikament?/ Präparat?
Möchten Sie Tropfen oder Tabletten?

Normalerweise sind diese Medikamente rezeptpflichtig.

Sie müssen zu einem Arzt gehen, der Ihnen ein Rezept ausstellt.
Aber dieses Medikament ist rezeptfrei.
3 × täglich, vor/nach dem Essen . . .

Ich wünsche Ihnen gute Besserung!

## C 3  Sie sind auf Geschäftsreise.

Suchen Sie aus der Checkliste von C 1 Beschwerden aus, die für Sie typisch sind.
Spielen Sie Dialoge in einer Apotheke. Machen Sie dabei auch Gesten.

## C 4  Geschäftsreisen sind anstrengend und stressig.

Wie halten Sie sich auf Reisen fit? Bilden Sie Gruppen und verraten Sie den anderen Ihr Geheimnis: Essen, Entspannung, Bewegung . . .

> Tipp: Jetlag
> Experten empfehlen: Keinen Alkohol trinken. Ein Glas Sekt in der Luft wirkt wie ein Glas Whisky am Boden.
> Je leichter man isst, desto angenehmer ist der Flug. Trinken Sie viel Wasser. Denn die Luftfeuchtigkeit im Flugzeug ist sehr gering.

## D 1 Kleider machen Leute

Sie gehen auf Geschäftsreise. Was packen Sie in Ihren Koffer?
Wie kleidet man sich bei Ihnen bei Geschäftsverhandlungen (leger, locker, sportlich, korrekt, seriös, klassisch . . .)? Gibt es bei Ihnen eine Kleiderordnung?

● **Ordnen Sie zu. Was gehört zu einer Geschäftsfrau/einem Geschäftsmann?**

der BH
der Pullover
die Krawatte     der Schlafanzug     die Socken (Pl.)
die Jacke     das Kleid     der Regenschirm
die Unterhose     das Kostüm     der Rock     die Bluse
die Strümpfe (Pl.)     der Toilettenbeutel     die Schuhe (Pl.)
das Hemd     der Slip     der Mantel
die Hose

| Geschäftsfrau | Geschäftsmann |
|---|---|
| | |
| | |
| | |
| | |

● **Machen Sie auf Geschäftsreisen manchmal einen Stadtbummel? Was kaufen Sie dann? Wo kaufen Sie gern ein?**

Boris Korolenko ist ins Zentrum von Stuttgart gefahren. In der Königstraße hat er ein Herren-bekleidungsgeschäft gefunden. Hören Sie den Dialog und ergänzen Sie ihn.

→ Verkäuferin:  Guten Tag. Sie wünschen?
→ Korolenko:  Ich suche einen eleganten _____.
→ Verkäuferin:  Für welche Gelegenheit?
→ Korolenko:  Für ein Firmenjubiläum.
→ Verkäuferin:  Ah, ja. Und in welcher _____?
→ Korolenko:  In Dunkel_____.
→ Verkäuferin:  Und in welcher _____?
→ Korolenko:  In _____.
→ Verkäuferin:  Sehen Sie, hier . . . Darf es so etwas sein? Wollen Sie den hier mal anprobieren?
→ Korolenko:  Ja, gern.
→ Verkäuferin:  Der steht Ihnen ausgezeichnet.

● **Boris Korolenko sucht noch eine Krawatte und ein Hemd zu seinem Anzug.**

 Was für eine Krawatte und welches Hemd würden Sie wählen?
Suchen Sie etwas Passendes aus. Vergleichen Sie dann mit dem Dialog.

→ Korolenko:  Und dann noch eine _____ und ein _____.
→ Verkäuferin:  Zu diesem Anzug, nicht wahr? In welcher _____?
→ Korolenko:  iN_____.
→ Verkäuferin:  Und in welcher _____?
→ Korolenko:  In der Ukraine habe ich _____. Ich weiß nicht . . . sind denn die _____
in Deutschland gleich?
→ Verkäuferin:  Das kommt auf die Marke an. Aber im Prinzip sind sie gleich. Soll es eher ein
elegantes oder sportliches _____sein?
→ Korolenko:  Eher _____. Wissen Sie, mein Koffer ist nicht mit der Maschine
angekommen.
→ Verkäuferin:  Ach du lieber Gott! Und wann bekommen Sie dann Ihr Gepäck?
→ Korolenko:  Ich hoffe morgen.
→ Verkäuferin:  Das ist ja ganz schön dumm. . . .
Sehen Sie, hier habe ich ein _____ _____ von . . .
→ Korolenko:  Hmm. Nein, vielleicht lieber ein _____.
→ Verkäuferin:  Hier ist ein sehr schönes, dezent und _____. Ein italienisches Modell.
→ Korolenko:  Ja, das _____ gefällt mir . . .
→ Verkäuferin:  Doch, die _____ steht Ihnen gut. Und jetzt die _____.
→ Korolenko:  Nicht zu _____. . .
→ Verkäuferin:  Darf es eine _____sein?
→ Korolenko:  Ja, gern. . . . Ja, doch, die ist ganz hübsch.
→ Verkäuferin:  Haben Sie sonst noch einen Wunsch?
→ Korolenko:  Nein, danke. Kann ich mit Kreditkarte zahlen? Ich habe noch kein Geld ge-wechselt.
→ Verkäuferin:  Natürlich. Darf ich Sie an die Kasse bitten?

**Hören Sie das Gespräch noch einmal.**

Notieren Sie jetzt die Informationen.

|  | Anzug | Hemd | Krawatte |
|---|---|---|---|
| Farbe | _____ | _____ | _____ |
| Größe | _____ | _____ | _____ |
| Art (z. B. klassisch) | _____ | _____ | _____ |
| Modell | _____ | _____ | _____ |

REDEMITTEL **Im Geschäft**

| Verkäufer/Verkäuferin | Kunde/Kundin |
|---|---|
| Sie wünschen bitte? | Ich suche/möchte . . . |
| In welcher Größe? Ich glaube, das entspricht bei uns Größe . . . | In 54, 38 . . . |
| In welcher Farbe? | In Blau, Rot . . . |
|  | Haben Sie die (Hose) auch in Schwarz? |
| Was für eine Bluse suchen Sie? | Eine einfarbige, bunte, gestreifte, karierte Bluse. |
| Wie gefällt Ihnen die Hose? | Ja, die gefällt mir./Die gefällt mir nicht. |
| Wie gefallen Ihnen diese Krawatten? | Ja, die gefallen mir. Nein, die gefallen mir nicht. Rot steht mir nicht. |

**Ergänzen Sie die Tabelle mit den internationalen Kleidergrößen für Damenbekleidung.**

| D | 36 | 38 |  |  |  | CH | 36 |  |  |  |  |
|---|---|---|---|---|---|---|---|---|---|---|---|
| I | 40 |  | 44 |  | 48 | NL | 36 |  |  |  |  |
| E | 40 | 42 |  |  |  | GB | 10 | 12 | 14 |  | 18 |
| F | 38 | 40 | 42 | 44 |  | EUR | 84 | 88 |  | 96 |  |
| B | 36 |  | 40 | 42 |  | Ihr Land |  |  |  |  |  |

**Diskutieren Sie. Warum ändern sich die Kleidergrößen von Land zu Land?**

*Größe 36 in Deutschland entspricht Größe . . . in Spanien.*
*Das hängt vielleicht damit zusammen, dass die Frauen dort schlanker, dünner, dicker, zierlicher, schmaler etc. sind . . .*
*Das liegt vielleicht daran, dass . . .*

Welche Kleidung wählen Sie für einen Konzertbesuch, einen Ausflug ans Meer, ins Gebirge, zur Arbeit?

Ü13 Seite 163

# E  Die Lufthansa

## Leichtes Facelifting

### Wie die Lufthansa einiges verbesserte – und damit viele verärgerte

**M**it der Produkt- und Serviceinitiative vom November 1996 sollte Lufthansa die Business Class auf Europa-Strecken verbessern. Zugleich wollte sie damit den Qualitätsabstand zwischen Business und Economy vergrößern. So sitzen in der teuersten Klasse nur noch fünf statt sechs Passagiere je Reihe. Am Frankfurter Flughafen ließ die Fluggesellschaft spezielle Wartezonen, so genannte Business Gates, errichten. Die alte Frequent-Traveller-Lounge ist renoviert und steht nun jedem Business-Kunden offen.

So hat die Lufthansa rund 80 verschiedene Produktverbesserungen eingeführt – darunter einen Parkhaus-Service, Regenschirme oder einen Extrabus, wenn das Flugzeug auf einer Außenposition parkt.

Die neue Serviceinitiative stieß dennoch auf Kritik. Viele Unternehmen ärgerte, dass Lufthansa in Zeiten knapper Budgets die Business Class liftete, nicht aber den Versuch unternahm, die Reisekosten generell zu senken. Zudem verstanden die Business-Passagiere oftmals nicht, warum das Fliegen auf europäischen Strecken verbessert wurde, nicht aber das innerdeutsche Reisen.

Außerdem ärgerte die Unternehmen, dass die Lufthansa den Service in der Economy reduzierte, jener Klasse, die auch von Vielfliegern und Stammkunden der Lufthansa gebucht wird. Das Büfett im Warteraum, vormals letzter Magentrost des gehetzten Reisenden, ist abgeschafft. Zugleich müssen Economy-Kunden nun früher einchecken als Passagiere der Business Class. Die neue Serviceinitiative empfanden viele Economy-Flieger auch eher als Bestrafung, zumal der Ticketpreis der alte blieb.

E 1 **Notieren Sie die Verbesserungen der Lufthansa.**

**Ziel der Lufthansa:**

DEN QUALITÄTSABSTAND ZWISCHEN BUSINESS CLASS UND ECONOMY CLASS VERGRÖßERN

| Verbesserungen: | Kritik an der Lufthansa: |
|---|---|
| 1. _____ | 1. _____ |
| 2. _____ | 2. _____ |
| 3. _____ | 3. _____ |
| 4. REGENSCHIRME | 4. _____ |

**Fassen Sie nun die Aussagen mit eigenen Worten zusammen:**

MIT DER PRODUKT- UND SERVICEINITIATIVE WOLLTE ...

**Wortschatz:**

„Leichtes Facelifting"
Das ist ein Ausdruck aus der Kosmetik. Was bedeutet er hier?

○ Man verbessert etwas, aber man ändert nichts grundlegend.
○ Die Lufthansa bekommt ein neues Gesicht.
○ Bei der Lufthansa führte man neue Lifts ein.

Suchen Sie synonyme Ausdrücke im Text.

Die Fluggesellschaften richteten . . . Wartezonen ein.

_____

Die alte Frequent-Traveller-Lounge kann . . . jeder Kunde benutzen.

_____

Man kritisierte die Serviceinitiative. _____

E 2 **Was halten Sie von den Verbesserungen der Lufthansa?**

Stellen Sie sich vor, Sie werden zu einer Diskussion mit Vertretern verschiedener Fluggesell-
schaften eingeladen.
Diskutieren Sie über folgende Punkte: Verspätung, Verpflegung an Bord und in der Halle, Preise,
Einchecken, das Zweiklassensystem (Business Class, Economy Class) etc.
Bilden Sie zwei Gruppen. Formulieren Sie den Standpunkt der Kunden und der Fluggesellschaf-
ten.

| Kunden | Fluggesellschaften |
|---|---|
| *Die Preise sind zu hoch.* | *Es gibt unterschiedliche Tarife . . .* |
| _____ | _____ |

| | |
|---|---|
| Ich bin der Meinung/Auffassung, dass ...<br>Ich vertrete die Auffassung, dass ...<br>Ich bin auch dafür, dass ...<br>Ich glaube auch, man sollte ... | → Sie stimmen mit der Meinung Ihres Partners überein. |
| Ich bin nicht damit einverstanden ...<br>Ich kann dem nicht ganz zustimmen ...<br>Das sehe ich aber ganz anders ...<br>Ehrlich gesagt, bin ich da anderer Meinung. | → Sie haben eine andere Meinung. |
| Sie haben sicher Recht, aber ...<br>Bitte nehmen Sie es mir nicht übel, wenn ...<br>Ich glaube, wir reden im Moment aneinander vorbei. Was ich sagen wollte, ist ...<br>Vielleicht haben wir eine andere Auffassung von ... | → Sie korrigieren Missverständnisse. |

## E 3   Die Lufthansa AG in Zahlen

Schlagen Sie die entsprechende Internet-Seite auf und stellen Sie die einzelnen Gesellschaften der Lufthansa vor: http://www.lufthansa.com

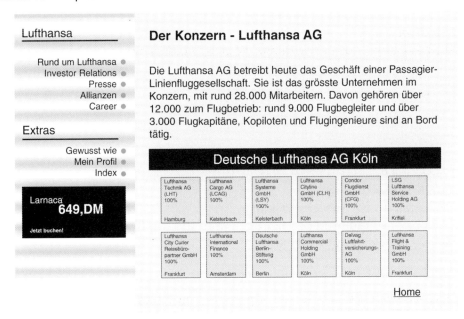

Aus dem Geschäftsbericht 1998

| | |
|---|---|
| Gesamtumsatz + 4,8 %: | 22,7 Mrd. DM |
| Vorsteuerergebnis + 42 %: | 2,5 Mrd. DM |
| Operatives Ergebnis: | 1,6 Mrd. DM → 2,1 Mrd. DM |
| Dividendenerhöhung: | 0,90 DM → 1,10 DM je Aktie |
| Stärkster Umsatzträger: | Lufthansa AG, 4,7 % Wachstum |

1. Quartal 1999

| | |
|---|---|
| Insgesamt: | 9,7 Mio. Fluggäste (+ 10 %) |
| Lufthansa Cargo: | 410 000 t Fracht und Post (+ 2,7 %) |

● **Tragen Sie den Geschäftsbericht der Lufthansa vor.**

## E 4   Online-Buchung

Die Lufthansa bietet unter der Internet-Adresse http://www.lufthansa.com einen besonderen Service: Probebuchungen.
Buchen Sie Online einen Flug von Frankfurt nach Tokio.

Ü14 Seite 163

# Grammatik

## 1 Indirekte Fragesätze

### Bildung der indirekten Fragesätze

Boris Korolenko versucht, sich zu orientieren.

| Er fragt: | Er fragt:<br>„Wissen Sie vielleicht,<br>„Können Sie mir sagen, | |
|---|---|---|
| „Wo ist denn die S-Bahn?" | | wo die S-Bahn ist?" |
| „Wie weit ist es denn bis zum Zentrum?" | | wie weit es zum Zentrum ist?" |
| „Gibt es in der Nähe ein Kaufhaus?" | | ob es hier ein Kaufhaus gibt?" |
| „Kann ich mit Kreditkarte bezahlen?" | | ob ich mit Kreditkarte zahlen kann?" |

| direkte Frage | indirekte Frage |
|---|---|

Die indirekte Frage wird als Nebensatz wiedergegeben. Das finite Verb steht am Ende des Nebensatzes:

| Hauptsatz | Nebensatz | finites (=konjugiertes) Verb |
|---|---|---|
| Wissen Sie, | wo die Schillerstraße | ist? |
| Er fragt, | ob die Banken geöffnet | sind. |

MEMO

> Bei Fragen mit Fragewort (= Wortfragen, W-Fragen) wird dasselbe Fragewort wie in der direkten Frage verwendet:
> *Er will wissen, wo die Schillerstraße ist.*
> Bei Fragen ohne Fragewort (= Satzfragen) wird „ob" als Konjunktion verwendet:
> *Er fragt, ob die Banken geöffnet sind.*

### Gebrauch

| bei höflichen Fragen: | Können Sie mir sagen, ob es hier eine U-Bahn gibt?<br>Wissen Sie, wo eine Drogerie ist?<br>Ich möchte wissen, wie spät es ist. |
|---|---|
| bei Zweifel/Unsicherheit: | Ich weiß nicht, was das ist.<br>Ich habe keine Ahnung, wo das Hotel ist.<br>Ich kann mir nicht vorstellen, wo er ist. |
| in der indirekten Rede: | Boris Korolenko hat gefragt, wo das Zentrum ist. |

## 2 Konjunktiv II als Höflichkeitsform

| Boris Korolenko bittet einen Passanten:<br>„Sagen Sie mir bitte, wie spät es ist."<br>„Darf ich Sie um einen Gefallen bitten?"<br>„Zeigen Sie mir bitte den Weg zum Hotel!" | Er kann auch höflicher fragen:<br>„Könnten Sie mir bitte sagen, wie spät es ist?"<br>„Dürfte ich Sie um einen Gefallen bitten?"<br>„Würden Sie mir bitte den Weg zum Hotel zeigen?" |
|---|---|

Für die höfliche Bitte verwendet man im Deutschen den Konjunktiv II. Man kann den Konjunktiv auch mit würde + Infinitiv umschreiben, aber nie bei den Modalverben. Eine Form des Konjunktiv II kennen Sie bereits: Ich möchte von ‚mögen'. (→ Kap. 4, Exportwege 1).
Der Konjunktiv II wird vom Präteritum abgeleitet.

| | |
|---|---|
| regelmäßige Verben: | Der Konjunktiv II ist identisch mit dem Präteritum. Er machte (Präteritum) → Er machte (Konj. II) |
| unregelmäßige Verben: | Alle Verben haben in der Endung ein -e. Ändert sich bei den Verben der Stammvokal im Indikativ Präteritum, dann haben die umlautfähigen Verben im Konjunktiv II einen Umlaut: Ich wusste (Präteritum) → Ich wüsste (Konj.II). |

## 3 Konjunktiv II der Modalverben „können, dürfen, mögen, müssen, sollen"

| | **können** | **dürfen** | **müssen** | **mögen** | **sollen** |
|---|---|---|---|---|---|
| ich | könnt-e | dürft-e | müsst-e | möcht-e | sollt-e |
| du | könnt-est | dürft-est | müsst-est | möcht-est | sollt-est |
| er/sie/es | könnt-e | dürft-e | müsst-e | möcht-e | sollt-e |
| wir | könnt-en | dürft-en | müsst-en | möcht-en | sollt-en |
| ihr | könnt-et | dürft-et | müsst-et | möcht-et | sollt-et |
| sie/Sie | könnt-en | dürft-en | müsst-en | möcht-en | sollt-en |

## 4 Konjunktiv II der Verben „sein" und „haben"

| | **sein** | **haben** |
|---|---|---|
| ich | wär-e | hätt- e |
| du | wär-est | hätt- est |
| er/sie/es | wär-e | hätt -e |
| wir | wär-en | hätt- en |
| ihr | wär-et | hätt- et |
| sie/Sie | wär-en | hätt- en |

## 5 Umschreibung mit „würden" + Infinitiv

| | **würde** | | | | **Infinitiv am Ende** |
|---|---|---|---|---|---|
| Ich | würde | gern nach Amerika | | | reisen. |
| | Würdest | du bitte | | den Brief | unterschreiben? |
| Er/Sie | würde | alles für mich | | | tun. |
| Wir | würden | Ihnen | | eine Rechnung | schicken. |
| Ihr | würdet | uns | | | abholen? Das wäre nett. |
| | Würden | Sie mir | | bitte den Weg | zeigen? |

Diese Form verwendet man, wenn Präteritum und Konjunktiv II formal identisch sind:
Er machte (Prät.) → Er würde . . . machen

# Übungen

## 1 Reisen mit Hindernissen: Spielen Sie folgende Szene am Flughafen.

> Sie sind Geschäftsfrau. Ihr schwarzer Koffer ist nicht angekommen. Sie haben noch einen wichtigen Termin am selben Tag. Sie wohnen im Hotel. Sie wollen, dass man den Koffer bis zum nächsten Morgen ins Hotel bringt.

> Sie sind Angestellte am Flughafen. Sie stellen fest, dass das Gepäck der Dame nach New York geflogen ist. Es kommt frühestens in zwei Tagen an. Beruhigen Sie die Dame.

## 2 Bevor Boris Korolenko zum Hotel fährt, ruft er noch einmal am Flughafen an.

Ergänzen Sie den Dialog sinngemäß und spielen Sie ihn dann.

→ Flughafenpersonal:  Flughafen Stuttgart, Gepäckermittlung. Guten Tag.

→ Korolenko:  _____ Ich wollte fragen, _____

→ Flughafenpersonal:  Wie war Ihr Name?

→ Korolenko:  _____

→ Flughafenpersonal:  Mit welchem Flug sind Sie gekommen?

→ Korolenko:  _____

→ Flughafenpersonal:  Über Frankfurt?

→ Korolenko:  _____

→ Flughafenpersonal:  Was für ein Gepäckstück war das?

→ Korolenko:  _____

→ Flughafenpersonal:  Ja, Ihr Gepäck ist angekommen.

→ Korolenko:  _____

→ Flughafenpersonal:  Tut mir Leid. Heute können wir es nicht mehr zustellen. Aber morgen früh. Wo sind Sie in Stuttgart zu erreichen?

→ Korolenko:  _____

→ Flughafenpersonal:  Zwischen 8 und 9 Uhr. Sind Sie da noch im Hotel?

→ Korolenko:  _____

→ Flughafenpersonal:  Gut. Nein, später als 9.30 Uhr wird es nicht. Entschuldigen Sie noch einmal das Versehen.

→ Korolenko:  _____

→ Flughafenpersonal:  Auf Wiederhören.

## 3 Bilden Sie verschiedene Gruppen.

Überlegen Sie sich, was auf Reisen alles „schief gehen" kann. Was machen Sie in einer solchen Situation?

| mit dem Auto | mit dem Zug | mit dem Flugzeug | im Hotel |
|---|---|---|---|
| IM STAU STEHEN | DER ZUG HAT VERSPÄ- | DAS FLUGZEUG VERPAS- | DAS ZIMMER IST SCHMUT- |
| STREIK AN DER GRENZE | TUNG ... | SEN | ZIG |
|  |  |  |  |
|  |  |  |  |
|  |  |  |  |
|  |  |  |  |

## 4 Schreiben Sie eine Postkarte für Herrn Korolenko an deutsche Freunde.

Er berichtet über seine Erlebnisse (vermisstes Gepäck, Gespräch am Flugschalter, Fahrt zum Hotel, Einkauf, Telefonanruf etc.)

STUTTGART, DEN 27.5.20..

LIEBER MICHAEL, LIEBE URSULA,

STELLT EUCH VOR, WAS MIR GESTERN PASSIERT IST ...

... ZUM GLÜCK HAT MIR EIN KURIER HEUTE MORGEN DAS GEPÄCK INS HOTEL GEBRACHT. ...

HOFFENTLICH BIS BALD.

HERZLICHE GRÜSSE

EUER BORIS

## 5 Etwas ist schief gegangen.

Suchen Sie sich aus der Tabelle in Übung 3 einen Zwischenfall aus. Rufen Sie Ihre(n) deutsche(n) Geschäftspartner(in) an, erklären Sie, was passiert ist und bitten Sie ihn/sie, den Geschäftstermin zu verschieben.

## 6 Die deutsche Wirtschaftszeitschrift „Wirtschaftswoche" hat eine Rubrik Manager & Reisen.

Lesen Sie die Zuschrift eines Lesers über seine Erfahrungen mit einer Flugreise. Notieren Sie am Rand die Unannehmlichkeiten, die der Fluggast auf seinem Flug von Deutschland nach Japan beklagt.

„... Der Flug Frankfurt-Osaka verzögerte sich beim Umsteigen in Kopenhagen um vier Stunden. In dieser Zeit gab es weder eine Betreuung noch Informationen über den neuen Abflugtermin. Als wir in die Maschine konnten, war sie schmutzig.
Auch der Rückflug eine Woche später startete mit zwei Stunden Verspätung.
Man hatte die Maschine sicher nicht geputzt, da mein Sitz mit Krümeln übersät war. Wegen der Verspätung wurden wir bereits vor der Landung ermahnt, sofort zum Gate zu eilen, um den Anschlussflug nach Frankfurt noch zu erreichen. Schweißgebadet stiegen wir in das Flugzeug. Das aber startete nicht, da eine andere Reisegruppe langsam zum Flieger gebracht wurde. In Frankfurt mussten wir feststellen, dass man unser Gepäck auf das falsche Transportband gelegt hatte. Erst nach langem Suchen tauchte es wieder auf."
Uwe Hannig, Lampertheim

UMSTEIGEN IN KOPENHAGEN:

4 STUNDEN VERSPÄTUNG:

RÜCKFLUG:

GEPÄCK:

## 7   Stellen Sie mit den Wörtern aus dem Artikel das Wortfeld „Flug" zusammen:

| | | |
|---|---|---|
| Abflug (der) | ✈ | Ankunft (die) |
| Start, -s (der) | Flugzeug, -e (das) | _____ |
| starten | _____ | landen |
| | Flieger (der) | |
| Gepäck, Ø (das) | aufgeben | das Flugzeug nehmen |
| | abholen | ins Flugzeug _____ |

Warum kommt es bei Flügen, bei Bahnreisen immer häufiger zu Verspätungen und Zwischen-fällen? Diskutieren Sie.

Übernehmen Sie die Rolle von Herrn Korolenko. Schreiben Sie einen Leserbrief an die „Wirt-schaftswoche".

## 8   Sie haben in Hamburg geschäftlich zu tun.

Die Besprechung dauert bis 21.00 Uhr. Sie müssen aber am nächsten Tag in München sein. Sie werden dort um 8.00 Uhr zu einem wichtigen Termin erwartet. Welche Reisemöglichkeit haben Sie?

### Flugkalender Hamburg – München

Von: **HAM - Hamburg**
Nach: **MUC - München - Franz Josef Strauss**

13. August ist ein Freitag.
Zur besseren Übersicht zeigen wir Ihnen den Flugplan über 7 Tage zwischen dem 10. August 1999 und 16. August 1999.

| Abflug | Ankunft | Di 10 | Mi 11 | Do 12 | Fr 13 | Sa 14 | So 15 | Mo 16 | Flugnummer | Stops | Umsteigeort |
|---|---|---|---|---|---|---|---|---|---|---|---|
| 16:45 | 18:00 | ✈ | ✈ | ✈ | ✈ | ✈ | ✈ | ✈ | LH824 | 0 | |
| 17:30 | 18:45 | | | | ✈ | ✈ | ✈ | ✈ | LH840 | 0 | |
| 19:35 | 20:50 | ✈ | ✈ | ✈ | ✈ | | ✈ | ✈ | LH832 | 0 | |
| 20:45 | 22:00 | ✈ | ✈ | ✈ | ✈ | | ✈ | ✈ | LH834 | 0 | |
| 06:30 | 09:05 | ✈ | ✈ | | | | | ✈ | LH1428/LH876 | 1 | Düsseldorf (DE)* |
| 06:55 | 09:45 | ✈ | ✈ | ✈ | ✈ | | | ✈ | LH1472/LH846 | 1 | Düsseldorf (DE)* |
| 07:00 | 09:40 | ✈ | ✈ | ✈ | ✈ | | | ✈ | LH1444/LH812 | 1 | Köln (DE)* |
| 07:00 | 09:45 | ✈ | ✈ | ✈ | | | | | LH1444/LH9383 | 1 | Köln (DE)* |

Lufthansa Reservierungsservice
Hamburg
Tel. 0 40/35 92 55
http://www.lufthansa.com

### Intercity Night (ICN)

Intercity Night (ICN)

**Leistung**
**die schnelle, erstklassige Nachtverbindung mit Ho-telkomfort zwischen München-Berlin, Bonn-Berlin und Hamburg-München. Mit Autotransportwagen. Abends abfahren, frühmorgens ausgeruht ankom-men.**
**Der InterCityNight steht jeweils ca. 1 Stunde vor der Abfahrt und nach der Ankunft auf dem Bahnhof bereit.**
**Zielgruppe**
Reisende, die keinen Arbeitstag verlieren wollen und vor Ort mit dem eigenen Auto mobil sein möchten.
**Kategorien**
**Der InterCityNight hat drei Kategorien**
*ComfortSchlafwagen*
*Übernachtung im Abteil mit 2 Betten, eigener Duschkabi-ne mit Toilette, buchbar entweder als Single (1. Klasse) oder als Double (2. Klasse).*
*ComfortLiegewagen*
*Übernachtung auf bequemen Liegen.*
*ComfortSitzwagen*
*Übernachtung auf ergonomisch geformten, verstellbaren Sesseln mit Fußstütze.*

Deutsche Bahn AG
Hamburg
Tel. 0 40/1 94 19
http://www.bahn.de

### Verbindungen - Übersicht

| | Bahnhof | Datum | | Zeit | Umst. | Dauer |
|---|---|---|---|---|---|---|
| ☑ | Hamburg Hbf | 09.08.99 | ab | 20:40 | 1 | 09:38 |
| | München Hbf | | an | 06:18 | | |
| ☑ | Hamburg Hbf | 09.08.99 | ab | 22:03 | 0 | 09:01 |
| | München Hbf | | an | 07:04 | | |
| ☑ | Hamburg Hbf | 09.08.99 | ab | 22:14 | 1 | 08:50 |
| | München Hbf | | an | 07:04 | | |

Rufen Sie bei der Lufthansa/bei der Bahn an. Reservieren Sie einen Flug/einen Platz im Intercity. Erkundigen Sie sich nach dem Preis, nach Ermäßigungen (z. B. mit der BahnCard) bzw. Zu-schlägen (für den Intercity).

Hier ist ein Ausschnitt aus dem Flugplan von Stuttgart. Erkundigen Sie sich am Schalter nach den Abflugzeiten, dem Check-In, dem Gate/Tor.
Formulieren Sie höfliche Fragen und spielen Sie kleine Dialoge.

| Frq | Dep | Arr | Flight |
|---|---|---|---|
| **Stuttgart** | | | |
| → | **Ho Chi Minh City** | | |
| 14 | 1840 | -1755+ | 397FRA/772 |
| → | **Hof** HOQ | | |
| ✗ e67 | 0710 | -1000 | 391FRA/EW101 |
| ✗ e67 | 1840 | -2205 | 397FRA/EW107 |
| → | **Hong Kong** HKG | | |
| ✗ | 1445 | -1055+ | 395FRA/730 |

| Frq | Dep | Arr | Flight |
|---|---|---|---|
| → | **Houston** IAH | | |
| ✗ | 0710 | -1535 | 391FRA/436n) 31Mar-06Apr |
| ✗ | 0710 | -1535 | 391FRA/436n) 01Jun-30.Jun |
| 37 | 1100 | -1931 | 393FRA/418n) WAS/6404(UA) |
| → | **Ibiza** IBZ | | |
| ✗ | 0600 | -0800 | DE4686 02Mai-30Jun |
| ✗ | 1645 | -1855 | DE4796 02Mai-30Jun |

| Frq | Dep | Arr | Flight |
|---|---|---|---|
| → | **Istanbul** IST | | |
| ✗ | 0710 | -1245 | 391FRA/3804 |
| ✗ e67 | 0800 | -1350 | 1233DUS/3824 |
| ✗ | 1100 | -1715 | 393FRA/3816 |
| ✗ | 1810 | -2359 | 397FRA/3818 |
| → | **Izmir** ADM | | |
| ✗ | 0710 | -1425 | 391FRA/3806 |

| Frq | Dep | Arr | Flight |
|---|---|---|---|
| → | **Jerez de la Frontera** XRY | | |
| 5 | 1645 | -1935 | DE5666 |
| → | **Jersey** JER | | |
| 6 | 1445 | -1915 | 395FRA/4028n) |
| → | **Johannesburg** JNB | | |
| 7 | 1810 | -0810+ | 397FRA/574 |
| ✗ e7 | 1840 | -0810+ | 397FRA/LH[V] |

Sie suchen:

- einen Taxistand
- die Toiletten
- eine Telefonzelle
- einen Zeitungskiosk

- die Gepäckausgabe
- einen Stadtplan
- einen Bankomaten
- einen Fahrplan der Deutschen Bahn AG

*Könnten/Würden Sie mir bitte sagen, wo ...?*
*Wissen Sie, wo ...?*

10 | **Sie sind Mitarbeiter/in in einem deutsch-spanischen Unternehmen in Madrid.**

Ihr Unternehmen erwartet den Besuch einer deutschen Geschäftspartnerin:
Frau Sibylle Jakob, Firma SAP, D-69190 Walldorf bei Heidelberg.

Ihre Chefin hat Sie mit der Organisation beauftragt.

> Besuchstermin: 2.6.–4.6.199 ...
> Flug:            LH 4812 (Frankfurt – Madrid)
>                   Abflug: 9.25 Uhr     Ankunft: 11.55 Uhr
> Hotel:         El Prado (siehe Stadtplan)
> Transfer:    Taxi
> Termine:     2.6. gemeinsames Abendessen mit der Direktion
>                 21.00 Uhr Restaurant „La Mancha"
>                 3.6. Schulung, 9.00–13.00 Uhr, 15.00–18.00 Uhr

Schreiben Sie einen Brief an Frau Jakob. Verwenden Sie dabei folgende Textbausteine:

> Sehr geehrte ...,
> wir freuen uns, Ihnen mitteilen zu können, dass die geplante Schulung ... stattfinden kann.
> Für Ihren Besuch in Madrid haben wir für Sie folgendes Programm vorgesehen: ...
> Falls Sie noch Fragen dazu haben sollten, so erreichen Sie mich unter der folgenden Telefonnummer:
> Wir wünschen Ihnen eine angenehme Anreise ...

## 11 „Frustriert aus dem Urlaub" – Erzählen Sie die Geschichte.

So könnte die Geschichte beginnen:

1. „Das ist ja eine Superfrau", dachte Matthias H. und blickte zu der Blondine, die ihm schräg gegenüber an der Strandbar saß und einen Campari trank. „Vielleicht frage ich Sie mal, ob sie heute Abend mit mir in die Disko geht", überlegt er noch, als ...
2. „Ein bisschen schüchtern, aber nett, der Typ", sagte sich Elvira R. ...
3. „Sind wir uns nicht im Urlaub begegnet?" eröffnete Elvira R., die Personalchefin von H & Co, das Bewerbungsgespräch. ...
4. „O je, die kennst du doch", sagte sich Matthias H. und begrüßte die Personalchefin von H & Co.

## 12 Im Bekleidungsgeschäft

Ergänzen Sie die Sätze: Wer will was wissen?

1. Die Verkäuferin will wissen, was der Kunde wünscht.
2. Sie fragt ihn, _____ er den Anzug _____ möchte.
3. Sie möchte wissen, _____ Farbe er das Hemd wünscht.
4. Damit das Hemd passt, muss sie auch wissen, _____ das Hemd sein soll.
5. Boris Korolenko ist sich nicht sicher, _____ die Größen _____ .
6. Die Verkäuferin fragt ihn auch, _____ sportliches oder elegantes Hemd sein _____ .
7. Ganz entsetzt fragt sie ihn, _____ er sein Gepäck _____ .
8. Sie erkundigt sich, _____ Krawatte _____ .
9. Am Ende möchte sie noch wissen, _____ Wunsch _____ .
10. Boris Korolenko fragt nach, _____ zahlen _____ .

## 13 Was ziehe ich an?

Sie werden von Ihrem Geschäftspartner und seiner Familie in sein Wochenendhaus eingeladen, haben aber keine Jacke dabei. Sehen Sie sich den Prospekt an. Suchen Sie sich einen Mantel bzw. eine Jacke aus. Spielen Sie den Dialog im Geschäft.

die Jacke    das Material:
der Mantel    aus Baumwolle
der Blouson    aus Leinen
der Kragen    aus ...
der Ärmel
die Kapuze

## 14 Ein Kaufmann berichtet aus China.

Für den Reisenden ist China das sicherste und angenehmste Land, das man sich denken kann. Ganz allein kann man eine Wegstrecke von sieben Monaten zurücklegen und ohne Risiken einen großen Geldbetrag mit sich führen. Nach dem Gesetz gibt es an jeder Station des Reichs ein Gasthaus. Es wird von einem staatlichen Verwalter geleitet. Dieser verfügt über eine Anzahl von Reitern und Fußgängern, die dort ihr Standquartier haben. Nach Sonnenuntergang oder bei Dunkelheit kommt der Verwalter mit seinem Schreiber in das Gasthaus, notiert die Namen aller Übernachtungsgäste, versiegelt seine Liste und verschließt hinter den Reisenden die Türen. Nach Tagesanbruch erscheint er wieder mit seinem Schreiber, ruft alle Gäste bei ihrem Namen auf, vergleicht sie mit seiner Liste und verfasst darüber ein Protokoll.

Mit den Reisenden schickt er dann einen seiner Leute, der sie bis zur nächsten Station begleitet. Von deren Verwalter bringt er anschließend eine Nachricht zurück, aus der hervorgeht, dass die Reisenden wohlbehalten eingetroffen sind. Andernfalls würde er nämlich zur Verantwortung gezogen. So sind die Verhältnisse auf allen Stationen des Reichs von Sin as-Sin bis Chan Balik (Peking). In diesen Gasthäusern ist alles vorhanden, was der Reisende an Verpflegung braucht, besonders Hühner und Gänse. Hammel findet man jedoch in China nur selten.

**Worterklärungen:**
versiegeln: mit einem Siegel verschließen; die Verpflegung, jdn verpflegen: jemandem etwas zu essen geben; das Huhn, die Gans: Geflügel; der Hammel: männliches Schaf

Geben Sie dem Text eine Überschrift.
Aus welcher Zeit könnte der Text stammen?
Welcher Kultur bzw. Religionsgemeinschaft könnte der Schreiber angehören?
Wie reiste man früher in Ihrem Land?

# 8 — Das Firmenjubiläum

**In diesem Kapitel finden Sie folgende Themen:**

A: Vorbereitung eines Firmenjubiläums, B: Interview mit einem Vertreter der Firma Trumpf,
C: Firmenjubiläum – Präsentation der Produktionsanlagen, D: Firmengründungen

## A — Vorbereitung eines Firmenjubiläums

### A 1 Wenn Sie in einer Firma arbeiten, dann stellen Sie sie vor.

- Seit wann existiert sie?
- Wer hat die Firma gegründet? Wo?
- Wie viele Beschäftigte hatte die Firma damals? Und heute?
- Was hat die Firma zuerst produziert? Was produziert sie heute?
- Wie hat sich die Firma im Laufe der Zeit verändert?

### A 2 Hat Ihre Firma schon ein wichtiges Jubiläum gefeiert? Wenn ja, erzählen Sie davon.

Stellen Sie sich vor, Sie und eine Gruppe von Mitarbeitern aus der Marketingabteilung sollen ein Firmenjubiläum vorbereiten. Bilden Sie Gruppen.

Ordnen Sie die Verben den Programmpunkten zu.

*halten – organisieren – durchführen – zeigen – einladen – verschicken – verfassen – unterbringen – festlegen – bestellen – kalkulieren – entwerfen – schreiben – geben – herausgeben*

1. Programm (Betriebsbesichtigung, Empfang, Vortrag/Reden etc.)
2. Gäste (welche Gäste?/Anzahl, aus dem Ausland/Inland, Unterkunft/Hotelzimmer, Kosten etc.)
3. Redner (Wer spricht worüber?/Thema)
4. Belegschaft/Mitarbeiter
5. Fest (Ort, Zeit, Essen/Trinken, Musik etc.)
6. PR-Material (Broschüre, Pressemitteilung etc.)
7. Ausstellung
8. Kosten

*ein Programm entwerfen, Gäste einladen, einen Vortrag halten, . . .*

● **Delegieren Sie nun die einzelnen Aufgaben: Wer soll/muss/kann etwas machen?**

| Wer? | | Was? | |
|------|------|------|------|
| Die Marketing-Leiterin | soll | das Programm | entwerfen. |
| Die Sekretärin | muss | die Einladungen | schreiben. |
| Der Praktikant | | | |
| Der Sachbearbeiter | | | |

● **Diskutieren Sie auch, was Sie auf keinen Fall machen wollen oder können.**

*Die Firma kann nicht alle Kunden einladen . . .*

G1,2 Seite 174
G3 Seite 175

A 3 **Entwerfen Sie nun ein Programm für das Firmenjubiläum.**

Schreiben Sie die Einladungen an die Gäste. Verwenden Sie dabei die folgenden Redemittel.

Firmenjubiläum der Fa. _____

am _____ in _____

Programm:

_____Uhr _____

_____

_____

_____

_____

_____

REDEMITTEL **Einladung**

> Einladung zu unserem Firmenjubiliäum am . . . in . . .
>
> Sehr geehrte Damen und Herren,
> Sehr geehrte Frau . . ., sehr geehrter Herr . . .,
>
> aus Anlass unseres 50-jährigen Firmenjubiläums möchten wir Sie recht herzlich zu einer kleinen
> Feier am . . . in . . . einladen.
> Wir freuen uns, Sie zu . . . einladen zu dürfen.
>
> Wir würden uns über Ihre Zusage freuen.
> Wir würden uns freuen, wenn wir Sie bei uns begrüßen dürften.
>
> Auf Ihr Kommen freut sich/freuen sich . . .
> Mit freundlichen Grüßen

Ü1,2 Seite 176
Ü9 Seite 181
Ü10 Seite 182

## B — Interview mit einem Vertreter der Firma Trumpf

B 1 **Präsentation der Trumpf GmbH + Co**

Hören Sie das Interview mit Friedemann Schweizer.
Notieren Sie zuerst nur die Themen.

1. _____

_____

2. _____

_____

3. _____

_____

● **Beantworten Sie anschließend die Fragen.**

Wann wurde die Fa. Trumpf gegründet? _____

In welcher Branche ist die Fa. Trumpf tätig? _____

Die Fa. Trumpf produziert . . . Kreuzen Sie an.

○ Maschinen, mit denen Baumaterialien hergestellt werden können.

○ Maschinen, mit denen Papier hergestellt werden kann.

○ Maschinen, mit denen Metalle bearbeitet werden können.

Friedemann Schweizer nennt vor allem zwei Technologien, mit denen das Unternehmen das größte Geschäft macht.

Hochleistungs_____ und _____zentren. Damit

kann man Bleche _____ und nibbeln (= schneiden).

In welchen Bereichen finden die Maschinen von Trumpf Anwendungen?

○ Textilindustrie                              ○ Automobilindustrie

○ Herstellung von Designmöbeln        ○ Lebensmittelindustrie

○ Chemische Industrie                      ○ Elektroindustrie

○ Flugzeugindustrie                          ○ Herstellung von Küchenmöbeln

○ Papierherstellung

Er spricht auch über die Krise im Werkzeugmaschinenbau.
Was hat man bei Trumpf Ende der 80er Jahre gegen die Krise gemacht?

○ Man hat die Produktion ins Ausland verlagert.

○ Man hat nichts mehr investiert.

○ Man hat frühzeitig reagiert.

○ Man hat die Produktion umgestellt.

Der Werkzeugmaschinenbau in Deutschland

○ hat keine Chance gegen die Konkurrenz.

○ muss sich gegen die Konkurrenz behaupten.

○ ist stärker als die Konkurrenz.

Wo sieht Friedemann Schweizer die größte Konkurrenz für die deutschen Hersteller?

_____

_____

„Ausrüstungsindustrie" – Was bedeutet das?

○ die Industrie stellt die Endprodukte her.

○ Diese Industrie arbeitet im Dienstleistungssektor.

○ Diese Industrie arbeitet für die Hersteller von Endprodukten. Diese Produzenten sind auf diese Industrie angewiesen.

Welche Konsequenzen hat es, wenn sich der deutsche Werkzeugmaschinenbau nicht gegen die Konkurrenz halten kann? Notieren Sie ein oder zwei Stichworte.

_____

_____

## C 1 Boris Korolenko hört eine Rede.

Boris Korolenko hat sich von seiner Aufregung am letzten Tag erholt. Der Koffer wurde ihm am Morgen ins Hotel gebracht. Seine Kopf- und Magenschmerzen haben sich gebessert.
Am Vormittag hat er bereits mit einem Ingenieur über ein Verfahren gesprochen. Jetzt am Nachmittag nimmt er an der Feier teil und hört der Rede des Geschäftsführers Dr. Seibold zu.

„ ... und jetzt meine Damen und Herren, liebe Gäste, freue ich mich, Ihnen im Rahmen unseres Firmenjubiläums unsere neuen Produktionsanlagen vorstellen zu dürfen. Wie Sie alle wissen, haben Mut zur Innovation und das Bestreben nach Qualitätssicherung in unserem Hause eine lange Tradition. So haben wir in den letzten Jahren die Investitionen im Bereich Forschung und Entwicklung wieder erhöht und die Organisationsstruktur unseres Unternehmens verändert und effektiver gestaltet ...

Darf ich Sie nun, meine Damen und Herren, zu einem Rundgang durch unsere Produktionsanlagen bitten. Wir möchten Ihnen so einen Einblick in unsere neuen Produkte und Technologien geben ...“

● **Beantworten Sie die folgenden Fragen.**

Welche Prioritäten setzt die Fa. Stahl?

_____

Wie hat die Fa. Stahl diese Ziele realisiert?

_____

_____

## C 2 Präsentation der Produktionsanlagen: Hören Sie die Einführung und ordnen Sie die Bilder zu.

„Meine Damen und Herren, wenn ich mich kurz vorstellen darf: Mein Name ist Volker Schönlein, und ich bin der Leiter der Produktionsabteilung. Wie Ihnen Herr Dr. Seibold gesagt hat, möchte ich Ihnen auf diesem Rundgang unsere neuen Produktionsanlagen vorführen. Schwerpunkte unserer technologischen Forschungsarbeit sind, wie Sie sicher wissen, die Stanz- und Umformtechnik, die Laser- und Systemtechnik sowie die Wasserstrahltechnik und neuartige Elektrowerkzeuge ...“

Welche Fotos passen wohl zu welcher Technik?

1_____ 2_____ 3_____ 4_____

167

C 3  **In dem folgenden Vortrag hören Sie u. a. folgende Verben.**

Wie heißen sie in Ihrer Muttersprache?

Schlagen Sie die Begriffe in einem zweisprachigen Wörterbuch nach.

Ordnen Sie sie den Substantiven zu.

> *schneiden – bohren – biegen – behandeln – bearbeiten – stanzen – umformen – schweißen –*
> *fräsen – legieren – beschichten*

| eine Oberfläche | BEHANDELN | Glas, Kunststoff | _____ |
| | _____ | | _____ |
| ein Blech | _____ | ein Loch | _____ |
| | _____ | | _____ |
| | _____ | | _____ |
| ein Metall | _____ | | _____ |
| | _____ | | _____ |

> Ingenieur:
> Darf ich Ihnen unsere neuen
> Blechbearbeitungszentren vorstellen?
> Diese Maschine hier ist ein Beispiel für
> eine hoch entwickelte Stanztechnologie ...

C 4  **Hören Sie den Vortrag einmal ganz.**

Boris Korolenko hat sich Notizen gemacht. Er möchte später noch Fragen zu den einzelnen Maschinen und Verfahren stellen.

| Bild | Maschine | Funktion/Einsatz | Vorteile |
|------|----------|------------------|----------|
| NR. 3 | STANZMASCHINE | BLECHE STANZEN | |
| | | | |
| | | | |
| | | | |

● **Wenn Sie Experte sind, was halten Sie vom Einsatz von Lasern bzw. der Wasserkraft bei der Blechbearbeitung?**

**Worterklärungen:**
die Rüstzeit: die Zeit, die man zur Vorbereitung einer bestimmten Arbeit braucht; der Stanzkopf: oberer, beweglicher Teil einer Stanzmaschine; die Wasserstrahltechnik: die Bleche werden mithilfe des Wassers geschnitten

Neben Herrn Korolenko hat während der Festreden eine junge Frau gesessen. Verena Schiller ist Sachbearbeiterin für den Vertrieb im Ausland und hat Boris Korolenko eingeladen. Sie machen zusammen die Führung durch die Produktionsanlagen mit. Nach dem Vortrag klärt Verena Schiller mit Herrn Korolenko noch einige Details.

Setzen Sie die Verbformen ein und spielen Sie den Dialog. Vergleichen Sie dann mit dem Hörtext.

gedreht
geschnitten
eingesetzt
umgestellt
geschweißt          + werden
verkürzt
gestanzt
produziert
behandelt

Oberflächen
Stanzkopf
Blechbearbeitungszentren
Bearbeitungszeiten (2x)

→ Korolenko: Frau Schiller, ich wollte mich noch einmal für die Einladung zum Jubiläum bedanken.

→ Schiller: Das war doch selbstverständlich. Wir wissen, was wir unseren Kunden schuldig sind.

→ Korolenko: Wir sind ja eigentlich noch keine Kunden, nur Interessenten.

→ Schiller: Trotzdem. Bei uns sagt man: Was noch nicht ist, kann ja noch werden.

→ Korolenko: Was heißt denn das?

→ Schiller: Das bedeutet: Vielleicht werden Sie noch Kunde von Stahl. Wer weiß?

→ Korolenko: Ja, vielleicht. Wir wollen unsere Produktion umstellen . . .

→ Schiller: So, was _____ denn in Ihrem Unternehmen _____?

→ Korolenko: Telefonhäuschen. Und jetzt soll die Produktion von Handarbeit auf maschinelle Fertigung _____. Die eine oder andere Maschine könnte für unsere neue Produktion interessant sein, z. B. diese Blechbe . . .

→ Schiller: _____.

→ Korolenko: Ja, danke. Damit können doch Bleche und Metalle _____ und _____.

→ Schiller: Stimmt, auf diese Art und Weise spart man eine Menge Zeit. Denken Sie auch an die _____zeiten.

→ Korolenko: Ja, richtig. Wenn die Maschinen so schnell arbeiten, dann _____ die _____zeiten enorm _____.

→ Schiller: Was halten Sie eigentlich von dem „intelligenten _____"?

→ Korolenko: Das habe ich, ehrlich gesagt, nicht ganz verstanden.

→ Schiller: Damit können Werkzeuge in jede beliebige Winkellage _____. Apropos, _____ in Ihrem Unternehmen auch Laser _____?

→ Korolenko: Nein, noch nicht. Wenn ich richtig verstanden habe, können damit Bleche berührungslos _____ oder OBERFLÄCHEN _____.

→ Schiller: So, jetzt habe ich aber Hunger. Wie wär's, gehen wir zum kalten Buffet?

→ Korolenko: Sehr gute Idee. Ich hatte gestern sehr viel Ärger.

→ Schiller: Warum?

→ Korolenko: Das erzähle ich Ihnen gleich . . .

● **Boris Korolenko hat bei der Führung durch die Produktionsanlagen nicht alles verstanden. Er fragt des öfteren nach.**

Notieren Sie die Redemittel. Sammeln Sie noch weitere Ausdrücke.

G1,2 | Seite 174
G3,4 | Seite 175

> Was heißt denn das?/Das habe ich gerade nicht verstanden.
> Könnten Sie mir das bitte noch einmal erklären?
>
> _____
>
> _____
>
> Wenn ich Sie richtig verstanden habe, wollten Sie damit sagen, dass ...
> Ich glaube, Sie wollten damit sagen, dass ...
> Wollten Sie damit sagen, dass ...?
> Ich bin nicht sicher, ob ich Sie richtig verstanden habe, aber meinen Sie damit, dass ...?
>
> _____
>
> _____

Ü3 | Seite 177
Ü4 | Seite 178

C 6 **Worüber unterhalten sich die Leute bei einem Firmenjubiläum?**

Betrachten Sie die Personen auf den Bildern.

Überlegen Sie sich Ausdrücke zu verschiedenen Themen:
– das Wetter
– die Gestaltung der Feier
– Personen auf dem Fest

_____

_____

_____

_____

Ü5,6 | Seite 178

C 7 **Wie Sie gesehen haben, gibt es auf dem Fest auch Darbietungen für Kinder.**

„Tage der offenen Tür", „Produkttage", „Familientage". Viele Unternehmen öffnen ihre Produktionsanlagen für die Öffentlichkeit, für Kunden, Mitarbeiter und ihre Familien. Was sagen solche Initiativen über die „Kultur" eines Unternehmens aus? Welche Auswirkungen haben sie auf das Betriebsklima?

> *sich mit der Firma identifizieren – die Firma besser kennen lernen – das Image der Firma verbessern – mitarbeiterfreundlich sein . . .*

→ *Dadurch will die Firma ihr Image verbessern.*
→ *Dadurch soll das Image der Firma verbessert werden.*

Ü7 Seite 179
Ü8 Seite 180

# D — Firmengründungen

D 1 **Was ist Ihrer Meinung nach bei einer Existenzgründung wichtig?**

|  | sehr wichtig (++) | relativ wichtig (+) | unwichtig (0) |
|---|---|---|---|
| 1. eine gute Idee |  |  |  |
| 2. Mut zum Risiko |  |  |  |
| 3. ein hohes Startkapital |  |  |  |
| 4. eine gute Ausbildung |  |  |  |
| 5. Durchsetzungswille |  |  |  |
| 6. Fleiß |  |  |  |
| 7. Flexibilität |  |  |  |
| 8. kaufmännische Kenntnisse |  |  |  |
| 9. Wunsch, viel Geld zu verdienen |  |  |  |
| 10. Beziehungen |  |  |  |
| 11. Branchenkenntnisse |  |  |  |

D 2 **Lesen Sie den Text über die „Nachwuchsunternehmerin des Jahres 1997".**

**Mensch, sagt sie, wer 'ne Idee hat, soll sie sich bloß nicht kaputtreden lassen. Und sich auch von Hiobsbotschaften nicht abschrecken lassen.** O-Ton Sabin Bergmann, jüngstes Vorbild für jeden, der den Schritt in die Selbstständigkeit wagen will. Der Verband deutscher Unternehmerinnen (VdU) hat die 29-jährige soeben zur Nachwuchs- Unternehmerin des Jahres 1997 im Bereich Dienstleistungen gewählt: „Uns hat vor allem ihr Durchsetzungswille und Fleiß überzeugt." Sabin Bergmann. Industriekauffrau, Angestellte. Verkauft Hifi-Geräte, nimmt Reklamationen entgegen. Baut eine Telefonmarketing-Abteilung auf. Klar doch! Im Erfolg ihrer Arbeit sonnt sich der Betrieb. „Ich wollte aus den Mühlen einer großen Firma raus." Und noch etwas passt ihr nicht: „Computer, die um 18 Uhr ausgehen, weil der Betriebsrat das so will." Ob ein Acht-, Zehn- oder 12-Stunden-Tag, für Sabin Bergmann gibt's nur ein Kriterium: „Arbeit muss Spaß machen." Sie beschließt: „Ich spring ins kalte Wasser." Ein Telefon. Viel Freundlichkeit. Eine vage Idee. Sie sucht Rat bei den Experten von „Senioren helfen jungen Unternehmern". Drei Dinge lernt sie gleich im ersten Gespräch: Sie muss ihr Ziel klar und deutlich formulieren, keine Angst vor Investitionen sprich Schulden haben, professionell die Existenzgründung bis hin zum Geschäftslogo planen. Das Ergebnis im Oktober 1992: Sabin Bergmann gründet die Hamburger Firma „Contelle", bietet Konzernen individuelles Telefontraining der Mitarbeiter an und konzipiert Telefonmarketingstrategien. Zu ihren 40 Großkunden gehören heute Mercedes-Benz, Bofrost, die Bausparkasse Schwäbisch-Hall, DeTe-Medien. Sie wird noch in diesem Sommer „Contelle" im Franchise-System bundesweit anbieten, damit kompetente Trainer in jedem Bundesland zur Verfügung stehen.

**Worterklärungen:**
'ne: eine (Umgangssprache, ugs.); kaputtreden (ugs.): so lange darüber reden, bis nichts mehr von der Idee übrig bleibt; die Hiobsbotschaft, -en : schlechte Nachricht; der O-Ton (ugs.): Originalton; sich im Erfolg sonnen: den Erfolg genießen; aus den Mühlen 'rauswollen (ugs.): mit dem monotonen Leben aufhören; ins kalte Wasser springen: etwas riskieren, wagen

Warum wurde Sabin Bergmann zur „Nachwuchsunternehmerin des Jahres 1997" gewählt?

Warum hat sie sich selbstständig gemacht? Kreuzen Sie an.

- ⭕ Sie wollte nicht mehr in einer großen Firma arbeiten.
- ⭕ Sie wollte nur bis 18 Uhr arbeiten.
- ⭕ Für sie ist Spaß an der Arbeit sehr wichtig.
- ⭕ Sie schwimmt gern.
- ⭕ Sie hat keine Angst vor dem Risiko.

Sie musste verschiedene Dinge lernen. Notieren Sie sie.
Was macht Sabin Bergmann in ihrer Hamburger Firma? Und wer zählt zu ihren Kunden?
Was bedeutet „Franchising"?

> Das Franchising beruht auf einem Vertrag zwischen einem Franchisegeber und einem Franchisenehmer. Aufgrund dieses Vertrages erhält der Franchisenehmer die Lizenz, rechtlich selbstständig Produkte mit dem Markenzeichen des Franchisegebers herzustellen oder zu führen oder zu vertreiben. Dafür zahlt der Franchisenehmer eine Gebühr, die meist von der Umsatzhöhe abhängig ist.

● **Ein bekanntes Beispiel ist der Vertrieb von Coca-Cola. Kennen Sie weitere Beispiele?**

## D 3  Interview mit einem mittelständischen Unternehmer

Firmengründung

Welche Chancen eröffnet sie?        Welche Probleme und Risiken gibt es?

● **Diskutieren Sie in der Gruppe.**

● **Hören Sie das Gespräch mit Werner Kustermann.**

Was stellt die Firma ftm her?
Warum hat sich Werner Kustermann selbstständig gemacht?
Welche Probleme hatte er anfangs?

Job & Karriere • Existenzgründung • Wirtschaft in Zahlen

| | Gründungen und Liquidationen Neue Länder | | | | | |
|---|---|---|---|---|---|---|
| Jahr | 1990 | 1991 | 1992 | 1993 | 1994 | 1995 |
| Gründungen [1] | 111.000 | 140.000 | 96.000 | 79.000 | 74.000 | 76.00 |
| Liquidationen | ... [2] | 11.000 | 24.000 | 41.000 | 44.000 | 49.00 |
| Saldo | | 129.000 | 72.000 | 38.000 | 30.000 | 27.00 |

[1] Tatsächliche Markteintritte, geschätzt auf der Basis der Gewerbeanmeldungen, ERP-Förderanträge.
[2] Berechnung der Liquidationen wegen fehlender statistischer Grundlagen nicht möglich.
[3] Ab 1996 einschließlich West-Berlin.
Quelle: Statistische Landesämter der neuen Bundesländer; Institut für Mittelstandsforschung Bonn/Bundeswirtschaftsministerium.

| | Gründungen und Liquidationen Alte Länder *) | | | | | |
|---|---|---|---|---|---|---|
| Jahr | 1990 | 1991 | 1992 | 1993 | 1994 | 1995 |
| Gründungen [1] | 309.819 | 372.000 | 391.000 | 398.000 | 407.000 | 419.00( |
| Liquidationen | 266.736 | 280.000 | 297.000 | 288.000 | 298.000 | 328.00( |
| Saldo | 43.083 | 92.000 | 94.000 | 110.000 | 109.000 | 91.00( |

*) Hochrechnung auf der Basis der Gewerbeanmeldungen von acht Bundesländern.
[1] Tatsächliche Markteintritte, geschätzt auf der Basis der Gewerbeanmeldungen, ERP-Förderanträge.
[3] Ab 1996 ohne West-Berlin.
Quelle: Institut für Mittelstandsforschung Bonn/Bundeswirtschaftsministerium.

**Lesen Sie den Text über die Rolle der Selbstständigen in der Bundesrepublik.**

**Rund drei Millionen** Frauen und Männer sind zur Zeit in Deutschland beruflich selbstständig, führen kleine und mittlere Unternehmen. Der Mittelstand bildet 80 Prozent aller Lehrlinge aus, hier finden 64 Prozent aller Arbeitnehmer Lohn und Brot. Allein in den neuen Bundesländern wurden seit dem Fall der Mauer knapp 500 000 Existenzgründer gezählt (jeder dritte davon ist eine Frau). Im Schnitt gibt jeder Existenzgründer vier weiteren Menschen Arbeit.

**800 000 Betriebe** werden in Deutschland von Frauen geführt. Sie sind, urteilt die Deutsche Ausgleichsbank (sie versorgt Existenzgründer mit Krediten), oft sogar die besseren Unternehmen. Frauen planen sorgfältiger, geraten seltener in Geldnot. Sie scheitern nur halb so oft wie ihre männlichen Kollegen, die mit ihrer Firma zu stürmisch wachsen wollen.

**Denn:** Energie und Tatendrang allein genügen nicht fürs „Ja" zum Schritt in die Selbstständigkeit. Die Beratung ist A und O auf dem Weg zum Unternehmer. Vor allem, wenn's um Geld geht. Wenn Existenzgründer scheitern (meist im „verflixten" 4. Jahr), waren bei 68,6 Prozent der Pleiten Finanzierungsmängel schuld. Oft gibt's gleich mehrere Ursachen, zum Beispiel auch Informationsdefizite (60 Prozent), ungenügende kaufmännische Kenntnisse (48 Prozent), fehlerhafte Planung (30 Prozent).

**Worterklärungen:**
Lohn und Brot finden: eine Beschäftigung finden; einen Betrieb führen: ein Unternehmen leiten; mit Krediten versorgen: Kredite gewähren; stürmisch wachsen: sehr schnell wachsen; das A und O sein (ugs.): entscheidend sein, sehr wichtig sein; wenn's (ugs.): wenn es; gibt's (ugs.): gibt es

● **Fassen Sie das Thema in jedem Abschnitt in einer Überschrift zusammen.**

1. _____

2. _____

3. _____

● **Frauen und Männer als Existenzgründer. Worin unterscheiden sie sich?**

Weshalb scheitern Existenzgründer? Nennen Sie Beispiele.

*Existenzgründer scheitern,*          *weil man sie schlecht beraten hat.*
                                      *weil sie schlecht beraten worden sind.*
*Sie scheitern wegen (+ Gen.)/aufgrund (+ Gen. oder von + Dat.) schlechter Beratung.*
*Sie sind schlecht beraten worden. Deshalb scheitern sie.*

Suchen Sie andere Ausdrücke:
*in Konkurs gehen, Pleite machen . . .*

# Grammatik

## 1 Aktiv und Passiv

**A**

Volker Schönlein ist Ingenieur und Leiter der Produktionsabteilung. Er hat diese Maschine entwickelt. Im Moment überprüft und kontrolliert er sie.

**B**

Diese Maschine hier ist erst vor kurzem entwickelt worden. Mit ihr können Bleche bearbeitet werden. Diese Maschinen werden vor allem in der Automobilindustrie eingesetzt.

1. **Aktiv** und **Passiv:** Man kann zu allen deutschen Verben **Aktivformen** bilden, aber nicht immer das **Passiv**. Zu diesen Verben gehören die Verben des Habens *bekommen, besitzen, erhalten, haben* und *kennen, wissen u. a.* sowie die Verben *gelten, kosten, umfassen, es gibt*.
2. Im Beispiel A benutzt man das **Aktiv**, weil die **handelnde Person** im Zentrum steht. Wichtig ist, was Volker Schönlein, der Ingenieur, mit der Maschine macht.
3. Im Beispiel B ist es nicht wichtig, wer die Maschine bedient. Man will wissen, wie die Maschine funktioniert, was man mit ihr machen kann. Im Mittelpunkt steht nicht die handelnde Person, sondern der **Vorgang, der Prozess**. Deshalb verwendet man hier das **Passiv**.

## 2 Bildung des Passivs

**Präsens**

| ich | werde | eingeladen |
|---|---|---|
| du | wirst | eingeladen |
| er/sie/es | wird | eingeladen |
| wir | werden | eingeladen |
| ihr | werdet | eingeladen |
| sie/Sie | werden | eingeladen |

werden + Partizip II
im Präsens

**Präteritum**

| ich | wurde | eingeladen |
|---|---|---|
| du | wurdest | eingeladen |
| er/sie/es | wurde | eingeladen |
| wir | wurden | eingeladen |
| ihr | wurdet | eingeladen |
| sie /Sie | wurden | eingeladen |

werden + Partizip II
im Präteritum

**Perfekt**

| ich | bin | zum Firmenjubiläum | eingeladen | worden |
|---|---|---|---|---|
| du | bist | nach Stuttgart | eingeladen | worden |
| er/sie/es | ist | ... | eingeladen | worden |
| wir | sind | ... | eingeladen | worden |
| ihr | seid | ... | eingeladen | worden |
| sie/Sie | sind | ... | eingeladen | worden |

| sein | | + Partizip II | + worden |
|---|---|---|---|

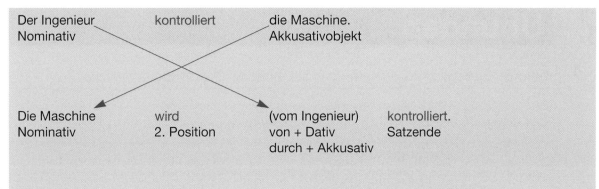

Nur Verben, die ein Akkusativobjekt haben, können ein volles „**werden-Passiv**"
(= Vorgangspassiv) bilden.

Das Akkusativobjekt des Aktivsatzes wird zum Subjekt (= Nominativ) des Passivsatzes.
Beschreibt man einen Vorgang, so ist die handelnde Person nicht immer wichtig. Man muss
sie deshalb nicht angeben, aber man kann sie in den Passivsatz mit „**von + Dativ**" oder
„**durch + Akkusativ**" übernehmen.

Man bildet das Passiv mit dem Hilfsverb „werden" und dem Partizip II. Das Partizip II bleibt
unverändert:

| | | |
|---|---|---|
| *Die Maschine* | *wird* | *kontrolliert.* |
| *Boris Korolenko* | *wird* | *eingeladen.* |
| *Die Briefe* | *werden* | *geschrieben.* |

Im Perfekt wird „**worden**" verwendet: *Er ist eingeladen worden.*
„**Geworden**" verwendet man nur, wenn „werden" als Vollverb benutzt wird. Es hat dann
aktivische Bedeutung: *z. B. Er ist Ingenieur* **geworden**. (*= Er hat studiert und ist jetzt von Beruf
Ingenieur*).

Es gibt aber auch noch eine andere Form des Passivs: das „**sein-Passiv**". Es kann von Verben
mit Akkusativobjekt gebildet werden. Es drückt eine **Handlung** aus, die **abgeschlossen** ist
(= Zustand): *z. B. Das Auto ist repariert (= fertig). Das Geschäft ist geöffnet (= offen). Der
Prozess ist abgeschlossen (= zu Ende).*

**Neutrales Passiv**: Der Satz hat kein Subjekt. Das finite Verb steht in der 3. Person Singular:
*z. B. Ihm wird geholfen. (= Man hilft ihm). Hier wird geraucht. (= Man raucht).*

## 3  Passiv mit Modalverben

| | | | | |
|---|---|---|---|---|
| Die Maschine | kann | zum Schweißen | eingesetzt | werden. |
| Die Laser | können | in der Medizin | verwendet | werden. |
| Metalle | können | damit | geschnitten | werden. |

| | |
|---|---|
| Modalverb (im Präsens oder Präteritum) | Infinitiv Passiv (Partizip II + werden) |

## 4  Passiv im Nebensatz

| | | |
|---|---|---|
| Boris Korolenko fragt, | wann die Firma Stahl | gegründet wurde. |
| Er möchte wissen, | ob die Stanzmaschinen hier | produziert werden. |

| |
|---|
| Satzende<br>Partizip II + werden (= finites Verb) |

| | | |
|---|---|---|
| Er fragt, | ob damit Metalle aller Art | bearbeitet werden können. |

| |
|---|
| Satzende<br>Infinitiv Passiv + finites Verb<br>(Part.II + werden + Modalverb) |

# 8 Übungen

**1** **Nehmen Sie noch einmal Ihre Notizen zur Planung eines Firmenjubiläums.**

Was kann oder muss in Ihrer Firma gemacht werden?
Was ist unmöglich? Was kann auf keinen Fall gemacht werden?

| | Checkliste |
|---|---|
| ✓ | Gäste einladen (nicht mehr als 500!) |
| ✓ | Einladungen schreiben und verschicken (rechtzeitig) |
| ✓ | Hotelzimmer reservieren |
| ✓ | Essen bestellen |
| ✓ | Broschüre drucken |
| ✓ | Getränke besorgen |
| ✓ | die Mitarbeiter einladen |
| ✓ | das Programm erstellen |
| ✓ | die Presse informieren |
| ✓ | _____ |
| ✓ | _____ |

*Nicht mehr als 500 Gäste können eingeladen werden.*
*Das Essen sollte bei der Fa. Krause bestellt werden.*

**2** **In der Marketingabteilung**

Innerhalb der Marketingabteilung, die einen Jubiläumsstab gebildet hat, wird über die Feier noch heftig diskutiert.

Die Marketing-Leiterin fragt ihre Mitarbeiter und Mitarbeiterinnen:
→ *„Frau Sommer, haben Sie die Gäste schon eingeladen?"*
Frau Sommer:
→ *„Ja, Frau Kaiser, sie sind schon eingeladen worden."*
→ *„Nein, sie müssen noch eingeladen werden."*

Spielen Sie weitere Dialoge.

→ eine Wandtafel zur Firmengeschichte aufbauen/gestalten
→ eine Maschine aus der Gründerzeit putzen/instand setzen/aufstellen
→ Blumenschmuck besorgen/das Programm drucken/das Menü bestellen/Getränke besorgen ...

## Hier ist die Geschichte der Fa. Heller. Auch sie wurde zu dem Firmenjubiläum eingeladen.

Schlagen Sie die technischen Begriffe in einem zweisprachigen technischen Wörterbuch nach. Suchen Sie dann die Verben für die Substantive.

| | | | |
|---|---|---|---|
| die Gründung | gründen | die Eröffnung | _____ |
| der Bau | bauen | die Einführung | _____ |
| die Produktion | _____ | die Herstellung | _____ |
| die Steuerung | _____ | | erweitern |

| | |
|---|---|
| 1894 | Gründung durch Ernst und Hermann Heller |
| ab 1900 | Bau von Kaltkreissägemaschinen und Radialbohrmaschinen |
| ab 1930 | Bau von Gewindefräsmaschinen und Portalfräsmaschinen Einführung der hydraulischen Steuerung |
| ab 1940 | Kurbelwellenfräsmaschinen, Bau von Produktionsfräsmaschinen |
| ab 1950 | Bau von Sondermaschinen und Transferstraßen, Produktionsfräsmaschinen, Einführung der 24-Volt-Relaissteuerung |
| ab 1960 | Bearbeitungszentren, Kaltkreissägemaschinen mit Hartmetall-Sägeblättern, Eröffnung Werk II in Nürtingen |
| ab 1970 | HELLER-eigene CNC-Steuerungen uni-Pro, Flexible Fertigungssysteme, Kurbelwellenfräsmaschinen, Nockenwellenfräsmaschinen, Gründung der Werke in England und Brasilien |
| ab 1980 | Einführung der BEA-Zentren, Erweiterung Werk II, Eröffnung des Werkes in Chicago/USA |
| ab 1990 | Einführung der Zentren Baureihen MCP, MCS, MCA, HCS, Flexible System Transferstraßen FST |

Erstes Gebäude, Wörthstraße 15, 1894

Um 1900 baut Heller dieses Kesselhaus.

HELLER Werk II, 1994

Bereiten Sie ein Interview mit dem Firmenvertreter vor. Spielen Sie das Interview.

→ Journalistin: Herr Meier, auch Ihre Firma hat vor kurzem ein Jubiläum gefeiert. Wann **wurde** denn die Firma Heller **gegründet?**

→ Herr Meier: Die Fa. Heller **wurde** 1894 von Ernst und Hermann Heller in Nürtingen **gegründet.**

→ Journalistin: Und was **hat** die Fa. Heller zuerst **produziert?**

→ Herr Meier: Ab 1900 wurden _____ und _____

...

## 4   Bei dem Firmenjubiläum war auch eine Journalistin anwesend.

Sie hat einen Beitrag für eine Verbandszeitschrift geschrieben. Hier ist ihre Beschreibung der neuen Produktionsanlagen. Ergänzen Sie den Text mit den Verben im Passiv. (Präsens und Präteritum)

*behandeln – beeinflussen – drehen – brauchen – führen – verkürzen – schweißen – schneiden – schneiden – zeigen – reduzieren – stanzen – ~~umformen~~*

„Am 24. 5. 20. . . feierte die Fa. Stahl ihr 100. Firmenjubiläum. Dazu waren Gäste aus dem In- und Ausland angereist. Nach dem Festvortrag von Dr. Seibold _____ die Gäste durch die neuen Werkshallen _____. Auf dem Rundgang durch die Produktionsanlagen _____ ihnen die technologischen Neuheiten _____. Beeindruckt zeigten sich die Gäste v.a. von den neuen Technologien: Stanz-und Umformtechnik, Laser- und Systemtechnik sowie Wasserstrahltechnik.

Mit den Stanzmaschinen können Bleche jeder Art _____ und UMGEFORMT WERDEN _____.
Durch den „intelligenten" Stanzkopf, können die Werkzeuge in jede Winkellage _____.
Auf diese Art und Weise _____ weniger Werkzeuge _____, die Vorbereitungs- und Rüstzeiten _____ und die Bearbeitungszeiten _____. Mit Hilfe der neuen Lasermaschinen können die unterschiedlichsten Materialien _____, _____, aber auch Oberflächen _____. Mit den Wasserstrahl-Schneidanlagen können Materialien (Stein, Metalle, Glas etc.) präzise _____, ohne dass die Werkstoffe thermisch _____ _____ . . . ."

## 5   Am kalten Buffet

Nach dem Rundgang durch die Produktionsanlagen hat die Geschäftsleitung zu einem kalten Buffet eingeladen. Wer unterhält sich über welches Thema? Hören Sie die Gesprächsausschnitte.

|  | Wer spricht? | Worüber? |
|---|---|---|
| Nr. 1: | _____ | _____ |
| Nr. 2: | _____ | _____ |
| Nr. 3: | _____ | _____ |
| Nr. 4: | _____ | _____ |
| Nr. 5: | _____ | _____ |

## 6   Small Talk am Buffet: Spielen Sie in der Gruppe die Szenen.

Darf ich Sie fragen, woher Sie kommen?
Darf ich Sie um einen Gefallen bitten . . .?
Wären Sie so freundlich und würden Sie . . . . . . . tun?

Mich würde noch interessieren, . . .
Wie hat Ihnen denn der Vortrag/die Rede gefallen?
Übrigens, was ich Sie fragen wollte, . . .
Natürlich, gern. Keine Ursache.
Ich fand ihn/sie ganz/sehr interessant.
Ich hoffe, Sie hatten eine angenehme Reise . . .

Schön, dass Sie da sind./Schön, dass Sie gekommen sind.
(Es) freut mich, Sie hier zu sehen/Sie hier begrüßen zu dürfen.

Das Wetter ist ja heute traumhaft. Es könnte nicht besser sein:
Sonnenschein, blauer Himmel, keine Wolken . . .

Übrigens, haben Sie schon gehört . . .?
Nein, na so etwas. Das hätte ich nicht gedacht . . . Das gibt's doch nicht.

## Glückwünsche

Herzlichen Glückwunsch zu Ihrem Firmenjubiläum/zu Ihrem Geburtstag . . .
Darf ich Ihnen/dürfen wir Ihnen zu Ihrem Umbau/neuen Technologiezentrum gratulieren?
Kompliment für die neue Produktionsanlage.
Ich gratuliere Ihnen zu Ihrer Beförderung . . .
Ich habe gehört,  dass Sie Nachwuchs bekommen haben . . . Herzlichen Glückwunsch!
                  dass Sie geheiratet haben. Herzlichen Glückwunsch zur Hochzeit!

## Trinksprüche

Im Deutschen gibt es verschiedene Möglichkeiten, mit einem Getränk anzustoßen.

Stößt man mit Wein, Sekt, Champagner an, so sagt man in der Regel dazu:
Auf Ihr Wohl!/Auf Ihre Gesundheit!/Zum Wohl!/Auf gute Zusammenarbeit!

Trinkt man hingegen Bier, so sagt man beim Anstoßen: Prost!

Bei Kaffee, Tee, Wasser oder Saft sagt man nichts.

## 7  Siezen und Duzen?

Verena Schiller und Boris Korolenko haben sich am kalten Buffet bedient und sich an einen Tisch gesetzt. Ein Kellner geht herum und schenkt den Gästen ein.
Im Laufe des Gesprächs sagt Boris Korolenko zu Verena Schiller:

> Übrigens, ich heiße Boris. .....
> Wie ist denn Ihr Vorname?

> Ja, warum nicht?
> Ich meine nur, .....

> Warum interessiert
> Sie das?

**Duzen**  Sie kennen die „du-Form" im Deutschen als Anrede. Man verwendet sie für Personen, die man persönlich gut kennt (Freunde, Verwandte etc.). Junge Leute zwischen 18 und 30–35 Jahren (z. B. Studenten) duzen sich untereinander ebenfalls. Auch am Arbeitsplatz (z. B. zwischen Arbeitern, langjährigen Arbeitskollegen, in einem Team von jungen Leuten) duzt man sich nach gewisser Zeit immer häufiger.

**Siezen**  Man verwendet hingegen die Höflichkeitsform mit „Sie", wenn man erwachsene Personen (über 16 Jahren) nicht kennt, z. B. im Alltag, im Geschäft, im Büro, auf der Bank. Die Anrede für erwachsene Männer (über 16 Jahren) lautet „Herr" („Herr Schulz"). Erwachsene Frauen werden mit „Frau" („Frau Schulz") angeredet, auch wenn sie nicht verheiratet sind. Die Anrede „Fräulein" wird offiziell nicht mehr verwendet. Man verwendet sie nur noch als Anrede für eine Kellnerin: „Fräulein, bitte zahlen!"
Kennt man eine(n) Mitarbeiter/-in, eine(n) Geschäftskollegen/-in gut, so ist es auch möglich, ihn/sie mit Vornamen anzureden: „Helmut, können Sie bitte kommen?" So sprechen manchmal ältere Kollegen jüngere an.

Diskutieren Sie:
Wie sollte Verena Schiller auf das Angebot reagieren?
Welche Konsequenzen hat es für die Geschäftskontakte, wenn man sich duzt?
Wie spricht man in Ihrem Land einen Chef, eine junge Frau, einen Angestellten, Verwandte etc. an?

**Danke, ich trinke nichts.**

Beschreiben Sie die Bildgeschichte. Was halten Sie von der Reaktion der Frau? Wie reagiert der Mann?
Erfinden Sie ein Gespräch zwischen dem Mann und der Frau.

REDEMITTEL **Darf ich einschenken?**

„Darf ich Ihnen einschenken? Darf ich Ihnen nachschenken (= noch einmal einschenken)?"
„Ja, aber nur einen kleinen Schluck" . . .

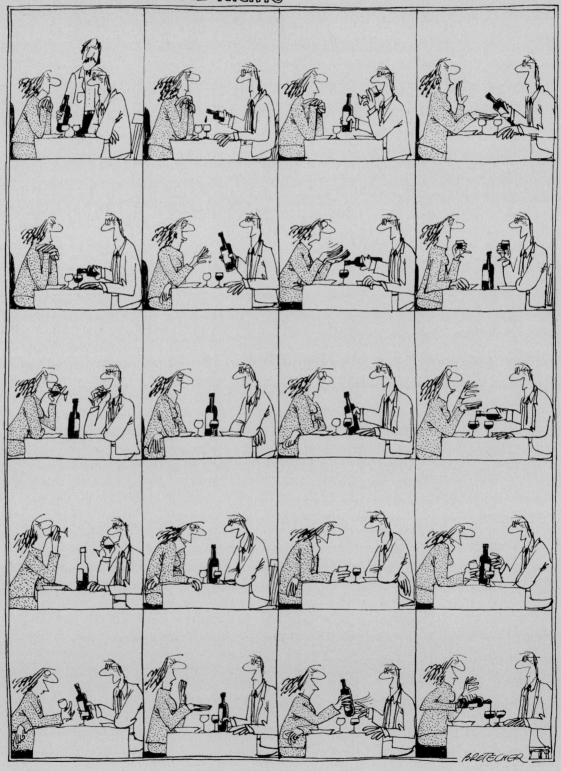

DANKE, ICH TRINKE NICHTS

Waren Sie schon einmal bei Deutschen zum Essen eingeladen? Wenn ja, dann berichten Sie davon.

Normalerweise wird man bei Geschäftsbesuchen in Deutschland nicht nach Hause, sondern ins Restaurant eingeladen. Wenn Sie eine Einladung zu einem privaten Abendessen erhalten, dann kann es sein, dass man Ihnen regionale Spezialitäten (z. B. Nürnberger Bratwürste mit Sauerkraut oder Kartoffelsalat) oder auch nur kalte Speisen wie Wurst, Käse, Brot, Salate, Tomaten serviert. Dazu wird Mineralwasser, Saft, Wein oder Bier getrunken. Dies bedeutet nicht, dass die Deutschen geizig sind und den Gast nicht richtig bewirten wollen.

Die Art und Weise, wie sie ihren Gast bewirten, entspricht oft ihren eigenen Essgewohnheiten. Normalerweise essen viele Deutsche mittags warm (zu Hause oder in der Kantine) und nehmen abends nur ein kaltes Gericht ein. Es hängt aber auch vom Lebensstil der deutschen Familie ab, ob sie am Abend warm isst. Immer mehr Deutsche, die durch Geschäfts- oder Urlaubsreisen andere Länder kennen gelernt haben oder mittags nur eine Kleinigkeit essen, servieren daher ihren Gästen abends auch ein warmes Menü.

Gibt es Unterschiede in den Essgewohnheiten zu Ihrem Land?
Wie verläuft die Einladung zu einem privaten Abendessen bei Ihnen?
Wie verhält man sich bei einer privaten Einladung in Deutschland? Diskutieren Sie in der Gruppe.

○ Man kommt eine Viertelstunde (15 Minuten) zu früh vor dem verabredeten Termin.
○ Man kommt pünktlich.
○ Man kommt etwa eine Viertelstunde zu spät. Der Gastgeber/die Gastgeberin hat so Zeit, alles in Ruhe vorzubereiten.
○ Man bringt der Dame des Hauses einen Strauß Blumen mit.
○ Es ist nicht wichtig, welche Blumen man der Dame des Hauses mitbringt.
○ Dem Gastgeber bringt man eine Flasche Wein, Champagner oder einen Cognac mit.
○ Man bringt ein Dessert aus der Konditorei oder Pralinen mit.
○ Man spricht beim Essen nicht mehr über geschäftliche Dinge.
○ Man isst aus Höflichkeit alles und lehnt nichts ab.

## Schreiben Sie kurze Briefe.

> Sie haben eine Einladung zu einem Firmen-
> jubiläum erhalten.
> Leider können Sie daran nicht teilnehmen.
> Formulieren Sie eine Absage.
> Drücken Sie Ihre Glückwünsche aus.

> Sie sind in der Marketingabteilung tätig. Ihr
> Unternehmen organisiert einen Workshop
> mit internationalen Referenten zum Thema
> „Moderne Marketingstrategien". Formulie-
> ren Sie ein Einladungsschreiben.

> Sie werden zu einer Tagung als Referent/in
> eingeladen. Sagen Sie zu und nennen Sie
> das Thema Ihres Vortrags.

> Sie waren bei einem Geschäftspartner privat
> zu Gast. Sie bedanken sich in den Tagen
> danach für die Einladung . . .

Verwenden Sie dabei die folgenden Textbausteine.

### Einladung

Unsere Firma/Unser Unternehmen feiert in diesem Jahr ihr/sein . . . jähriges Bestehen/Jubiläum.
Wir freuen uns, Sie und . . . aus diesem Anlass zu . . . einladen zu dürfen.
Die Feier findet am . . . . . in . . . . . statt.
Bitte teilen Sie uns bis zum . . . mit, ob Sie an unserem Jubiläum teilnehmen können.

### Bestätigung der Einladung

Haben Sie recht herzlichen Dank für Ihre Einladung zu . . .
Ich habe mich sehr über Ihre Einladung gefreut . . .
Mit großer Freude habe ich Ihre Einladung zu . . . erhalten . . .

### Zusage

Ich nehme die Einladung (zu . . . ) . . . an und würde gern einen Vortrag über . . . halten. /über das
Thema . . . sprechen/referieren.
Selbstverständlich kommen wir zu Ihrem Jubiläum am . . .
Hiermit möchte ich Ihnen mitteilen, dass ich an der Tagung . . . teilnehme.

### Absage

Es tut mir Leid/Ich bedaure, Ihnen mitteilen zu müssen, dass ich nicht an . . . teilnehmen kann, da
ich zu diesem Termin/an diesem Tag verhindert bin.
Leider kann ich Ihrer Einladung zu . . . nicht folgen und bitte Sie, dies zu entschuldigen. Ich
möchte Ihnen trotzdem sehr herzlich zu . . . gratulieren.

### Dank für die Einladung

Haben Sie noch einmal recht herzlichen Dank für Ihre Einladung zu . . .
Ich möchte mich bei Ihnen noch einmal für den wunderbaren Abend bedanken.

# 9 — Vor der Internationalen Möbelmesse

*In diesem Kapitel finden Sie folgende Themen:*

A: Vorüberlegungen zu einer Messe, B: Überlegungen zum Messestand, C: Von Goethes Küche zur Frankfurter Küche, D: Deutsche und ihre Wohnung

## A — Vorüberlegungen zu einer Messe

### A 1 Messebeteiligung

*Cucine* ist ein mittelständisches italienisches Unternehmen, das Küchen für Restaurants herstellt und auf eine 50-jährige Tradition zurückblicken kann. In Deutschland hat es seit einigen Jahren eine Niederlassung in Nürnberg, die sich auf die Ausrüstung von Großküchen spezialisiert hat. Jetzt hat die Zentrale in Fabriano beschlossen, ihr Engagement in Deutschland zu intensivieren und auch Einbauküchen für Privathaushalte anzubieten. Mit ihrem hochwertigen und preisgünstigen Programm „System3plus", das einen besonderen Service einschließt, erhofft sich *Cucine* in Zukunft Chancen in der preisbewussten Mittelklasse.

Die deutsche Niederlassung wurde deswegen damit beauftragt, ein Marketing-Konzept zu erarbeiten. Eine der ersten Überlegungen ist dabei, ob *Cucine* an der nächsten Messe teilnimmt, oder ob das Unternehmen potentielle Verkäufer direkt ansprechen und so eine Vertriebsorganisation aufbauen soll.

Formulieren Sie die Ziele von *Cucine* für den deutschen Markt mit eigenen Worten.
*Cucine will . . .*

Welche Aufgaben hat die deutsche Niederlassung bekommen?
*Sie soll . . .*

Mit welchem Programm möchte *Cucine* auf den deutschen Markt?
Was spricht dafür, was spricht dagegen, dass *Cucine* auf die Internationale Möbelmesse nach Köln geht?

### A 2 Daten zum Messewesen in Deutschland

Der Niederlassungsleiter Martin Claus hat Sarah Mandani, seine Assistentin, beauftragt, sich zu erkundigen. Zunächst informiert sie sich anhand von Statistiken über das Messewesen in Deutschland. Sie findet diese Angaben im „AUMA – Handbuch Messeplatz Deutschland".
Untersuchen Sie die Angaben für 1997 und 1998.
Können Sie Trends erkennen?

Fläche, Aussteller, Besucher 1997

|  | Zahl der Veranstaltungen | Vermietete Standfläche (m²) | | | Aussteller mit eigenem Stand | | | Besucher |
|---|---|---|---|---|---|---|---|---|
|  |  | Gesamt | Halle | Freigelände | Gesamt | Inland | Ausland |  |
| Gesamt | 128 | 6 336 565 | 6 137 002 | 199 563 | 151 402 | 81 262 | 70 140 | 9 754 928 |
| FKM-geprüft | 110 | 5 634 206 | 5 476 480 | 157 726 | 130 572 | 69 766 | 60 806 | 7 714 062 |
| Nicht FKM-geprüft | 18 | 702 359 | 660 522 | 41 837 | 20 830 | 11 496 | 9 334 | 2 040 866 |

Fläche, Aussteller, Besucher 1998

|  | Zahl der Veranstaltungen | Vermietete Standfläche (m²) | | | Aussteller mit eigenem Stand | | | Besucher |
|---|---|---|---|---|---|---|---|---|
|  |  | Gesamt | Halle | Freigelände | Gesamt | Inland | Ausland |  |
| Gesamt | 129 | 6 497 135 | 6 094 489 | 402 646 | 154 391 | 81 617 | 71 774 | 9 355 467 |
| FKM-geprüft | 114 | 5 966 032 | 5 622 730 | 343 302 | 137 359 | 74 313 | 63 046 | 8 301 893 |
| Nicht FKM-geprüft | 15 | 531 103 | 471 759 | 59 344 | 17 032 | 8 304 | 8 728 | 2 053 574 |

● Tragen Sie die Zahlen vor. Verwenden Sie die Redemittel.

**Zahlenwerte**

1998 besuchten _____ Menschen in D. eine Messe.

1998 gab es _____ Veranstaltungen.

Die Zahl der Veranstaltungen belief sich auf _____.

Die _____ betrug _____ m².

Davon entfielen _____ m² auf _____.

Im Vergleich zu 1997 ist die Zahl der _____

        gestiegen

        gesunken

**Worterklärungen:**

FKM: Zahlen der Gesellschaft zur **F**reiwilligen **K**ontrolle von **M**esse- und Ausstellungszahlen, die von einem Wirtschaftsprüfer kontrolliert werden. So werden z. B. **Besucher** mit Mehrtageskarten nur **einmal** gezählt, Freikarten und Ehrenkarten werden nicht gezählt und die Ausstellungsfläche **netto** angegeben, das heißt **ohne** Verkehrsflächen (Parkplätze) und Serviceflächen (Restaurants, Bars, Toiletten etc).

● Lesen Sie die folgenden Diagramme und tragen Sie die Zahlen vor.

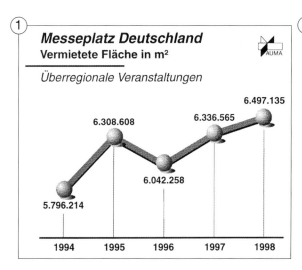

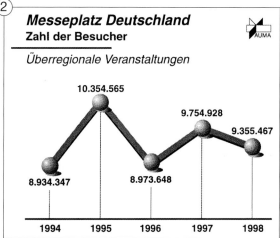

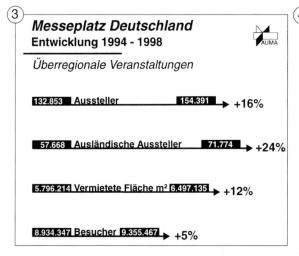

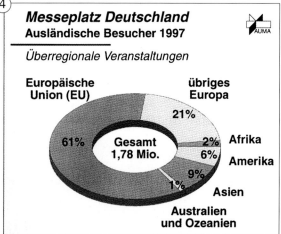

● **Welche Interpretation gehört zu welcher Statistik?**

**A**

Zwei Drittel aller ausländischen Besucher auf dem Messeplatz Deutschland kommen aus Ländern der Europäischen Union. Aus Übersee reisen inzwischen fast 20 % der ausländischen Besucher an.

**B**

Vor allem bedingt durch die Zusammensetzung des Messeprogramms erreichte die vermietete Fläche eine neue Rekordmarke. Gegenüber den Vorveranstaltungen sind die Flächen der 1995er Messen um durchschnittlich 1 % gewachsen. Nach leichten Rückgängen lagen sie 1998 bei 6,5 Millionen m$^2$.

**C**

Das starke Wachstum der Ausstellerzahl in den letzten zehn Jahren resultiert in erheblichem Umfang aus dem großen Auslandsinteresse. Das relativ geringe Wachstum der Besucherzahl hängt vor allem damit zusammen, dass Veranstaltungen für das allgemeine Publikum relativ geringe Zuwachsraten hatten.

**D**

Die Zahl der Besucher hat 1995, bedingt durch das Zusammentreffen mehrerer besucherintensiver Veranstaltungen, erstmals mehr als 10 Mio. erreicht. Nach einem Rückgang im Jahr 1996 lag sie 1997 und 1998 bei über 9 Millionen.

Ü1 | Seite 201

## A 3   Welchen Nutzen hat die Messebeteiligung?

In der Zeitschrift *Manager Seminare* hat Sarah Mandani zur Frage der Messebeteiligung den folgenden Artikel gefunden. Der Text ist nicht einfach. Versuchen Sie trotzdem einmal, ihn schnell durchzulesen.

### Welchen Nutzen hat die Messebeteiligung?

Wenn sich in einer Firma der Verantwortliche für die Messe diese Frage stellt, muss er unternehmensspezifische und -strategische Punkte beachten. Der Grundgedanke sollte aber sein, die Messe als ein wichtiges Marketinginstrument des Unternehmens zu sehen, da ihr in vielen Branchen eine immer größere Bedeutung zukommt.

So haben sich ganz besonders die Messen, auf denen erklärungsbedürftige Produkte und Dienstleistungen präsentiert werden, längst von reinen Ordermessen zu wichtigen Informations-Plattformen gewandelt. Für viele Fachleute sind Messen die beliebteste Informationsquelle. Grund: der Informationsüberfluss. Informationen haben eine immer kürzere Lebensdauer und man kann sie immer seltener überprüfen. Daher wächst die Abwehrhaltung beim Informationsempfänger, was es immer schwieriger macht, Informationen bei potentiellen Interessenten und Kunden zu platzieren. Die Lösung dieses Problems liegt in der Informationsübermittlung bei einem zielgerichteten und individuellen Informationsaustausch zwischen Anbieter und Anwender.

Diesen wichtigen Austausch, bei dem der Kunde nicht länger nur Informationsempfänger, sondern auch Informationsgeber ist, erreicht der Anbieter nur im persönlichen Gespräch mit dem Anwender. Für den Kundendialog hat der Anbieter zwei Möglichkeiten: das Verkaufsgespräch und die Messebeteiligung. Die Variante des Verkaufsgespräches wird dabei von allen Unternehmen genutzt, die Beteiligung an Messen aber nur zum Teil. Dabei muss dem Messeverantwortlichen eines Unternehmens bewusst sein, dass der Kundendialog ein Prozess ist, der bereits vor der Messe beginnt und nicht nach der Messe enden darf.

MANCHE PRODUKTE MUSS MAN DEN KUNDEN ERKLÄREN.

ORDERMESSE: AUF DIESEN MESSEN WIRD ETWAS BESTELLT.

● In dem Text erscheint zentral der Begriff „Information" in verschiedenen Komposita. Suchen Sie diese heraus und klären Sie ihre Bedeutung.

**Information -s** 
- -plattform
- -quelle

*Eine Informationsquelle liefert viele Informationen.*
*Ein Informationsempfänger ist eine Person, die . . .*
*Informationsübermittlung heißt, dass man Informationen weitergibt.*

● Sarah Mandani hat sich wichtige Begriffe unterstrichen und Erklärungen an den Rand des Textes geschrieben. Ordnen Sie die Sätze den markierten Stellen im Text zu.

*man muss Kunden gezielt und individuell ansprechen – der Kunde lehnt zu viele Informationen ab – der Kunde hat uns etwas zu sagen! – das Gespräch mit dem Kunden beginnt vor der Messe – der Kontakt zu den Kunden ist auch nach der Messe wichtig – in manchen Branchen werden Messen immer wichtiger – alle verkaufen, aber nicht alle gehen auf die Messe – manche Produkte muss man den Kunden erklären – auf dieser Messe wird etwas bestellt*

● Würde der Autor des Textes den folgenden Behauptungen zustimmen?

|  | Ja | Nein |
|---|---|---|
| Die Frage nach der Messebeteiligung kann in einem Unternehmen vollkommen isoliert betrachtet werden. | ○ | ○ |
| Es reicht, wenn man ein gutes Produkt hat, dann kommt der Erfolg ganz von selbst. | ○ | ○ |
| Es reicht nicht, wenn man sein Produkt nur auf der Messe präsentiert. | ○ | ○ |
| Gute Verkäufer können zuhören. | ○ | ○ |

## A 4 Der Kundendialog

Wie kann *Cucine* eine möglichst gute Plattform für den Kundendialog auf der Messe erreichen?

Denken Sie an folgende Punkte:
– Aufbau des Messestands
– Differenzierung von Wettbewerbern
– Präsentation: Sachliche Information und/oder Event-Marketing (= Die Messe wird als Ereignis gestaltet, z. B. mit einer Show)

*Cucine* möchte Kunden langfristig an sich binden. Welche Strategie sollte *Cucine* dabei verfolgen?
○ einmalige Beteiligung an einer überregionalen Messe
○ Roadshows, das heißt, *Cucine* kommt zu den Kunden
○ Hausmessen, ergänzt mit Kundenseminaren und Workshops

Warum darf der Dialog mit dem Kunden nicht erst auf der Messe beginnen und warum darf er nach der Messe nicht beendet sein?

REDEMITTEL **Die Messebeteiligung**

Der Messestand sollte offen, geschlossen, groß sein . . .
Der Messestand sollte als . . . konzipiert werden . . .
Der Messestand sollte übersichtlich, großzügig, freundlich gestaltet werden . . .
*Cucine* sollte sich von den Wettbewerbern durch (+ Akk.) . . . unterscheiden.
*Cucine* sollte sich von ihnen durch (+ Akk.) . . . absetzen.
Wenn sich *Cucine* für eine sachliche Information/ein Event-Marketing (n.) entscheidet, dann heißt/bedeutet das, dass . . .
Wenn *Cucine* Kunden langfristig an sich binden will, dann sollte sie . . . durchführen/abhalten/ organisieren.

● Sarah liegt eine Checkliste vor: Vorbereitung der Messe. Bearbeiten Sie die Checkliste. Ordnen Sie die einzelnen Tätigkeiten den Phasen 1, 2 oder 3 zu.

## Checkliste für die Messebeteiligung

**1. Messeplanung und Vorbereitung**

- Messe-Ziele erarbeiten und exakt definieren
- Besucherzielgruppen festlegen
- Informationsbeschaffung
- Terminplanung
- Anmeldung beim Veranstalter
- Bestätigung der Standfläche durch den Veranstalter
- Messestand-Konzeption
- Werbe-Konzeption
- Presse-Konzeption/Öffentlichkeitsarbeit
- Besondere Aktionen während der Messe vorbereiten
- Unterkunftsreservierung für das Standpersonal

- Bearbeitung des Serviceangebotes vom Veranstalter
- Bestellung der benötigten technischen Ausstattung
- Interne Anforderung des Ausstellungsgutes
- Spediteurbeauftragung
- Besucher-Einladungen versenden
- Presse-Einladungen versenden
- Auswahl von Aushilfspersonal
- Standabnahme
- Letzte Aufbaunacht

**2. Messedurchführung**

- Organisation
- Standleitung festlegen
- Gesprächsprotokolle

- Tägliche Lagebesprechung
- Pressekonferenzen
- Bewirtungen
- Manöverkritik am letzten Messetag
- Standabbau und Abreise

**3. Messenachbearbeitung**

- Auswerten der Gesprächsprotokolle
- Analyse der Messekosten
- Durchführung der Erfolgskontrolle
- Internen Abschlussbericht anfertigen
- Aktualisierung der Interessentendateien
- Auswertung der Presseberichte

(2) Werbegeschenke
○ Auswahl der Messen
○ Budgetfestlegung
○ Dankeschön an das Messeteam
○ Nachbearbeiten der Messekontakte
○ Training des Messeteams
○ Standfeier zur Motivation

**Worterklärungen:**
die Standabnahme: Nach dem Aufbau des Stands wird überprüft, ob alles den Vorschriften entspricht, der Stand wird abgenommen; die Auswertung: die Analyse

● Was ist für *Cucine* besonders wichtig? Wer soll was machen? Diskutieren Sie.

*Wenn wir auf die Messe gehen, müssen wir vorher die Messeziele erarbeiten/festlegen.*
*Wir müssen Informationen über ... beschaffen. Das soll ... machen.*
*Wir müssen eine Messe auswählen.*

G1,2 | Seite 198
Ü3,4 | Seite 201
Ü5,6,7,8 | Seite 202

# B – Überlegungen zum Messestand

## B 1  *Cucine* will auf die Messe

Bei *Cucine* hat man sich für eine Messebeteiligung entschlossen. Diese soll unter dem Motto „System3plus – die Küche zum Leben fürs Leben" stehen. Der Stand soll aus einer großen Wohnküche von „System3plus" bestehen, in die der Besucher wie ein Gast des Hauses integriert wird. *Cucine* will dabei den Besucher nicht nur als Fachmann ansprechen, sondern ihn auch am Leben in einer Küche teilhaben lassen. Auch Sarah Mandani beteiligt sich an den Vorbereitungen.

Zuerst ruft Sarah im Messebüro in Köln an und erkundigt sich, welche Regeln für das Einrichten des Messestandes gelten:
– Was kostet der Messestand pro Quadratmeter?
– Kann man am Stand Geräte anschließen?
– Ist eine Bewirtung der Gäste möglich, wenn ja, wie?

Ü2 | Seite 201

Rufen Sie beim Veranstalter der Kölner Möbelmesse an (Tel. 02 21–8 21–0).
Hier ist auch die Internet-Adresse der Kölner Messe: http://www.koelnmesse.de.
Fragen Sie nach dem Datum, der Standmiete, den Tagen für Fachbesucher. Spielen Sie das Gespräch.

**Bezugsjahr 1997**

**Preise und Zeiten**
Turnus (Jahre): 1
Zutritt für Fachbesucher, Sa + So für Fach- und Privatbesucher
Öffnungszeiten: 9.00 - 18.00
Tageskarte / 2-Tageskarte / Dauerkarte: 53 / 63 / 100 DM
Katalog: 35 DM
Anmeldeschluss für 1999: –
Beteiligung: Halle: 205 DM/m$^2$

*Wir möchten an der Internationalen Möbelmesse teilnehmen. Bitte schicken Sie uns doch …*

● **Eine von Sarahs zahlreichen Aufgaben ist auch, eine Wandtafel für das Motto zu entwerfen. Was sollte Ihrer Meinung nach auf der Wandtafel stehen?**

## B 2   Hier ist das Basismodell von „System3plus".

Ordnen Sie den einzelnen Komponenten die Begriffe zu und beschreiben Sie die Küche.

*der Herd, -e – die Kochstelle, -n – der Dunstabzug, -züge – der Arbeitstisch, -e – der Hochschrank, -schränke – die Schubladen – die Ablagen – die Spüle, -n – der Mikrowellenherd, -e – die Geschirrspülmaschine, -n – das Hängeregal, -e – der Kühlschrank*

*Der Tisch steht in der Mitte/ an der Wand/ vor dem Fenster/ in der Ecke …*

**Im Verkaufsraum von** *Cucine*

Ein Ehepaar schaut sich die Küche im Verkaufsraum von *Cucine* in der Niederlassung an und unterhält sich.

Hören Sie sich das Gespräch einmal an und beantworten Sie dann die folgenden Fragen.
- Wie reagiert der Mann auf die Küche? Wie seine Frau?
- Über welche Komponenten und Gegenstände sprechen sie?
- Wie charakterisieren sich die beiden durch ihre Aussagen?

Wie würden Sie als Verkäufer das Verkaufsgespräch mit diesem Ehepaar gestalten? Spielen Sie es.

**Welcher Text passt?**

Sarah Mandani liegen zwei Texte vor, die die Küche beschreiben. Sie möchte einen für die Wandtafel nehmen. Für welchen sollte sie sich entscheiden? Denken Sie daran: Potentielle Kunden müssen den Text leicht verstehen können.

### Entwurf A

Eine gute Küche ist einer der vielseitigsten Räume des Hauses. Schon während der Vorbereitungsarbeit ist der Mensch nicht gern allein. Kommunikation ist das Stichwort: Wo wäre sie besser möglich als bei allen Tätigkeiten rund ums Essen? Aber warum sollen die Kinder nicht in der Küche ihre Schulaufgaben machen, warum soll man hier nicht in Ruhe ein Buch lesen, den nächsten Urlaub planen, die Steuererklärung vorbereiten, oder auch die Lieferung von einigen Kisten Wein in die Wege leiten? Ja warum nicht, wenn die Küche klug geplant und ausgestattet ist.

Die Geschichte des Alltagslebens zeigt uns deutlich, dass sich die übrigen Räume immer um die Küche als Zentrum des Hauses gruppierten. Das war in Europa zum Teil aus der Not geboren, weil vom Wetter diktiert: Die Küche war der einzige warme Raum im Haus. Zum Kochen war das Feuer unabdingbar, nur zum Heizen war es zu teuer. Also traf sich die ganze Familie nach getaner Arbeit in der Küche.

### Entwurf B

Auch die allerneueste Entwicklung steht in der Tradition dieses konsequenten funktionalen Denkens. Hier geht man davon aus, dass eine funktionsbedingte Ästhetik emotionale Werte wie Wohnlichkeit und Atmosphäre nicht ausschließt, dass man aber bei der Küche zum Kochen funktionale Fehler auch durch die schönste Optik nicht kaschieren kann. Die Kapriolen und Auswüchse so manchen Zeitgeist-Designs, das von der Inszenierung modischer Oberflächenreize lebt, ist nicht unsere Sache.

Arbeitshöhen und Korpustiefen sind vergrößert worden. Der zur Verfügung stehende Stauraum – heute wichtiger denn je – wird damit wesentlich größer als vorher.

Das neue System ist aber auch eine Antwort auf die sozialen Veränderungen der Haushalts- und Lebensformen hin zu Pluralisierung und Individualisierung. So sind die Variationsmöglichkeiten noch größer geworden. Da das System wachsen und schrumpfen kann, kann man die Küche den Bedingungen der unterschiedlichen Lebensphasen anpassen. Wenn sich der Haushaltszuschnitt ändert, muss man nicht gleich die ganze Küche wegwerfen.

**Worterklärungen:**
etwas in die Wege leiten: organisieren; aus der Not geboren: entstand aus der Not; unabdingbar sein: absolut notwendig sein; kaschieren: verstecken, verbergen; die Kapriolen und Auswüchse: verrückte Ideen; modische Oberflächenreize: modische Effekte; die Korpustiefen: die Tiefe der Möbel; der Stauraum: der Platz für das Geschirr und die Lebensmittel

● In der folgenden Tabelle finden Sie Paraphrasen der beiden Texte. Finden Sie die entsprechenden Zitate oder Textteile.

| Paraphrase zu Text A | Paraphrase zu Text B |
|---|---|
| (R) Zum Kochen brauchte man nämlich das Feuer, aber zum Heizen war es zu teuer. Also saßen die Menschen abends in der Küche. | (T) Wenn die Küche zum Kochen schlecht geplant ist, hilft auch das schönste Design nichts. |
| (A) In einer guten Küche kann man auch andere Dinge tun als nur kochen. Denn die Küche war immer das Zentrum des Hauses, da früher nur die Küchen geheizt wurden. | (E) Eine Ästhetik, die sich nach der Funktion richtet, muss nicht kalt sein. Auch damit kann man Räume behaglich und wohnlich machen. |
| (M) In einer guten Küche kann man fast alles tun. Der Mensch arbeitet und kocht nicht gern allein, und am besten kann man sich beim Kochen und Essen unterhalten. | (G) Das System kann problemlos größer und kleiner werden. Deswegen kann man die Küche noch besser variieren und seinen Bedürfnissen anpassen. Wenn die Familie kleiner wird, muss man nicht gleich die ganze Küche wegwerfen. |
| | (K) Auch das neue Modell folgt konsequent diesem funktionalen Denken. |
| | (N) Das neue System bietet mehr Platz und ist gleichzeitig eine Antwort auf die veränderten Sozialverhältnisse hin zu Pluralisierung und Individualisierung. |
| | (I) Wir folgen keinem Trend, der sich nach der aktuellen Mode richtet und schöne Fassaden baut. |

● Wenn Sie die Textstellen richtig anordnen, erfahren Sie, in welcher Abteilung Sarah arbeitet.

Sarah arbeitet in der _____-abteilung.

● Sarah bespricht die beiden Texte mit Karin Müller, einer Praktikantin, weil sie nicht alles verstanden hat. Sie stellt entsprechende Fragen.

Bereiten Sie die Fragen in Kleingruppen vor und spielen Sie das Gespräch.

REDEMITTEL **Nachfragen**

| |
|---|
| Woran haben Sie denn bei dem Wort/Begriff „..." gedacht? |
| Wie soll ich das verstehen: _____? |
| Kann man das nicht einfacher sagen? |
| Gibt es kein schöneres/anderes Wort für…? |
| Was versteht man denn unter „..."? Was bedeutet denn „..."? |

**Beschreiben Sie die Küche. Wo befinden sich die Gegenstände?**

Was für eine Familie hat sich wohl für eine solche Küche entschieden?
Streichen Sie zuerst die Adjektive heraus, die diese Familie Ihrer Meinung nach nicht charakterisieren.

*geizig – geschmacklos – großzügig – gepflegt – stilvoll – dezent – harmonisch – reich – arm – wohlhabend – luxuriös – kleinbürgerlich – kosmopolitisch – liberal – individualistisch – konformistisch – etabliert – mittelständisch – großbürgerlich – hedonistisch – konsumfreudig – kommunikativ – verschlossen – offen – genussfreudig – diszipliniert – selbstbewusst – verkrampft – aufgeschlossen – sparsam – emanzipiert – einfach*

● **Beschreiben Sie jetzt die Familie nach folgendem Muster.**

*Wahrscheinlich handelt es sich um eine Familie ohne eigenen Geschmack.*
*Diese Küche hat sich vielleicht eine sehr selbstbewusste Familie eingerichtet.*

● **Hier ist die Beschreibung dieser Familie. Leider hat der Computer zwei Texte miteinander vermischt. Wenn Sie das wegstreichen, was nicht zutrifft, dann haben Sie die richtige Biografie.**

Es handelt sich um eine kleinbürgerliche Durchschnittsfamilie. Eine etablierte Trendsetter-Familie. Sie leben in fester Partnerschaft und haben zwei Kinder. Sie ist 35 Jahre alt und Ärztin. Sie ist 25 Jahre alt und ohne Beruf. Er ist 31 Jahre alt und Kraftfahrer. Er ist 41 Jahre alt und Psychologe. Die Familie lebt in einer Sozialwohnung und ist auf staatliche Hilfe angewiesen. Die Familie lebt in einer Mietwohnung. Der Mann ist arbeitslos.

Wichtige Motive: Genuss. Wichtige Motive: Sparsamkeit. Die Familie sitzt am liebsten vor dem Fernseher. Die Familie genießt es, gemeinsam in der Küche zu sein. Die Familie ist nie gemeinsam in der Küche. Die Familie hat sich diese Küche selbst eingerichtet und versucht, eine Harmonie zwischen Technik, Design und Farbe zu erreichen. Die Familie hat die Küche in einem Billigkaufhaus bestellt.

● **In dem Text oben werden zwei Sozialtypen dargestellt. Tragen Sie die Informationen in die Tabelle ein.**

Familie A

_____

_____

_____

Familie B

_____

_____

_____

Welcher Sozialtyp könnte ein potentieller Käufer für „System3plus" sein?
Wie könnte man diese Käuferschicht gezielt ansprechen?

*C 1* **Goethes Küche: Ein Haushalt am Übergang zur industriellen Gesellschaft**

Zur Zeit von Goethes Jugend hatte Frankfurt am Main ungefähr 40 000 Einwohner. Es war eine reiche Handels- und Messestadt. Damals sagte man: „In Frankfurt ist mehr Wein in den Kellern als Wasser in den Brunnen."

Auch die Familie Goethe gehörte zur reichen Oberschicht. Der Großvater des Dichters, der aus Thüringen nach Frankfurt eingewandert war, hatte mit dem Weinhandel die Grundlagen für den Reichtum der Familie gelegt. Bei seinem Tod betrug sein Vermögen fast eine Million Mark.

Goethes Mutter war 17 Jahre alt, als sie heiratete. Nach ihrer Heirat leitete sie ein mittleres Unternehmen mit zahlreichen Angestellten. Sie organisierte und kontrollierte die Hausarbeiten und führte das Haushaltungsbuch.

Sie selbst konnte wahrscheinlich nicht kochen: Als ihre Köchin einmal krank war, musste sie auswärts essen, da sie „nichts Ordentliches bei sich zu essen hatte."

Das Haus der Goethes war groß, hatte zahlreiche Zimmer, eine große Küche und verfügte über viele Vorratsräume. Vor der Stadt besaßen die Goethes große Obstgärten, Äcker, Wiesen und Weingärten.

Die Küche

Nur weniges kaufte Frau Goethe im Laden: Essig, Öl, Tee, Kaffee, Zucker und Gewürze. Der Bäcker, der Metzger und der Schreiner belieferten die Goethes mit Waren. Auf der Messe oder auf dem Markt kauften die Goethes Stoffe, Haushaltsgeräte, Geschirr und Bücher ein.

Spezialitäten bezogen sie aus der näheren Umgebung, so den Wein vom Rhein und die Wurst aus Göttingen.
Viele Güter wurden im Urzustand gekauft und erst im Haus verarbeitet. So wurde im Herbst ein Schwein geschlachtet, wurden Gänse und Rindfleisch geräuchert. Außerdem ließen die Goethes Obst und Gemüse einmachen und machten ihren Wein noch selbst.

Anmerkung: Der Dichter Johann Wolfgang von Goethe lebte von 1749 – 1832.

● **Welche Unterschiede sehen Sie zwischen Goethes Mutter und einer Hausfrau von heute?**

**Eine Hausfrau zur Zeit Goethes/Goethes Mutter**

_____

_____

_____

_____

**Hausfrau heute**

_____

_____

_____

_____

G3 Seite 199

Beschreiben Sie die Küchen auf den Bildern. Überlegen Sie sich Bildunterschriften.
Wie viel Arbeit und Energie verlangen diese Küchen zum Zubereiten, Kochen und Reinigen?

● Ordnen Sie die folgenden Sätze den Bildern zu.

(A) Während des ganzen 19. Jahrhunderts strömten die Menschen auf der Suche nach Arbeit in die Städte. Dort mussten sie oft in einem Raum schlafen, kochen und wohnen. Mehrere Generationen teilten sich häufig ein Zimmer.

(B) Nachdem die Elektrizität entdeckt worden war und man den Strom nutzbar gemacht hatte, wurden die offenen Feuerstellen in den Küchen bald überflüssig.

(C) Die bürgerlichen Haushalte verfügten über zahlreiche Dienstboten. Diese Küche aus dem späten 19. Jahrhundert hatte man gebaut, bevor die Wohnungen mit fließendem Wasser ausgestattet wurden. Nach der Erfindung der Glühbirne verdrängte das elektrische Licht das Gas.

(D) In dieser Küche kochte und badete man, bevor das Haus ein Badezimmer bekam. Wahrscheinlich können wir uns heute nicht mehr vorstellen, was für einen Luxus ein Warmwasserboiler darstellte.

G4 | Seite 200
Ü9 | Seite 203
Ü10 | Seite 204

Das ist die Erfinderin der modernen Einbauküche: Grete Schütte-Lihotzky. Sie kam in den zwanziger Jahren von Wien nach Frankfurt und arbeitete dort an einer neuen Wohnungsbaukonzeption.

● **Hören Sie einmal, was sie zur Entwicklung der Einbauküche zu sagen hat.**

Was ist richtig?

|  | Ja | Nein |
|---|---|---|
| Die Menschen lebten in den Küchen, weil sie die übrigen Räume nicht heizen konnten. | ○ | ○ |
| Wohnküchen sind eine Erfindung der Stadt. | ○ | ○ |
| Wer ein Wohnzimmer hat, hat nur noch eine Essküche. | ○ | ○ |
| Die Küchen hatten schon immer fließend Wasser. | ○ | ○ |
| Die Wohnküche war schon immer die bessere Art zu wohnen. | ○ | ○ |
| Frau Schütte-Lihotzky dachte nicht nur an die Frau als Köchin, sondern auch an die Frau als Mutter. | ○ | ○ |

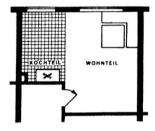

ALTE WOHNKÜCHE
Der Dunst vom Herd durchnässt das Zimmer.

WOHNKÜCHE mit KOCHNISCHE
Der Wirtschaftsteil ist in einer Nische der Wohnküche untergebracht. Dunst dringt immer noch in den Wohnteil.

FRANKFURTER KÜCHE
Das Wirtschaften vollzieht sich in dem gänzlich abgetrennten Kochteil: der Küche. Die enge organische Verbindung mit dem Wohnraum ist durch eine Schiebetür aufrecht erhalten.

● **Hören Sie den Text noch einmal und ergänzen Sie dann sinngemäß die folgenden Sätze.**

Die Arbeiterfamilien heizten nur den Herd, weil_____.

Die Wohnküche kam _____ und das bedeutete, dass _____
_____.

Sobald die Menschen mehr als ein Zimmer hatten, _____.

Für Grete Schütte-Lihotzky war die Arbeiterküche eine niedere Wohnform, weil _____
_____.

Fließendes Wasser _____.

Für die Planungsgruppe um Schütte-Lihotzky waren folgende Punkte besonders wichtig: erstens,

dass_____ und zweitens, dass _____.

● **Wie entwickelten sich Küchen und Haushalte in Ihrem Land?**

**1.** _____

Goethes großbürgerliche Frankfurter Küche stand wahrlich nicht Pate, als 1927 auf der Frankfurter Messe ein neuer Küchentyp vorgestellt wurde, der als „Die Frankfurter Küche" Vorbild für alle modernen Einbauküchen werden sollte. Denn es war gerade der Bruch mit allen Traditionen, der zu ihrer Entwicklung führte. Die Industrielle Revolution im 19. Jahrhundert hatte die Gesellschaft so sehr verändert, die bäuerlich agrarische Gesellschaft aufgelöst und eine neue industrielle Gesellschaft geschaffen, dass zu Beginn des 20. Jahrhunderts neue Wege zur Lösung der sozialen Probleme gesucht werden mussten.

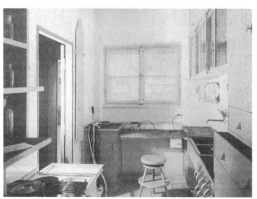

Frankfurter Küche, 1927

**2.** _____

Das größte Problem war das Wohnungselend. Die Massen, die während des 19. Jahrhunderts auf der Suche nach Arbeit in die Städte und Industriezentren gezogen waren, lebten dort oft unter primitivsten Bedingungen: Platz, Licht und Luft fehlten und die hygienischen Zustände waren katastrophal.

**3.** _____

In Frankfurt versuchte man im Rahmen des Siedlungs- und Wohnungsbauprogramms, diese Probleme mit billigen, funktionalen Wohnungen zu lösen. Von 1925 bis 1930 leitete der Baudezernent Ernst May das Projekt. Er berief die Wiener Architektin Grete Lihotzky in sein Team und gab ihr die Verantwortung für die Küchengestaltung und Arbeitserleichterung in der Hauswirtschaft. Denn die Küche war das Herzstück des Programms. Von der Küche ging man aus und gestaltete von da die neue Wohnung. Eine Abgeordnete des Reichstags formulierte es einmal so: „Man muss also endlich dazu kommen, vom Kochtopf zur Fassade zu bauen."

**Worterklärungen:**
der Baudezernent: Sachbearbeiter in der Verwaltung, der für das Wohnungsbauprogramm zuständig ist; der Taylorismus: nach dem amerikan. Ingenieur F. W. Taylor (1856–1915): System der wissenschaftlichen Betriebsführung mit dem Ziel, einen möglichst wirtschaftlichen Betriebsablauf zu erzielen; die Mitropa: Mitteleuropäische Schlaf- und Speisewagen-Aktiengesellschaft der Deutschen Reichsbahn

**4.** _____

Ökonomie und Hygiene waren die obersten Ziele von Grete Lihotzky, deren Eltern noch an Tuberkulose gestorben waren. Sie verglich eine moderne Küche gern mit einem Labor oder einer Apotheke. Den Frauen, die zusätzlich zu ihrer Rolle als Hausfrau oft gleichzeitig berufstätig waren, wollte Grete Lihotzky die Haushaltsführung erleichtern. Die Hausfrau sollte die Küchenarbeiten mit möglichst geringem Energieaufwand ausführen und ihre Küche einfach und effektiv sauber halten können. Viele Frauen mussten auch auf ihre Kinder aufpassen, während sie kochten. Auch daran dachte Frau Lihotzky. Und so bestimmte eine neue Raum-Zeit-Ökonomie das Projekt. Ganz im Sinne des Taylorismus maß Grete Lihotzky die Zeit und berechnete die Wege, die die Hausfrau in der Küche zurücklegen musste.

**5.** _____

Küchen in billigen Wohnungen waren notgedrungen klein. Kleine Küchen müssen aber nicht schlecht sein. Sie können sogar besser sein als große, wenn sie richtig geplant und mit der richtigen Technik ausgestattet werden. So betrug zum Beispiel in einer herkömmlichen Küche der Weg, den die Hausfrau bei einem Arbeitsgang zurücklegen musste, 19 Meter, während es bei der Frankfurter Küche nur noch 6 Meter waren. Die Bahn lieferte das Vorbild. Das klassische Muster für die neue Küche wurde die Speisewagenküche von Mitropa: Auf einem Grundriss von nicht einmal 6 m$^2$ bedienten die Köche während einer 15-stündigen Fahrt weit über 400 Gäste.

Mitropa- Speisewagenküche

**6.** _____

Normierte Küchen brauchen normierte Küchenmöbel. So entwickelte sich langsam die moderne Einbau- und Komponentenküche aus den Vorgaben der Frankfurter Küche heraus. Die neue Raum-Zeit-Ökonomie blieb dabei immer die Basis des modernen Küchenbaus. Sicher wollen wir heute 50 Jahre später nicht wieder zur Sterilität der reinen Arbeitsküche zurück, aber noch immer gilt für uns die Devise, dass die Küche das Herzstück der Wohnung ist.

● **Welcher der folgenden drei Sätze fasst den Inhalt am besten zusammen?**

| A | B | C |
|---|---|---|
| Nachdem man festgestellt hatte, dass man in kleinen Küchen sehr gut kochen kann, wurde zu Beginn des 20. Jahrhunderts die Einbauküche erfunden. | Da die modernen Frauen kleine Küchen wollten, die sie leicht sauber halten konnten, erfand Grete Schütte-Lihotzky die moderne Einbauküche. | Raumnot in den Großstädten und die Doppelrolle der Frau in Familie und Beruf führten zur Entwicklung der modernen Einbauküche. |

● **Ordnen Sie die folgenden Überschriften den Abschnitten zu.**

Die Kennbuchstaben ergeben in der richtigen Reihenfolge ein Lösungswort.

C     Vom Kochtopf zur Fassade – die Küche als Zentrum
H     Als Vorbild ein Speisewagen
U     Wohnungen für die Massen
E     Norm schafft Norm
K     Die Einbauküche – Ergebnis der Industrialisierung
E     Grete Lihotzky und das „Neue Frankfurt"

Lösungswort: _____

● **Hier finden Sie synonyme Ausdrücke zu Begriffen aus dem Text. Ordnen Sie sie zu.**

Pate stehen

unter primitiven Bedingungen leben

die Verantwortung haben für (A)

Küchenarbeiten mit möglichst geringem Energieaufwand ausführen

herkömmlich

bestimmen

das Herzstück sein

gestalten

sehr einfach leben

sich kümmern müssen um (A)

wichtig sein für, beeinflussen

traditionell

das Zentrum sein

sich nicht so anstrengen müssen

konzipieren

Vorbild, Muster sein

● **Suchen Sie die Textstellen und formulieren Sie die Sätze um.**

● **Notieren Sie in Stichworten die Merkmale der Frankfurter Küche.**

1. Historische Gründe für ihre Entstehung

_____

2. Merkmale der Frankfurter Küche
_____ (=Wirtschaftlichkeit): _____
_____

Ausstattung: _____

Größe: _____

## D 1 Harry und Mechthild Walter, verheiratet, eine Tochter, Stuttgart

Beschreiben Sie die Fotos und ordnen Sie sie dem Text zu.

### Harry Walter über seine Wohnung

Die drei Fotos von Wohnzimmer, Küche und Arbeitszimmer sind einfach runtergeknipst, ohne was arrangiert zu haben. Vielleicht sind sie auch nur doof, wie unsere ganze Wohnung, in der das, was andere Stilpluralismus nennen, höchstwahrscheinlich bloß das Resultat einer hoch entwickelten Stilphobie ist.

Unsere Wohnung – ein Wohnzimmer, ein Schlafzimmer, ein Kinderzimmer, zwei Arbeitszimmer, Küche, Bad, Toilette, Balkon – repräsentiert vollkommen den Zustand des Sich-nicht-entscheiden-Wollens. Von daher könnte sie wiederum repräsentativ sein für eine ganze Generation von akademisch veredelten Nicht-Einsteigern. Der richtige Mix aus Ererbtem, auf dem Sperrmüll Gefundenem und neu Gekauftem sorgt dennoch für seelisches Gleichgewicht, zumindest für meines.

Die 3000 (in Worten: dreitausend) Bücher in meinem Arbeitszimmer demonstrieren allerdings nicht mehr wie früher Bildung, sondern ausgeuferte Neugier einerseits und Brennwert andererseits. Für die Katze auf meinem Schoß bin ich nicht viel mehr als ein relativ stabiles Wärmekissen. Während das Arbeitszimmer – in dem übrigens tatsächlich gearbeitet wird – den Rückzug nach innen, ins Reich des Sinnes, ermöglicht, ist die Küche, wie eigentlich überall, trotz oder wegen ihrer Funktionalität der Ort des intimen Gesprächs. Das Wohnzimmer hingegen ist eher schön und wird deswegen gemieden. Wenn Gäste kommen, gelten andere Regeln. Auf jeden Fall fühle ich mich in unserer Wohnung wohl. Wie Frau und Tochter darüber denken, müsste ich bei Gelegenheit mal in der Küche erfragen. Von unseren beiden Hauskatzen werde ich es wohl nie erfahren.

**Worterklärungen:**
knipsen: fotografieren; was (umgangssprachlich, ugs.): etwas; doof (ugs.): uninteressant, langweilig; eine Stilphobie haben: etwas gegen einen bestimmten Stil haben; Sich-nicht-entscheiden-Wollen: man will sich nicht für einen bestimmten Stil entscheiden; der Nicht-Einsteiger: Menschen, die nicht voll in die Gesellschaft integriert sind; akademisch veredelt (ironisch): Menschen, die eine akademische Bildung haben; das Ererbte: Dinge, die man z. B. von den Eltern geerbt hat; ausgeuferte Neugier: sehr große Neugier; Brennwert: man kann die Bücher auch verbrennen; der Sperrmüll: Möbel, die man nicht mehr braucht und wegwirft

● Was sagt Harry Walter über ...

... die Wohnung?          ... die Küche?
... das Arbeitszimmer?    ... das Wohnzimmer?

# Grammatik

## 1 Einfache Substantivierungen und Ableitungen

Verben und Adjektive können wie Substantive verwendet, d.h. substantiviert werden. Sie werden dann dekliniert und groß geschrieben:
kochen – das Kochen, präsentieren – die Präsentation, austauschen – der Austausch, schön – das Schöne, bekannt – der/die Bekannte

| | | | | | |
|---|---|---|---|---|---|
| kochen | – das Kochen | | bestellen | – die Bestellung | → Ablei-tung |
| lesen | – das Lesen | → Substan- | beobachten | – die Beobachtung | |
| schreiben | – das Schreiben | tivierung | entscheiden | – die Entscheidung | |
| sprechen | – das Gespräch | | präsentieren | – die Präsentation | |
| ausbauen | – der Ausbau | | demonstrieren | – die Demonstration | → Ablei-tung |
| besuchen | – der Besuch | → Ableitung | reservieren | – die Reservierung | |
| auswählen | – die Auswahl | | aktualisieren | – die Aktualisierung | |

## 2 Substantivierungen und ihre Auflösung

Substantivierungen kommen als Substantive mit Genitivattribut, mit Präpositionalattribut und als Komposita vor.
Hier sehen Sie die Substantivierung von transitiven Verben.

**Substantivierung**              ↔       **Auflösung**

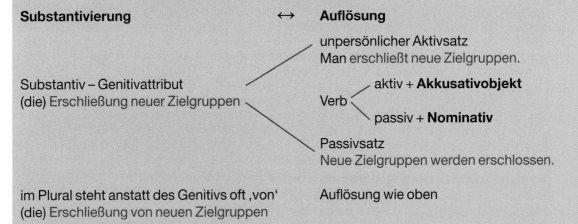

unpersönlicher Aktivsatz
Man erschließt neue Zielgruppen.

Substantiv – Genitivattribut
(die) Erschließung neuer Zielgruppen

Verb

aktiv + **Akkusativobjekt**

passiv + **Nominativ**

Passivsatz
Neue Zielgruppen werden erschlossen.

im Plural steht anstatt des Genitivs oft ‚von'          Auflösung wie oben
(die) Erschließung von neuen Zielgruppen

Substantivierungen als Komposita können nach dem Beispiel oben ebenfalls in Sätze aufgelöst werden.

Marktbeobachtung
(die) Beobachtung des Markts                     der Markt wird beobachtet

Wettbewerber-Beobachtung
(die) Beobachtung der Wettbewerber               die Wettbewerber werden beobachtet

## Plusquamperfekt

„Zur Zeit von Goethes Jugend **hatte** Frankfurt am Main ungefähr 40 000 Einwohner. Sie **war** eine reiche Handels- und Messestadt. Damals **sagte** man: „In Frankfurt ist mehr Wein in den Kellern, als Wasser in den Brunnen." Auch die Familie Goethe **gehörte** zur reichen Oberschicht. Der Großvater des Dichters, der aus Thüringen nach Frankfurt **eingewandert war, hatte** mit dem Weinhandel die Grundlagen für den Reichtum der Familie **gelegt.** Bei seinem Tod **betrug** sein Vermögen fast eine Million Mark."

### Bildung

Präteritum der Hilfsverben „haben" oder „sein" + Partizip II
Ansonsten gelten dieselben Regeln wie für das Perfekt.

hatte        gelegt                                  war        eingewandert

| haben  +  Partizip II |   | sein  +  Partizip II |

### Gebrauch

| vor Goethes Zeit um 1700 | Zur Zeit von Goethes Jugend um 1760 | Heute |
|---|---|---|
| Der Großvater war aus Thüringen nach Frankfurt eingewandert und hatte mit dem Weinhandel die Grundlagen für den Reichtum der Familie gelegt. | | |
| | Bei seinem Tod betrug sein Vermögen fast eine Million Mark. | Heute kann man Goethes Elternhaus in Frankfurt besichtigen. |
| **Ereignisse, die vorausgehen** Plusquamperfekt | **Erzählebene** Präteritum | **Gegenwart** Präsens |

MEMO

Das Plusquamperfekt gebraucht man, wenn man ausdrücken will, dass eine Handlung einer anderen Handlung in der Vergangenheit vorausgeht.

## Temporale Beziehungen

Zeitliche Beziehungen zwischen verschiedenen Handlungen werden
– mit temporalen Nebensätzen ausgedrückt.
– präpositional ausgedrückt.

### Temporale Nebensätze

| Nebensatz | Hauptsatz |
|---|---|
| Als ihre Köchin einmal krank war, | musste sie auswärts essen, da sie „nichts Ordentliches bei sich zu essen hatte." |
| Während sie kochten, | mussten viele Frauen auch auf ihre Kinder aufpassen. |
| Wenn das Wasser kocht, | muss man die Nudeln hineingeben. (a) |
| (Immer) wenn sie Wasser brauchten, | mussten sie zu einem Brunnen gehen. (b) |

| | |
|---|---|
| **als** | = die Konjunktion drückt ein Ereignis in der Vergangenheit aus. |
| **während** | = die Konjunktion drückt Gleichzeitigkeit aus: zwei Handlungen finden gleichzeitig statt. |
| **wenn** | = (a) drückt ein einmaliges Ereignis in der Gegenwart und Zukunft oder (b) eine wiederholte Handlung in der Vergangenheit oder Gegenwart aus. |

| | |
|---|---|
| Bevor die Wohnungen mit fließendem Wasser ausgestattet wurden, | baute man diese Küche aus dem späten 19. Jahrhundert. |
| Nachdem die Elektrizität entdeckt worden war und man den Strom nutzbar gemacht hatte, | wurden die offenen Feuerstellen in den Küchen bald überflüssig. |

| | |
|---|---|
| **bevor** | = drückt Nachzeitigkeit aus |
| **nachdem** | = drückt Vorzeitigkeit aus |

### Präpositionale Ausdrücke zum Ausdruck temporaler Beziehungen.

Temporale Nebensätze werden oft zu präpositionalen Ausdrücken verkürzt.

| Konjunktion | | Präposition | |
|---|---|---|---|
| als | Als sie heiratete, war Goethes Mutter 17 Jahre alt. Als er starb, betrug sein Vermögen fast eine Million Mark. | bei | Bei ihrer Heirat war Goethes Mutter 17 Jahre alt. Bei seinem Tod betrug das Vermögen fast eine Million Mark. |
| während | Während sie kochten, mussten viele Frauen auch auf ihre Kinder aufpassen. | während | Während des Kochens mussten viele Frauen auch auf ihre Kinder aufpassen. |
| nachdem | Nachdem die Glühbirne erfunden worden war, verdrängte das elektrische Licht das Gas. | nach | Nach der Erfindung der Glühbirne verdrängte das elektrische Licht das Gas. |
| bevor | Bevor die Wohnungen mit fließendem Wasser ausgestattet wurden, baute man diese Küche. | vor | Diese Küche wurde vor der Ausstattung der Wohnung mit fließendem Wasser gebaut. |

**1 Rund um die Messe**

Suchen Sie aus Kapitel 9 alle Begriffe zum Wortfeld „Messe". Klären Sie die Begriffe.
Arten von Messen: *Leitmessen, Ordermessen, Fachmessen, Publikumsmessen, Hausmessen*

*Eine Leitmesse ist eine Messe, die für eine Branche führend ist.*

**2 Ergänzen Sie die Ausdrücke mit den Verben.**

*entwerfen – reservieren – buchen – planen – anfordern – festlegen – bestellen – ausfüllen – anmelden – erkundigen (Mehrfachnennungen möglich)*

einen Messestand _____

eine Standskizze _____

einen Hallenplan _____

sich nach der technischen Ausstattung _____

die Standfläche _____

sich beim Messeveranstalter _____

Bestellformulare _____ / _____

**3 Was muss ein Geschäftsmann auf einer Messe alles tun?**

Suchen Sie Begriffe aus, die Messetätigkeiten beschreiben. Erstellen Sie eine Checkliste.

die Wettbewerber beobachten – mit den Hostessen flirten – neue Produkte vorführen – Kunden gezielt ansprechen – die Messestadt kennen lernen – das historische Museum der Stadt besuchen – die Meinungen der Kunden anhören – Waren liefern – die Angebote der Wettbewerber studieren – gut essen und die Lokalitäten genießen – neue Kunden gezielt in das Unternehmen integrieren – den Streit mit Konkurrenten suchen – Informationen mit Fachleuten austauschen – neue Vertreter für die Produkte gewinnen – Kunden am Stand bewirten – Standpersonal auswählen – Hotelzimmer reservieren – eine Pressekonferenz organisieren – Veranstaltungen durchführen

*Auswahl des Standpersonals, Ansprache neuer Kunden . . .*

**4 Lesen Sie den folgenden Text aus „Manager Seminare".**

Bemerkungen/Notizen

_____

_____

_____

_____

_____

_____

_____

_____

DER PREIS ENTSCHEIDET ÜBER
DIE ART DER VERANSTALTUNG.

Die Messegesellschaften sehen sich einem immer schärferen Wettbewerb ausgesetzt. Besonders die größeren Gesellschaften werden um die Leitmessen mehr kämpfen müssen als bisher. Dabei wird der Anteil der internationalen Fachbesucher das entscheidende Kriterium für oder gegen eine Messebeteiligung sein. Auch die Nachfrage nach Dienstleistungen wird steigen, da sich die Industrieunternehmen verstärkt auf ihr Kerngeschäft konzentrieren werden und andere, bisher intern erbrachte Leistungen einkaufen. Allerdings tun sich viele Messeveranstalter schwer, entsprechende Dienstleistungs-Branchenmessen zu entwickeln oder zu etablieren. Messen haben ihre historischen Wurzeln in Jahrmärkten. Vieles von diesem Charme ist im Laufe der Jahre verloren gegangen. Vielleicht wird sich das Messewesen künftig daran erinnern und zu anderen Formen der Veranstaltungsdurchführung finden, die mehr Spielraum für Kreativität lassen und zu neuen Ausstellungspraktiken führen. Viele Messeveranstalter und ausstellende Unternehmen denken darüber nach, wie der Fachbesucher künftig noch besser und direkter angesprochen werden kann. Ein weiterer entscheidender Aspekt für die Entwicklung und Positionierung von neuen Veranstaltungsformen wird durch die Kosten-Nutzen-Überlegungen der Unternehmen begründet. Kostengünstige Alternativen sind gefragt.

**Worterklärungen:**
das Kerngeschäft: das Hauptgeschäft, das wichtigste Geschäft; eine bisher intern erbrachte Leistung einkaufen: das Unternehmen macht etwas nicht mehr selbst; der Spielraum: der Platz; die Dienstleistungs-Branchenmesse: Messe, auf der Dienstleister ausstellen; die Ausstellungspraktiken (Pl.): die Art und Weise, wie man Ausstellungen, Veranstaltungen organisiert, durchführt; die Positionierung: die Einführung auf dem Markt

## 5 Finden Sie die Textstellen zu den folgenden Notizen (→ Ü4).

Schreiben Sie sie an den Rand des Textes.

> der Preis entscheidet über die Art der Veranstaltung – größere Konkurrenz bei den großen Messen – Trend zum Outsourcing – Dienstleistung ist auf Messen gefragt – aus der Geschichte der Messe lernen – Veranstalter sind als Dienstleister gefordert – mehr Raum für Kreativität auf Messen

## 6 Welche Überschrift finden Sie gut? Begründen Sie Ihre Antwort (→ Ü4).

Künftig entscheidet der Preis

Die Messen müssen wieder kreativer werden

Wohin gehen die Trends?

Outsourcing betrifft jetzt auch die Messen

Kampf der Messegesellschaften

Aus der Geschichte der Messen lernen

Dienstleistung ist gefragt

Industrie engagiert sich künftig nicht mehr auf den Messen

Veranstalter müssen den Besucher mit mehr Dienstleistung gezielter ansprechen

## 7 Ordnen Sie die Überschriften in die Tabelle.

| sinnvoll | weniger sinnvoll | sinnlos oder falsch |
|---|---|---|
| | | *WOHIN GEHEN DIE TRENDS?* |
| | | |
| | | |
| | | |

## 8 Welche Aussagen über den Text sind richtig (→ Ü4)?

| | Richtig | Falsch |
|---|---|---|
| Die Veranstalter von Messen müssen sich in Zukunft keine Sorgen um ihre Besucher machen. | ○ | ○ |
| Dienstleistungen auf Messen sind in Zukunft gefragt. | ○ | ○ |
| Große Unternehmen wollen in Zukunft von Messen einen größeren Service. | ○ | ○ |
| | ○ | ○ |
| Die traditionelle Messeform ist nicht mehr lange wettbewerbsfähig. | ○ | ○ |
| Über eine Änderung denkt noch niemand nach. | ○ | ○ |

**Szenen einer Familie oder: Kinder, Küche und Computer...**

Susanne F., eine junge, erfolgreiche PR-Frau, hat ein Baby bekommen. Die ersten Monate nach der Geburt blieb sie zu Hause. Solange das Kind klein war, wollte sie ihre Arbeit von ihrer Wohnung aus am Computer erledigen. Aber eines Tages passierte etwas. Ihr Mann war gerade auf einer Geschäftsreise in den USA...

Betrachten Sie die Gegenstände. Sie spielen in der folgenden Geschichte eine Rolle.

Setzen Sie zuerst die Verben ins Präteritum bzw. Plusquamperfekt. Kombinieren Sie dann die Sätze in der linken Spalte mit den Sätzen in der rechten Spalte richtig. Dann wissen Sie, warum alles passiert ist. Die Sätze in der linken Spalte sind bereits in der richtigen Reihenfolge.

Verbinden Sie anschließend die Sätze zu einer Geschichte.

1. Das Kind _____ (schlafen) in seinem Bettchen.

3. Sie _____ (einschalten) den Computer _____ . (D)

5. Das Kind _____ (aufwachen) nach zwanzig Minuten wieder _____ und _____ (schreien). (N)

7. Sie _____ (wollen) das Baby aus dem Bett nehmen. (C)

9. Sie _____ (telefonieren) mit dem Baby auf dem Arm. (N)

11. Susanne _____ (merken), dass die Küche _____ (brennen). (L)

13. Die Feuerwehr _____ (löschen) das Feuer. (E)

**als**
**bevor**
**nachdem**
**während**

Sie _____ (anrufen) die Feuerwehr _____ . (Die Feuerwehr kam.) (L)

Susanne _____ (wollen) am Computer arbeiten.

Susanne F. _____ (sitzen) verzweifelt mit ihrem Baby im Wohnzimmer. (R)

Sie _____ (wollen) ihm in der Küche das Fläschchen geben. (S)

Sie _____ (stellen) in der Küche einen Topf auf den Herd und _____ (sterilisieren/ _____ auskochen) darin ◯◯◯ ◯◯◯◯◯◯◯◯ des Babys _____ . (E)

Das Telefon _____ (klingeln). (Ihre Chefin war am Apparat und wollte mit ihr dringend einen Auftrag besprechen). (H)

Eine Nachbarin _____ (klopfen) an die Tür und _____ (wollen) ihr einen Kuchen vorbeibringen. (U)

Lösung: Susanne F. hatte ◯◯◯ ◯◯◯◯◯◯◯◯ vergessen.

***Während** das Kind in seinem Bettchen schlief, wollte Susanne am Computer arbeiten. **Bevor** sie ...*

„Was soll ich nur meinem Mann sagen?", dachte sie am Ende.
Spielen Sie das Telefongespräch mit Ihrem Partner/Ihrer Partnerin.

Was sprechen die beiden Personen miteinander? Schreiben Sie zu der Bildgeschichte einen Text in der Vergangenheit. Verwenden Sie die Konjunktionen „während, als, nachdem, bevor..."

Erzählanfang 1:

„Na endlich gibt es bald etwas zu essen", dachte Emil Vogel zufrieden und verkroch sich hinter seiner Zeitung...

Erzählanfang 2:

„Bin ich denn seine Sklavin?", fragte sich Mathilde Vogel, während sie missmutig im Kochtopf herumrührte...

Was schlagen Sie vor? Was soll die Frau tun? Was soll der Mann tun?
Der Mann schreibt einen Leserbrief an die Eheberaterin einer Zeitung und beklagt sich.
Schreiben Sie den Brief für ihn.

**11 Ordnen Sie die die Texte A–E dem Foto und den Grafiken zu.**

Der Küchenhersteller *bulthaup* beschreibt, wie er das Problem der Ergonomie gelöst hat.

**A**
Wer an der Arbeitsplatte steht, will sich auf das Vorbereiten, Zubereiten und Kochen konzentrieren und nicht durch einen schmerzenden Rücken ablenken lassen. Durch Arbeitsflächen, die höher gelegt wurden, erreicht *bulthaup*, dass niemand mehr lange mit gebeugtem Rücken in der Küche stehen muss.

**B**
Die Ergonomie steht im Mittelpunkt der Konzeption von system 25. Anders gesagt: Die Küche soll den normalen Bewegungs- und Arbeitsmöglichkeiten angepasst werden. Das Kochen, gerade wenn es aufwendig ist und länger dauert, ist anstrengend. Aber je besser die Einrichtung der Küche sinnvolle Arbeitsabläufe bei entspannter Körperhaltung ermöglicht, desto öfter wird sie benützt.

**C**
Die Nische zwischen Arbeitsfläche und den oberen Funktionselementen wird oft benutzt. Sie befindet sich im Zentrum des Sichtfeldes. Es bietet sich deshalb an, die Nische intensiv zu nutzen. Voraussetzung dafür sind flexible Ausstattungen und der jeweiligen Situation angepasste Lichtquellen.

**D**
Der Raum, in dem Menschen Dinge ergreifen können, ohne sich fortzubewegen, umfasst eine Halbkugel. Ergonomisch ist es am günstigsten, wenn sich alle Werkzeuge und Zutaten innerhalb dieses Greifraums befinden.

**E**
In Unterschränken wird ein Großteil der Gegenstände aufbewahrt, mit denen jeder in der Küche hantiert. Unterschränke muss man leicht einräumen können, und man sollte genauso leicht Dinge entnehmen können.

Ein Laie fragt Sie nach der Bedeutung des Begriffs „Ergonomie". – Wie würden Sie ihm den Begriff erklären? Auf welche Bereiche trifft er noch zu?

**Hören Sie noch einmal, was Grete Lihotzky zur Entwicklung der Küche sagt.**

Lesen Sie dann die Transkription ihrer Rede. Sie ist verkürzt. Machen Sie aus der Rede einen schriftlichen Bericht. Dafür müssen die erzählenden Teile im Präteritum stehen.

„Wir in Wien hatten nämlich in der Siedlerbewegung zuerst Wohnküchen gemacht.
Warum? Weil es kein Brennmaterial gegeben
hat. Die Leute haben nur den Herd geheizt und
haben da auch wohnen wollen, weil sie nicht
genug Brennmaterial gehabt haben, um noch
mehrere Öfen zu heizen. Das ist die Grundlage
für die Wohnküche in Wien gewesen, die aus
der Bauernküche kommt, aus dem Bauern-
haus, wo ja die Menschen auch um das Feuer
gewohnt haben. Und in dem Moment, wo man
Gas und Elektrizität hat, fällt ja dieses Moment
weg. Die Leute sprechen heute von Wohnküchen, die gar keine Wohnküchen sind. Sie haben nämlich extra alle noch ein Wohnzimmer.
Dann ist das ja schon keine Wohnküche, dann
ist das höchstens eine Essküche. Also über
diese Frage haben wir da beraten. Damals –
und das bedenkt die Jugend heute nicht – hat
es kein fließendes Wasser gegeben, dass man
immer den Hahn aufdreht und warmes Wasser gehabt hat. Das Wasser ist am Herd ge-
wärmt worden und ist dann ausgeschüttet
worden, nicht wahr. Es hat alles nicht gegeben, was eine Küche wirklich ganz sauber und
hygienisch macht. So dass die Wohnküche
eine in unseren Augen niedrigere Wohnform
war, weil alles, der Schmutz, der Dreck, das
Gemüseputzen, die Schalen alle, der Abfall,
das alles war im Wohnzimmer, nicht wahr.“

WIR IN WIEN HATTEN ... NÄMLICH ZUERST WOHNKÜ-
CHEN GEMACHT, WEIL ES KEIN BRENNMATERIAL GAB.
DIE LEUTE HEIZTEN NUR DEN HERD UND
WOLLTEN ...

UND IN DEM MOMENT, WO ES GAS UND ELEKTRIZITÄT
GAB, ENTFIEL DIESER GRUND.

**Worterklärungen:**
Siedlerbewegung: Diese Bewegung beschäftigte sich mit dem Neubau von Wohnungen; dieses Moment:
dieser Aspekt, d. h. hier die Tatsache, dass die Menschen früher um das Feuer herumsaßen

Das Hundertwasserhaus in Wien

# 10 — Messeaktivitäten

*In diesem Kapitel finden Sie folgende Themen:*

A: Schein und Sein – Zur Funktion des Designs, B: Messeaktivitäten, C: Die Wirtschaft in der Presse

## A — Schein und Sein – Zur Funktion des Designs

### A 1 Die Récamière

die Couch
das Sofa
die Chaiselongue
die Ottomane
das Liegesofa
die Liege
der Liegestuhl
der Diwan
das Kanapee

Gefällt Ihnen das Möbelstück? Beschreiben Sie es.

Was würden Sie sagen: Handelt es sich eher um ...

... ein deutsches, italienisches, spanisches, englisches, französisches, arabisches, persisches, japanisches, indianisches, türkisches Möbelstück?

REDEMITTEL **Etwas bestimmen/beschreiben**

| etwas bestimmen | die Funktion beschreiben |
|---|---|
| Ganz eindeutig, das ist ...<br>Also meiner Meinung nach handelt es sich da um ... (Akk.).<br>Nein! Ich denke eher, dass es ein ... ist. | Das braucht man zum ...<br>Das wird gebraucht zum ...<br>So ein Möbelstück dient zum ...<br>Auf so einem Möbelstück kann man ... |

Die Presseabteilung der *Internationalen Möbelmesse* in Köln hat zu dem Bild folgenden Text geschrieben:

„Diese auffällige **Variante** der **Récamière** lädt zum Sitzen und Ruhen ein. Als echtes Salonmöbel zeigt es raumgreifende Proportionen. Die Aluminiumfüße, die Nagelung und die gezackte Schabracke verleihen ihm eine mondäne Note."

Es handelt sich also um _____.

Es gibt offenbar noch andere _____.

● **Aber woher kommt der Begriff „Récamière"?**

Madame Récamier (1777–1849), berühmt für ihre Schönheit und Intelligenz, leitete einen bekannten Pariser Salon.

---

das Sofa ⇐ frz. le sofa ⇐ arab. <soffah, suffah> = Kamelsattel mit Kissen
die Ottomane ⇐?
der Diwan ⇐ ital. divano ⇐ pers. diwan = mit Kissen ausgestatteter Saal des Herrschers/des Sultans
das Kanapee ⇐ mittellateinisch canopeum (Betthimmel) ⇐ griech. „konopeion" = Bett mit Vorhängen
die Couch ⇐ engl. couch ⇐ frz. coucher = liegen, ruhen, schlafen
die Chaiselongue ⇐ frz. chaiselongue (eigentlich „langer Stuhl")

---

## A 2 Gespräch mit dem Leiter der Kunstakademie Stuttgart

Auf der *Internationalen Möbelmesse in Köln* unterhält sich Francesca Dini, die Leiterin der Exportabteilung von *Cucine*, mit dem Industriedesigner Klaus Lehmann. Er hat ein Büro für Industriedesign und ist gleichzeitig Professor an der Kunstakademie Stuttgart, wo er Industriedesigner ausbildet.

 Hören Sie sich den ersten Teil des Gesprächs einmal vollständig an. Über welche beiden Themen wird gesprochen?

_____     _____

_____     _____

● **Bevor Sie das Gespräch noch einmal hören, klären Sie den Begriff „ästhetisches Bewusstsein".**

Überlegen Sie sich doch einmal in Gruppen:

– Wie bekommt man ein Gefühl für Schönes?
– Gibt es eventuell Normen für Schönes und Hässliches?
– Gibt es ein absolut Schönes?

**Stichwort Bauhaus und Ulmer Schule**
**Bauhaus:** Im Jahre 1919 von dem Architekten Walter Gropius in Weimar gegründet. Wichtige Prinzipien des Bauhauses waren z. B. die Überwindung der Trennung zwischen freier und angewandter Kunst und klare, sachliche Formen. Berühmte Lehrer am Bauhaus waren: Feininger, Klee, Kandinsky, Mies van der Rohe
**Ulmer Schule:** Max Bill wollte mit der Gründung der Hochschule für Gestaltung in Ulm (1955-56) noch einmal an die Tradition des Bauhauses in Weimar anknüpfen. Nach seinem Abschied 1956 wurde das Institut immer mehr zu einer Designerschule.

**Ergänzen Sie beim zweiten Hören das Schaubild.**

> Kulturelle Bestimmtheit
> von
> ästhetischem Bewusstsein

2 Sichtweisen

Globale Sichtweise
bedeutet:
Man sieht

_____

_____

Sicher ist:
_____ bestimmen
unser ästhetisches Bewusstsein. Es gibt eine Tendenz
zur _____

Enge Sichtweise
bedeutet:
Man sieht

_____

_____

● **Was bedeutet „Nivellierung des ästhetischen Bewusstseins"?**

● **Bringen Sie die folgenden Begriffe in eine Ursachenkette.**

Weltdesign          _____

globale Märkte      _____

Nivellierung des
ästhetischen Bewusstseins  _____

Massenprodukte      _____

„Rollenspiel"

„AC1"

Ü1,2,3 | Seite 225

# A 4 Welche Meinung haben Sie dazu?

Fassen Sie die Sichtweise von Klaus Lehmann in kurzen Sätzen zusammen und tragen Sie sie im Plenum vor.

*Der Zwang zur Massenproduktion führt zu einer weltweiten Vermarktung, so Klaus Lehmann.*
*Laut Klaus Lehmann führt der Zwang ...*

REDEMITTEL **Einen Standpunkt beziehen**

| | |
|---|---|
| Für Prof. Lehmann **sind** Kultur und ästhetisches Bewusstsein überregional. Er **neigt zu** einer globalen Sichtweise und **spricht von** einer europäischen Kultur. | + Das **sehe** ich **auch so.** <br> **Dem stimme** ich **zu.** |
| **Seiner Auffassung nach** werden ... durch beeinflusst. <br> **Seiner Meinung nach** beeinflussen ... <br> Er meint, dass es Unterschiede in den Details gibt, die nur Spezialisten erkennen können. | **Meiner Auffassung nach** ... <br> **Meiner Meinung nach** ... <br><br> – Ich **hingegen denke,** dass ... <br> Ich **dagegen meine,** dass ... |

# A 5 Klaus Lehmann und Francesca Dini unterhalten sich über Küchen.

Kreuzen Sie unter den folgenden Themen diejenigen an, die Ihnen aus Kapitel 9 schon bekannt sind.

○ 19. Jh. Küche: Einzelmöbel
○ 20er Jahre: Frankfurter Küche
○ Doppelbelastung der Frau: Beruf und Haushalt
○ Methoden des Taylorismus → 1. Minimierung der Arbeitswege, 2. Erleichterung der Arbeit
○ Weiterentwicklung der Küche in Skandinavien → 50er Jahre „Reimport" als Schwedenküche
○ Zusammenarbeit zwischen Designer und Produzent → Design = Prozess in Phasen
○ Designerküchen = oft Messeheuler; z. B. Kugelküche von Luigi Colani
○ Hochtechnisierte Küchen: Tiefkühlkost
○ Neuentwicklungen → Standards → Norm → Stagnieren der Entwicklung

● **Bilden Sie Sätze, die zeigen, dass Sie Klaus Lehmann zitieren.**

| |
|---|
| *sein/aufstellen* <br> *beginnen* <br> *der Grund sein für* <br> *anwenden* <br> *erreichen wollen* <br> *zurückkehren* <br> *führen zu* <br> *sich gestalten als* <br> *sein* <br> *zubereiten/nicht kochen* <br> *führen zu, zur Folge haben* |

*Die Küche war im 19. Jahrhundert ein Ort, wo man Einzelmöbel aufgestellt hat.*
*Klaus Lehmann sagt, dass die Küche im 19. Jahrhundert noch ein Ort war, wo man Einzelmöbel aufgestellt hat.*
*Die Geschichte der modernen Einbauküche beginnt mit der Frankfurter Küche, so Klaus Lehmann.*

G1,2,3 | Seite 223

● Klaus Lehmann spricht im Zusammenhang mit Designer-Küchen von so genannten „Messeheulern". Was meint er damit?

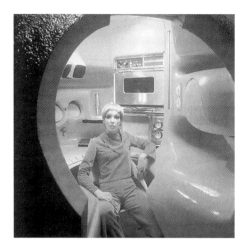

Avantgardistisch:
Die Kugelküche „experiment 70", entwickelt in Zusammenarbeit mit dem Designer Luigi Colani, wird 1970 als experimentelles Modell für das Jahr 2000 vorgestellt.

Die Hausfrau als Kapitän auf der Mikrowellenbrücke:
Das Entwicklungsprojekt „Typ 1" spielte mit dem Gedanken, dass die Küche der Zukunft nicht zum Kochen oder gar zum Leben, sondern nur zum Erhitzen von Fertiggerichten gut sein sollte.

● Beschreiben Sie die Küchen. Zeichnen Sie einen Wohnungsgrundriss, der für diese Küchen passt. Was sind die Vorteile bzw. Nachteile von solchen Küchen?

Ü4 | Seite 226
Ü5 | Seite 227

# B — Messeaktivitäten

## B 1 Gespräche am Stand von *Cucine*

Der Stand von *Cucine* auf der *Internationalen Möbelmesse 1997*. Schauen Sie sich das Bild einmal an. Hat *Cucine* den Stand auch wirklich kommunikationsorientiert eingerichtet?

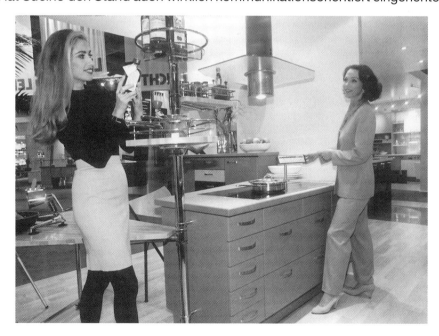

## B 2 Sie hören zwei Gespräche am Messestand.

Ist das so richtig?

|  | Ja | Nein |
|---|---|---|
| Herr Neumann vertritt einen kleinen Küchenhersteller. | ○ | ○ |
| Herr Neumann möchte nur große Küchen in seinem Programm haben. | ○ | ○ |
| Herr Neumann sucht noch Modelle für die obere Mittelklasse. | ○ | ○ |
| *Cucine* kann „System3plus" ab 15 000 DM anbieten. | ○ | ○ |
| Herr Kindermann kennt sich mit Furnieren nicht aus. | ○ | ○ |
| Er kann den Kunden nur einen Typ von Massivholzküchen anbieten. | ○ | ○ |
| Die Kunden von Kindermann sind sehr anspruchsvoll. | ○ | ○ |
| Er möchte „System3plus" gern vertreiben. | ○ | ○ |

● Machen Sie sich dazu Notizen.

|  | Erstes Gespräch | Zweites Gespräch |
|---|---|---|
| Wer spricht mit wem? | HERR NEUMANN, FRANCESCA DINI, SARAH MANDANI | HERR KINDERMANN |
| Gesprächsthemen | 1. GRÖßE DER KÜCHEN + KÜCHEN-GRUNDRISSE<br>2. _____<br>3. _____ | 1. _____<br>2. _____<br>3. _____ |
| Wichtige Aussagen/Fragen | 1. _____<br>2. _____<br>3. _____ | 1. _____<br>2. _____<br>3. _____ |

## B 3 Ein Protokoll

Sarah Mandani, die Assistentin des Niederlassungsleiters, hat sich Notizen von den Gesprächen gemacht. Hören Sie die beiden Gespräche noch einmal und ergänzen Sie die Stichworte auf den beiden Protokollblättern.

Datum: 14. Januar 1999, 12 Uhr 30
Partner: HERR NEUMANN _____
von: _____
mit: _____

„Küche & Einrichtung" ist ein großer KÜCHEN-SPEZIALIST mit _____ _____ in Deutschland.
Herr Neumann leitet _____
Herr Neumann ist an „System3plus"
sehr _____. _____
sei wunderbar und auch die _____
_____ erfülle höchste _____.
Herr Neumann überlegt, ob er es _____
_____ aufnimmt.
Allerdings fragt er sich, ob „System3plus"
für deutsche Küchengrundrisse _____
_____ sei. Für _____ spielt
_____ eine wichtige Rolle. So
betont er, dass _____
für das Basismodell _____
_____ sein dürfe.

Datum: 14. Januar 1999, 16 Uhr
Partner: HERR KINDERMANN _____
von: KINDERMANN, MASSIVHOLZKÜCHEN
MIT: _____

Herr Kindermann ist _____
und leitet _____, der
_____ herstellt.
Er möchte _____ gern
_____
aufnehmen. Seine Kunden seien _____
_____ und _____
_____ könne er nicht
konkurrieren.
Für H. Kindermann ist _____
sehr wichtig. Die _____
dürften _____ nicht zu teuer
werden. Interessant sei _____
_____ „System3plus", weil man es
_____ handhaben könne.

● **Als Sarah die Protokolle geschrieben hat, hat sie genau unterschieden:**

– zwischen dem, was sie beschreibt und kommentiert
– und zwischen der Wiedergabe von Zitaten.

Lesen Sie die Protokolle noch einmal und untersuchen Sie, wie Sarah Mandani das gemacht hat.

| Was **ist** Herr Neumann/Kindermann?<br>Was **macht** H. Neumann /Kindermann? | Was **sagt** Herr Neumann/Kindermann? |
|---|---|
| HERR NEUMANN **IST** BEI K&E FÜR DEN EINKAUF ZUSTÄNDIG. | ER SAGT, DAS DESIGN VON „SYSTEM3PLUS" **SEI** EINFACH WUNDERBAR. |
| | |
| | |
| | |

## B 4   Sarah Mandani muss einen Bericht schreiben.

Etwas später berichtet Sarah Mandani Herrn Claus, dem Niederlassungsleiter von *Cucine* in Deutschland, von den beiden Begegnungen. Ergänzen Sie die korrekten Verbformen.

> würden sich ... binden – dürfe ... liegen – aufnehmen soll – ist – gefalle – ist – leitet – sehe –
> würden ... suchen – denkt – spielt – bereit sei – sagt

Herr Neumann _____ den Einkauf bei Küche & Einrichtung. Das _____ ein großer Küchenverkäufer mit 30 Filialen in Deutschland. Herr Neumann _____, dass ihm „System3plus" vom Design und der Qualität her sehr gut _____. So überlegt er, ob er „System3plus" in sein Programm _____. Wie er sagt, _____ sie bei Küche & Einrichtung Modelle für die obere Mittelklasse _____. Allerdings _____ SEHE _____ er noch Probleme mit der Größe und dem Preis. Er _____ nämlich, dass „System3plus" zu groß für deutsche Küchengrundrisse _____. Zweitens _____ der Preis für ihn eine große Rolle. Denn die Kunden _____ in erster Linie über den Preis an den Hersteller _____. Die übergroße Mehrheit der Konsumenten _____ nicht _____, mehr als 15 000 Mark für eine neue Küche auszugeben. Deswegen _____ der Einstiegspreis für das Basismodell inklusive Markengeräte nicht höher _____.

● **Martin Claus fragt zur Sicherheit noch einmal nach.**

Spielen Sie den Dialog zwischen Martin Claus und Sarah Mandani.

( Martin Claus )  ( Sarah Mandani )

Was hat Herr Neumann zum Design gesagt?

Was hat er zur Qualität gesagt?
(Preis, Grundrisse etc.)

*Er hat gesagt, dass ihm das Design sehr gefalle.*
*Er sagt, ihm gefalle das Design sehr.*

Auch von dem Gespräch mit Herrn Kindermann möchte Martin Claus einen kurzen Bericht haben. Setzen Sie die Verben in der richtigen Form und dem richtigen Modus ein. Die Verben sind schon in der richtigen Reihenfolge aufgeführt.

*sein – haben – herstellen – gut sein – erweitern müssen – sein – handhaben können – eine Rolle spielen – dürfen*

Herr Kindermann _____ Möbelschreiner und _____ einen kleinen Familienbetrieb in der Nähe von Bamberg. Dort _____ er Küchen aus Massivholz nach speziellen Kundenwünschen _____. Er sagt, dass die Nachfrage recht _____, betont aber, dass das Unternehmen das Angebot langsam _____. Da _____ „System3plus" sehr interessant, weil man es genauso individualistisch _____ wie die Küchen aus Massivholz. Auch für Herrn Kindermann _____ der Preis eine große Rolle. Er sagt, dass die Küchen im Endpreis nicht teurer sein _____ als seine eigenen.

● **Was hat Sarah vergessen? Hören Sie das Gespräch mit Herrn Kindermann noch einmal und vergleichen Sie mit dem Protokoll.**

Auch hier fragt Martin Claus zur Sicherheit noch einmal nach. Spielen Sie den Dialog zwischen Claus und Sarah Mandani.
Wie sollen die Geschäftsbeziehungen zwischen *Cucine* und den Herren Neumann und Kindermann weitergehen? Machen Sie dem Messeteam (Martin Claus, Francesca Dini, Sarah Mandani) Vorschläge und spielen Sie die Diskussion.

Ü6 | Seite 227
Ü7 | Seite 228

## C — Die Wirtschaft in der Presse

### C 1 Der Europäische Design Preis

„System3plus" hat einen Preis für Design von der Europäischen Kommission bekommen. Sarah Mandani bekommt die Mitteilung der Jury.

European
DESIGN PRIZE

Promoting design as an instrument of innovation

*Cucine* hat neue Maßstäbe in der Küchenbranche gesetzt. Kunden, die die Küchen von *Cucine* in Werbung, Showrooms und Ausstellungen sehen, sind einerseits von deren Qualität, von deren Innovation und ihrem hohen ästhetischen Niveau fasziniert. Andererseits beeindruckt die Philosophie, die allen Äußerungen und Ausdrucksformen des Unternehmens zugrunde liegt. Dabei gehört die liebevolle Sorgfalt für das Detail mit zu den reizvollsten Aspekten. Das wird noch unterstrichen durch die klare, unverkünstelte Sprache, die interessant, lebendig und glaubwürdig klingt.

◉ **Wie begründet die Jury den Preis für *Cucine*? Nennen Sie die Punkte.**

_____
drückt sich in allen Punkten aus:

1. _____  2. _____  3. _____  4. _____

Was versteht man unter einer **Unternehmensphilosophie**?
Kennen Sie außer dem *Europäischen Design Preis* noch andere Preise, die in der Wirtschaft und an Unternehmen vergeben werden?
Wofür sind Preise und Auszeichnungen in der Wirtschaft gut? Wie können sie im Marketing eingesetzt werden?

## C 2  Vom Ereignis zur Information

„Es gibt nichts Gutes – außer man tut es." Diesen Spruch des deutschen Schriftstellers Erich Kästner könnte man so ergänzen: „Aber was nützt das schon, wenn es niemand erfährt." Wie kann Sarah dafür sorgen, dass die Nachricht von der Preisverleihung an *Cucine* möglichst schnell verbreitet wird?
Ergänzen Sie das Flussdiagramm mit den Verben und beschreiben Sie anschließend den Weg der Informationen zu ihren Adressaten.

*informieren über – sortieren – weiterleiten – anfragen – berichten über – eine Mitteilung verfassen*

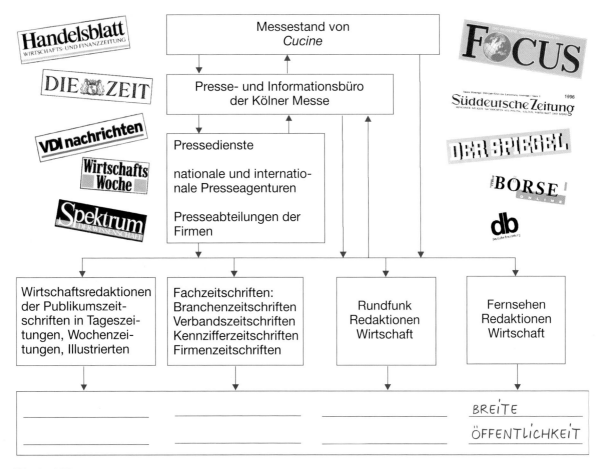

**Worterklärungen:**
Kennzifferzeitschrift: Bei dieser Zeitschrift steht eine Kennziffer/Chiffre hinter der Anzeige. Der Kunde kann den Verlag anschreiben und erhält dann Informationen über das betreffende Produkt. Der Verlag und das Unternehmen bekommen so die Adresse eines möglichen Kunden.

◉ **Tragen Sie in das Diagramm noch die Zielgruppen ein, für die die Informationen bestimmt sind.**

Verbraucher und Konsumenten allgemein        Fachleute aus der Branche        Fachverkäufer
die breite Öffentlichkeit                     Fachjournalisten                 Küchenverkäufer

Vielleicht kennen Sie schon einige der Zeitungen aus dem fiktiven Wirtschaftskiosk unten.
Ordnen Sie die abgebildeten Zeitschriften den Sparten im Flussdiagramm C 2 zu.

Welche Wirtschaftszeitungen und Magazine gibt es in Ihrem Land?

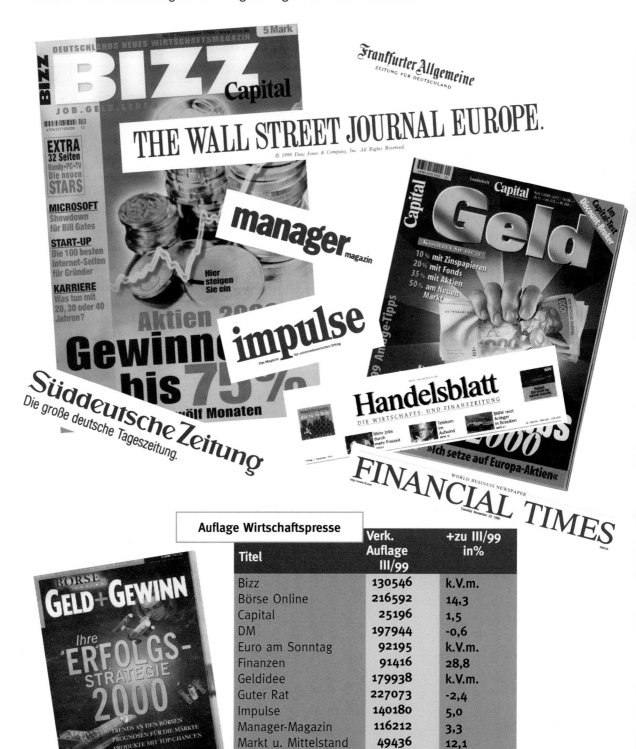

| Auflage Wirtschaftspresse | | |
|---|---|---|
| Titel | Verk. Auflage III/99 | +zu III/99 in% |
| Bizz | 130546 | k.V.m. |
| Börse Online | 216592 | 14,3 |
| Capital | 25196 | 1,5 |
| DM | 197944 | -0,6 |
| Euro am Sonntag | 92195 | k.V.m. |
| Finanzen | 91416 | 28,8 |
| Geldidee | 179938 | k.V.m. |
| Guter Rat | 227073 | -2,4 |
| Impulse | 140180 | 5,0 |
| Manager-Magazin | 116212 | 3,3 |
| Markt u. Mittelstand | 49436 | 12,1 |
| Plus | 159715 | -20,3 |
| Wirtschaftswoche | 181118 | 2,1 |

Quelle: VDZ

Ü8  Seite 229

● **Wo und wie informieren Sie sich über die Wirtschaft?**

Sehen Sie sich das Angebot an. Welche Art von Wirtschaftsinformationen findet man in den
Medien? (*allgemeine, spezielle, branchenspezifische*, . . .) Halten Sie den Kiosk für vollständig?

Hier sind Textausschnitte aus dem Abschlussbericht der Pressestelle zur *Internationalen Möbel-messe*. Solche Texte dienen der ersten Orientierung. Lesen Sie die Abschnitte also schnell durch und suchen Sie nur Antworten auf folgende Fragen:

Was ist der Trend?
Wo liegt *Cucine* mit „System3plus" im Trend?
Wo liegt *Cucine* nicht im Trend?

presse-information
press release
information de presse
información de prensa
informazione stampa
presinformatie

**INTERNATIONALE
MÖBELMESSE**

Handel und Industrie berichteten übereinstimmend von harten Preisverhandlungen – gleichermaßen im Konsumbereich und im höherwertigen Angebot. Viele Anbieter stellten zur Messe Programme vor, die das bestehende Sortiment preislich nach unten abrunden. „Der Markt verlangt einfach von uns, dass wir nun auch eine Preisklasse tiefer abdecken", – so ein Hersteller von Polster-möbeln.
Auch bei Küchen setzt sich die Palette der hellen Hölzer durch – von der Massivausführung bis zum Furnier und den Reproduktionen. Landhausstil ist die rund um den Herd favorisierte Stilrichtung. Südliches Ambiente sollen Farben wie Terracotta, Azurblau, Mint und sanftes Zitronengelb bewirken – handkoloriert und in Wischtechnik künstlich gealtert. Buffets im Stil von alten Küchenschränken geben zusätzlichen nostalgischen Touch. Im zeitloseren Bereich lockert Glas, ganz klar oder matt, die Schrankfronten auf. Immer noch beliebt sind „Apothekerschränke" mit kleinen Schublädchen für allerlei Zutaten beim Kochen. Edelstahlgriffe und -schmuckelemente beleben zusätzlich die Fronten. Innovative Entwürfe stießen ebenso auf reges Interesse wie etablierte Programme, die im Rahmen der Modellpflege in Details weiterentwickelt worden waren. „Dem Handel und dem Verbraucher langfristig Sicherheit geben", lautete hier die Devise.

**Worterklärungen:**
eine Preisklasse tiefer abdecken: Möbel zu niedrigeren Preisen anbieten; der Landhausstil: dieser Stil orientiert sich an der Einrichtung von Landhäusern in südlichen Ländern (Italien, Spanien etc.); handkoloriert: von Hand bemalt; die Wischtechnik: die Farben werden verwischt; nostalgischen Touch geben: die Möbel sehen so aus, als seien sie alt

Allgemeine Trends sind:
1._____  2._____  3._____

Für Küchen gilt:
1._____  2._____  3._____

 Ü9,10 Seite 230
Ü11 Seite 231

## C 5  Die Pressemitteilung

Sarah Mandani muss für das Pressebüro der Messegesellschaft eine Pressemitteilung über die Preisverleihung schreiben. Rekonstruieren Sie den Text, indem Sie die Textteile in der richtigen Reihenfolge anordnen. Die Kennbuchstaben ergeben bei richtiger Lösung einen Oberbegriff für Design.

(S)  Der Europäische Design Preis soll das Bewusstsein für Design stärken. Er soll darauf hinwirken, dass Design als Instrument für Innovation und Qualität verstärkt genutzt wird. Dadurch sollen europäische mittelständische Unternehmen wettbewerbsfähiger werden. Ziel ist deswegen, die entscheidende Rolle zu zeigen, die das Design im Innovationsprozess spielt.

(T)  *Cucine* ist klarer Führer auf dem Markt designorientierter Küchen und konzentriert sich darauf, die Küche zum häuslichen Mittelpunkt zu machen. Eine Küche von *Cucine* ist ein Lebensraum für Menschen, nicht nur ein bloßer Arbeitsplatz. „System3plus" – die Küche zum Leben fürs Leben.

(N)  Die Jury hob die beständige Suche von *Cucine* nach neuen Materialien hervor und die Entwicklung eines Systemkonzepts, das für die Kunden einen hohen Nutzen darstellt. Mit der Einführung von „System3plus" setzte *Cucine* neue Maßstäbe im Küchenbau. „System3plus" beruht auf einer einfachen Grundmaßordnung und bietet deshalb vielfältige Variationsmöglichkeiten.

(U)  Die Jury sprach *Cucine* einen „lifetime achievement award" zu. Mit diesem Preis, den außer *Cucine* nur noch ein Unternehmen erhielt, wird die Gesamtleistung des Unternehmens ausgezeichnet, für das Design und hohe Qualität immer an erster Stelle standen.

(K)  *Cucine*-Küchensysteme erhält den Europäischen Designpreis 1997, weil es über Jahre hinweg Design kontinuierlich im Innovationsprozess umsetzte. Von den 365 nominierten mittelständischen Unternehmen erhielten elf europäische Firmen diese Auszeichnung der Europäischen Kommission.

Lösungswort: _____

● **Wie formuliert Sarah Mandani? Und wie würden Sie das ausdrücken?**

● **Welche Fragen würden Sie als Journalist Sarah Mandani in einem Interview stellen? Notieren Sie sich die Fragen in Stichworten. Ihr Partner notiert sich Antworten. Spielen Sie das Interview.**

## C 6  Ein Interview

Ein Journalist kommt zum Messestand von *Cucine* und interviewt Francesca Dini. Hören Sie sich dieses Interview zunächst einmal an und beantworten Sie dann die folgenden Fragen.

| | Ja | Nein |
|---|---|---|
| Die Europäische Kommission hat den Preis nur für „System3plus" vergeben. | ○ | ○ |
| Der Europäische Design Preis soll mittelständische Unternehmen in Europa wettbewerbsfähiger machen. | ○ | ○ |
| „System3plus" garantiert dem Verbraucher eine optimale Variation. | ○ | ○ |
| Mit „System3plus" wird nur eine Küche verkauft. | ○ | ○ |
| „System3plus" macht Kompromisse im Design an Nostalgiker. | ○ | ○ |
| „System3plus" hat eine Qualität, die sehr lange hält. | ○ | ○ |
| *Cucine* verwendet auch exotische Hölzer im Küchenbau. | ○ | ○ |
| Bei der Konzeption von „System3plus" hat *Cucine* nicht an den Umweltschutz gedacht. | ○ | ○ |
| *Cucine* will mit „System3plus" mit Billigküchen konkurrieren. | ○ | ○ |

● **Konzentrieren Sie sich beim Hören jetzt einmal nur auf die Fragen. Setzen Sie die fehlenden Verben in die Lücken ein.**

Welche Organisation _____VERLEIHT_____ diesen Preis und wofür _____ er _____?
Mit welchem Ziel _____ dieser Preis _____?
Was _____ dieses Modell für den Verbraucher _____ _____?
_____ Sie diese Verbraucher auch _____?
In welchen Holzarten _____ Sie „System3plus" _____?
Wie _____ Sie den Umweltbedürfnissen des Verbrauchers _____?

● **Hören Sie das Interview noch einmal und ergänzen Sie die Notizen des Journalisten.**

| | |
|---|---|
| wer? | EU-Kommission |
| | ⇓ |
| wem?<br>was? | Europäischer Designpreis an _CUCINE_____<br>= _____ |
| Ziele des E.D.P. | 1. Bewusstsein _____ erhöhen<br>2. Design = _____ für Innovation u. Qualität<br>3. _____ der mittelständischen Unternehmen<br>_____ |
| „System3plus"<br>_____ | Slogan: „Die Küche _ZUM_ Leben _FÜRS_ Leben" zeichnet sich aus durch<br>1. _____<br>2. _____<br>3. _____ |
| Kriterium für<br>„System3plus"<br>Forderungen an das<br>Design | = die Küche _____<br>_____<br>_____ |
| Farben | _____ |
| Material | _____<br><br>Eiche, Buche, Erle . . . = _____<br>keine _____ |
| Umwelt | 1. die umweltfreundlichste Küche = _____<br>_____<br>2. _____ + natürliche Materialien<br>3. Standards _____ ständig _____ |
| Ziele von *Cucine* | 1. _____<br>2. 5 % Marktanteil _____ |

Auch Journalisten machen sich Konzepte. Die landen später im Papierkorb. Das ist das Konzept des Interviewers. Überprüfen Sie, wo er sich Zitate von Francesca Dini notiert hat und wo er berichtet bzw. kommentiert.

**B** = Bericht, **Z** = Zitat, **K** = Kommentar

| | | |
|---|---|---|
| Pünktlich zum Beginn der Internationalen Möbelmesse verlieh die EU-Kommission einen Preis für gutes Küchendesign an *Cucine*. ○ | Mit dem Europäischen Designpreis solle das Bewusstsein für Design erhöht werden, sagt dazu Francesca Dini. ○(z) | *Cucine* produziert hochwertige Küchen, die für ein ganzes Leben angelegt sind, und stellt schon aus diesem Grund hohe Anforderungen an Design und Qualität seiner Produkte. ○ |
| Mit *Cucine* kommt ein international anerkannter Küchenhersteller auf den deutschen Markt, der auf die obere Preisklasse zielt. ○ | Zufriedene Gesichter machten die Mitarbeiter von *Cucine*, als sie erfuhren, dass die Europäische Kommission ihrem Unternehmen den Europäischen Designpreis verliehen hat. ○ | Und für Francesca Dini, Exportleiterin bei *Cucine*, müsse Design zunehmend ein Instrument für Qualität und Innovation werden. „Dadurch wird letztlich die Wettbewerbsfähigkeit der mittelständischen Industrie erhöht", stellt sie fest. ○ |
| *Cucine* will mit „System3plus" eine Revolution auf dem deutschen Küchenmarkt einleiten. Die Konkurrenz auf jeden Fall sollte sich schon jetzt auf den ehrgeizigen Wettbewerber einstellen. ○ | „System3pus" schließe modischen Schnickschnack und nostalgischen Firlefanz aus. ○ | Wer es allen recht machen wolle, der mache es keinem recht, so Francesca Dini. ○ |
| Design müsse ehrlich sein, und ein ehrliches Design kaschiere die Funktion nicht. Wenn Design und Funktion harmonieren, dann stelle sich die wohnliche Atmosphäre von allein ein. ○ | Auch in Fragen des Umweltschutzes macht *Cucine* keine Kompromisse. Küchen, die für ein ganzes Leben konzipiert sind, sind schon per se umweltfreundlich, weil sie nicht weggeworfen werden. ○ | *Cucine* ist schon ein führender Küchenhersteller in Italien, der sich auf dem deutschen Markt einen Marktanteil von 5 % in der mittleren und gehobenen Preisgruppe verspricht. ○ |

● **Streichen Sie nun die Texte und Zitate, die Sie in einem Bericht nicht verwenden würden.**

● **Journalisten verwenden in ihren Berichten nicht zu viele Zitate, weil diese den Leser ermüden könnten, und ganz besonders sparsam sind sie mit Konjunktiven.**
**Wenn Sie nur ein Zitat verwenden könnten, welches würden Sie dann nehmen und warum?**

● **Ergänzen Sie in dem Bericht des Journalisten die Verben.**

*vergeben hatte – erfuhren – heißt – machten – werde . . . belohnt*

Zufriedene Gesichter _____ die Mitarbeiter am Messestand von *Cucine*, als sie _____, dass die Europäische Kommission den Europäischen Design Preis (EDP) an das Unternehmen _____. Damit _____ das Unternehmen für seine über Jahre stetige Arbeit in allen Aspekten des Küchendesigns _____, _____ es in der Begründung der Jury.

● Auch in der Fortsetzung des Berichts sollen Sie die Verben ergänzen. Allerdings müssen Sie jetzt entscheiden, in welche Form Sie die Verben jeweils setzen (Tempus, Modus).

*leiten – meinen – werden müssen – gestärkt werden – kommen – setzen wollen – sagen – machen*

Und Francesca Dini, die bei *Cucine* den Export _____, _____ dazu, dass Design zunehmend ein Instrument für Innovation und Qualität _____. Denn dadurch _____ letztlich die Wettbewerbsfähigkeit der mittelständischen Industrie in Europa _____. Der bekannte Küchenhersteller *Cucine* _____ 1997 mit dem Modell „System3plus" zum ersten Mal auf den deutschen Markt. Mit diesem Modell _____ *Cucine* neue Maßstäbe im Küchenbau _____, _____ dazu Francesca Dini und fügt hinzu, dass drei Punkte das Modell für den Verbraucher besonders attraktiv _____.

● Der Bericht des Journalisten ist an dieser Stelle noch nicht beendet. Schreiben Sie ihn zu Ende.

C 8 Wirtschaftsnachrichten im Internet

Lesen Sie zunächst nur die Überschrift. Was erwartet Sie in dem Artikel? Aus welchen Gründen könnte er für Sie von Interesse sein?

# Ordnung im Datenmeer

**A** _____
Internet- Informationsdienste versprechen Führungskräften einen Ausweg aus der Nachrichtenflut. Weniger lesen – mehr wissen – so lautet die Formel. *manager magazin* hat untersucht, ob sie aufgeht.

**B** _____
Ganz sicher macht die Datenfülle das Netz potentiell zum wertvollen Werkzeug für Manager – zumal in einer Zeit, in der Wissen zum wichtigsten Rohstoff wird. Doch die Informationen, die Führungskräften einen Wettbewerbsvorteil verschaffen könnten, sind schwer zugänglich. Sie liegen weit verstreut auf 150 Millionen Web-Seiten. Wer sich da den üblichen Suchprogrammen anvertraut, surft nicht selten stundenlang in toten Gewässern.

**C** _____
Nach dem Begriff „German Business News" befragt, liefert die Suchmaschine „Excite" zum Beispiel innerhalb von Sekunden eine unglaubliche Menge von Querverweisen. Die Suche ist jedoch so schlampig wie schnell: Die meisten der 6 173 368 Einträge führen zielsicher ins Abseits. Unter den zehn angeblich besten Treffern: ein Versand für Babybettdecken mit Namensaufdruck.

**D** _____
Es geht auch anders. Eine Reihe von Internet-Informationsdiensten hat sich inzwischen des Problems angenommen: Mit intelligenten elektronischen Suchagenten suchen sie für ihre Kunden die wertvollsten Informationen heraus. Übrig bleibt ein individueller Nachrichtenmix, der sich ziemlich exakt an den Interessen des jeweiligen Nutzers orientiert: „News on demand" nennen das die Amerikaner, die auch in diesem Bereich der Informationstechnologie den Ton angeben.

**F** _____
Die Grundidee ist simpel: Der Abonnent legt zunächst fest, was ihn interessiert. Diesem Profil folgend, durchsuchen leistungsfähige Supercomputer alle verfügbaren Quellen und stellen täglich ein individuelles Paket zusammen.
„Im Prinzip liefern wir eine elektronische Zeitung; in der stehen nur noch die Nachrichten, die der Kunde wirklich braucht", erklärt Mirko Lorenz das Kozept. Der Kölner Internet-Experte vertritt das US-Unternehmen *Individual* in Deutschland, das mit „NewsPage" einen der besten und am weitesten verbreiteten Dienste anbietet. „Das muss man sich vorstellen wie ein Massenmedium mit einer Auflage von einem Exemplar", sagt Lorenz.

**Worterklärungen:**
die Datenfülle: eine große Menge von Informationen; der Querverweis: Hinweis auf weitere Informationen; schwer zugänglich sein: man findet etwas schlecht; ins Abseits führen (hier): nicht zu den richtigen Informationen führen; schlampig: nicht ordentlich; den Ton angeben: führend sein

● Finden Sie Überschriften für die einzelnen Abschnitte.

● Wenn Sie sich für Wirtschaftsinformationen im Internet interessieren, finden Sie hier einige Adressen.

Tipp:
Die *Deutsche Welle* Köln bietet einen besonderen, kostenlosen Service an: Im Internet (http://www.dwelle.de) finden Sie unter der Rubrik <u>Nachrichten und Aktuelles</u> jeden Nachmittag den Börsenbericht und Wirtschaftsinformationen sowie die stündlich aktualisierten Nachrichten. Sie können diesen Service abonnieren und sich 1 x täglich die Wirtschaftsinformationen sowie 2 x täglich (10.00 und 22.00 Uhr) die deutschen Nachrichten per E-Mail schicken lassen.

Weitere Informationen im Internet:

Deutschlandradio Berlin und Deutschlandfunk Köln: <u>http://www.dradio.de</u>

Zweites Deutsches Fernsehen (ZDF): http://www.Zdf.de
Unter dem Stichwort Durchblick/Ratgeber wird auf die Sendung Wirtschaft und Soziales (WISO) hingewiesen.

Zeitungen im Internet:

Frankfurter Allgemeine Zeitung (überregionale Tageszeitung): <u>http://www.faz.de</u>
Handelsblatt (Wirtschaftsmagazin): <u>http://www.handelsblatt.de</u>
Der Spiegel (Nachrichtenmagazin): <u>http://www.spiegel.de</u>
Focus (Nachrichtenmagazin): <u>http://www.focus.de</u>
Wirtschaftswoche (Wirtschaftsmagazin): <u>http://www.wirtschaftswoche.de</u>, <u>http://www.wiwo.de</u>
Capital (Wirtschaftsmagazin): <u>http://www.capital.de</u>

Fachzeitschriften:

z. B. Konradin-Verlag: <u>http://www.konradin-druck.de</u> (=Industrieanzeiger)
Magazin für Außenwirtschaft: <u>http://www.localglobal.de</u>

## C 9  Schlagzeilen und Stilblüten

Schreiben Sie dazu witzige Kurzmeldungen, die im „Stil" der Schlagzeile bleiben.

Gibt es Stilblüten auch in Ihren Medien? Wie entstehen sie?

# Grammatik

## 1 Konjunktiv I: Bildung der Gegenwartsform

Der Konjunktiv I (oder Konjunktiv Präsens) wird fast nur noch zur Kennzeichnung eines Zitats gebraucht. Deswegen stellen wir hier nur die 3. Person im Singular und Plural dar.

|  |  | sein | haben | geben | werden | sagen |
|---|---|---|---|---|---|---|
| **Singular** | er/sie/es | sei | hab- e | geb- e | werd- e | sag- e |
| **Plural** | sie | sei- en | hab- en | geb- en | werd- en | sag- en |

### Modalverben

|  |  | können | dürfen | müssen | wollen | sollen |
|---|---|---|---|---|---|---|
| **Singular** | er/sie/es | könn- e | dürf- e | müss- e | woll- e | soll- e |
| **Plural** | sie | könn- en | dürf- en | müss- en | woll- en | soll- en |

MEMO

> Die 3. Person Plural – außer „seien" – unterscheidet sich nicht von der Präsensform. In diesem Fall gebraucht man die Umschreibung mit „würden" oder den Konjunktiv II:
> Laut Aussage des Marketingchefs würden die neuen Modelle gut verkauft.
> Diese Modelle könnten sie in Deutschland gut verkaufen, meinte der Marketingchef von *Cucine*. Sie hätten damit einen großen Erfolg.

## 2 Konjunktiv I: Bildung der Vergangenheitsform

|  |  | sein | Partizip II | haben | Partizip II |
|---|---|---|---|---|---|
| **Singular** | er/sie/es | sei | gewesen<br>gefahren | habe | gehabt<br>gesagt |
| **Plural** | sie | seien | geworden<br>gegangen | haben → hätten | gehabt<br>gegeben |

## 3 Indirekte Rede

Die indirekte Rede wird formal häufig gekennzeichnet durch:
– die Nebensatzform
– den Konjunktiv
– redeeinleitende Verben im Hauptsatz

Diese 3 Punkte sind allerdings nicht obligatorisch. So kann man die indirekte Rede durchaus auch mit dem Indikativ kennzeichnen, wenn man ein Verb des Sagens verwendet.

## Wiedergabe von Zitaten im Indikativ

| | | |
|---|---|---|
| Klaus Lehmann sagt, | dass | es eine Tendenz zu einer Globalisierung der Kultur gibt. |
| | – | es gibt eine Tendenz zur Globalisierung. |
| Klaus Lehmann sagt, | dass | die Küche im 19. Jahrhundert noch ein Ort war, wo man Einzelmöbel aufgestellt hat. |
| | – | die Küche im 19. Jahrhundert war noch ein Ort, ... |
| Der Besucher fragt, | ob | das die neuen Modelle sind. |
| | wie | teuer die neuen Modelle sind. |

> Einleitung des Zitats durch ein Verb des Sagens + Meinens: *sagen, meinen, fragen, glauben,* ...
> Das Zitat steht im Nebensatz. Es wird durch die Konjunktion „dass" eingeleitet. Das Zitat kann aber auch in einem Hauptsatz stehen. Dann fällt die Konjunktion „dass" weg.
> Indirekte Fragen werden mit „ob" bzw. einem Fragewort eingeleitet. (➜ Kap. 7)

## Wiedergabe von Zitaten im Konjunktiv I

| | | |
|---|---|---|
| Klaus Lehmann sagt, | dass | es eine Tendenz zur Globalisierung der Kultur gebe. |
| | – | es gebe eine Tendenz zur Globalisierung. |
| Klaus Lehmann sagt, | dass | die Küche im 19. Jahrhundert noch ein Ort gewesen sei, wo man Einzelmöbel aufgestellt habe. |
| Herr Neumann fragt, | ob | „System3plus" für deutsche Küchen nicht zu groß sei. |

> Der Konjunktiv für die indirekte Rede wird besonders gebraucht, wenn man Distanz zum Zitierten ausdrücken will. Das gilt für die mündliche Umgangssprache. Beim Zitieren im **schriftlichen Bericht** ist der Konjunktiv allerdings üblich.

## Redeeinleitende Verben

> anmerken, äußern, behaupten, berichten, betonen, erzählen, fragen, die Frage stellen, verlangen, wissen wollen, wünschen

Prof. Lehmann: „Ja, und das hängt zusammen mit den globalen Märkten. Massenprodukte werden heute weltweit vermarktet, und sie können auch nur hergestellt werden, wenn sie in großen Mengen hergestellt werden wie z. B. Kühlschränke oder Computer. Sie unterliegen einem, man könnte sagen, Weltdesign, mehr oder weniger einem Standard in der Gestaltungsauffassung. D. h. sie verkörpern eine ziemlich funktionalistische Gestaltungsauffassung, die auch weltweit vermarktet werden kann."

Laut Professor Lehmann hänge die Globalisierung des Geschmacks mit der wirtschaftlichen Entwicklung zusammen. Bedingt durch die Globalisierung der Märkte unterlägen Massenprodukte zunehmend einem einheitlichen Design. Prof. Lehmann spricht hier von einem Weltdesign, und meint, dass Massenprodukte eine ziemlich funktionalistische Gestaltungsauffassung verkörpern würden, die weltweit vermarktet werden könne.

Beim Zitieren vermeidet man eine ständige Wiederholung von „dass-Sätzen" und Konjunktiven. Journalisten fassen nach Möglichkeit die Aussagen zusammen und heben das Wichtigste hervor, indem sie ein wörtliches Zitat verwenden.

**1** **Was macht ein Designer? Beschreiben Sie seine Tätigkeit mit den folgenden Verben.**

ausdenken, entwerfen, gestalten, planen, zeichnen

**2** **Industriedesign**

Die Zeitschrift *VDI-nachrichten* widmet in ihrer Ausgabe vom 20. Juni 1997 eine ganze Sparte dem Industriedesign, und zwar unter dem Leitwort:

**„Ökonomisch, ergonomisch und ästhetisch. Gutes Design ist eine gelungene Synthese aus gestalterischer Phantasie und wirtschaftlichen Vorgaben.“**

Ein schönes Wort. Doch trifft es auch immer zu? – Finden Sie Beispiele für und gegen diese Behauptung. Entwerfen Sie in der Gruppe Collagen mit Beispielen zum Thema „Gutes und unmögliches Design".

**3** **Gutes Design?**

Beschreiben Sie die beiden Schreibtisch-Sets. Welches finden Sie schöner?

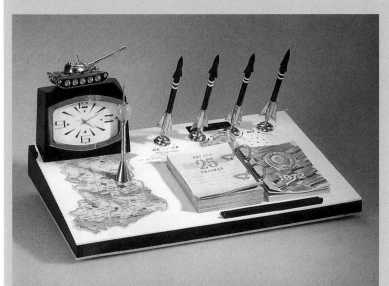

Schreibtischset, 1972
Plaste, Messing, Papier
Geschenk des Chefs der
Gruppe der Sowjetischen
Streitkräfte in Deutschland zum
60. Geburtstag von Erich
Honecker, UdSSR

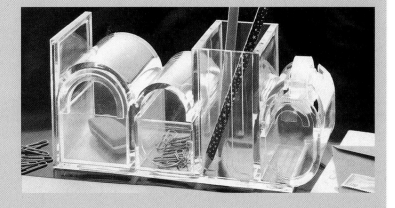

Schreibtischbox „Hello", 1988
Acryl, 2 verschieden große
Schubladen,
1 Fach für Büroutensilien und
1 Klebebandroller mit Abreißvor-
richtung

Zu diesem Beruf gibt es viele Wege. Einen davon
beschreibt der Journalist Achim Scharf von den *VDI-nachrichten*.

Klären Sie vor dem Lesen den Begriff „Investitionsgüter".

**Ausbildung: Aufbaustudium für Designer**

# Ingenieure mit Gefühl für Formen

VDI nachrichten, 20. 6. 97 – „Der größte Markt für Designer ist der Investitionsgüterbereich", so Professor George Teodorescu, Leiter des Aufbaustudienganges Investitionsgüterdesign an der Stuttgarter Kunstakademie. Denn die neuen Geräte und Technologien müssen auch gestaltet werden.
Trotzdem gibt es diesen Studiengang in Deutschland nur in Stuttgart. Das Aufbaustudium basiert auf einem abgeschlossenen Ingenieurstudium, denn erfolgreiches Investitionsgüterdesign setzt das Wissen von technischen Zusammenhängen voraus. In vier Semestern (plus Diplomsemester) wächst man zum „vollwertigen Designer" heran. Je Semester müssen die Studenten an einem großen Projekt, vier kleinen Projekten, sowie internationalen Workshops teilnehmen. Ein intensives Studium, das dennoch den Blick in andere Studiengänge der Akademie ermöglicht, ja erwünscht. Diese Kontakte zu Künstlern und Architekten bringen jene fruchtbaren Synergien, ohne die Kreativität austrocknen würde. Pro Jahr haben etwa 12 Studenten die Möglichkeit, sich so in die Denkart „Design" einzuleben. Voraussetzung neben dem Ingenieurexamen ist die Bewerbung mit einer Mappe und die Erläuterung der Beweggründe: „Das sind Leute mit starker Motivation, die hinter der reinen Technik einen viel breiteren Horizont sehen", so Teodorescu. Die Nähe zur Industrie schafft die Kooperation mit dem VDMA, eine ganze Reihe von Mitgliedsunternehmen sind regelmäßige Workshop- und Projektpartner. Für die internationale Ausrichtung sorgt nicht zuletzt ein reger Austausch von Studenten und Dozenten mit Korea und Japan. Ab 1. Juli gibt es zu diesem Studiengang noch ein Steinbeis-Transferzentrum. Damit werden künftig Forschungsprojekte als Drittmittelaufträge durchgeführt – ein Angebot, das besonders auf mittelständische Unternehmen zielt.

Infos: Staatliche Akademie der Bildenden Künste Stuttgart, Studiengang Investitionsgüterdesign, Am Weissenhof 1, 70191 Stuttgart, Tel. 07 11–25 75-2 36, Fax 07 11–25 75-2 25

Konzeption und Gestaltung eines
Automobilantriebs

**Worterklärungen:**
das Aufbaustudium: Studium nach einem ordentlichen Studium; die Drittmittel (Pl.): die Forschung wird durch Unternehmen finanziert.

In welchen Firmen könnte man solche Designer brauchen?

→ Sie stellen Werkzeugmaschinen her, zum Beispiel solche, wie sie die Firma Trumpf produziert (Kapitel 6–8). Markieren Sie sich die Informationen, die für Sie relevant sind.

→ Sie wollen einen Ihrer Mitarbeiter in Stuttgart zum Investitionsgüterdesigner ausbilden lassen. Welche Eigenschaften sollte er haben? Warum?

→ Die Ausbilder wünschen und ermöglichen es, dass sich die Studenten auch mit anderen Bereichen und Angeboten beschäftigen. Was halten Sie davon?

## 5   Die Staatliche Akademie der Bildenden Künste in Stuttgart

Die Staatliche Akademie der Bildenden Künste liegt übrigens am Weissenhof. Die Gebäude der Weissenhof -Siedlung stehen heute unter Denkmalschutz.

An der Kunstakademie Stuttgart kann man unter anderem Produktgestaltung (Industriedesign), Investitionsgüterdesign, Textildesign, Grafikdesign, Architektur und Möbeldesign sowie Innen-architektur studieren.

→   Schreiben Sie ein Fax an die Akademie und fordern Sie weitere Informationen an. Vielleicht können Sie nicht nur einen Ihrer Mitarbeiter an der Akademie studieren lassen, sondern mit Ihrem Unternehmen auch an Forschungsprojekten teilnehmen. Rufen Sie die Akademie an und erkundigen Sie sich nach solchen Projekten und ihrer Finanzierung.

## 6   Im Verkaufsraum von *Cucine*

Ein Ehepaar unterhält sich im Verkaufsraum von *Cucine* mit einem Verkäufer über das Modell „System3plus".

Hören Sie sich das Gespräch an und beantworten Sie die Fragen:
Wie erklärt der Verkäufer die Vorzüge von „System3plus"?
Wie rechtfertigt der Verkäufer den höheren Preis von „System3plus"?
Kann der Kunde seine Küche zurückgeben, wenn er eine neue von einem anderen Hersteller kaufen will?
Wie hilft *Cucine* im Falle eines Umzugs?

Als Einkäufer für einen großen Küchenverkäufer kommen Sie auf der *Internationalen Möbelmesse* zum Stand von *Cucine*. Ergänzen Sie den Dialog unten.

Die Küche interessiert Sie, weil Sie Ihr Programm in der oberen Mittelklasse erweitern wollen. Sie haben bisher nur einfache bis mittlere Standardküchen verkauft und wollen jetzt ein gehobeneres Programm anbieten. Fragen Sie nach:
- Preis und Käuferschicht
- Material
- individuelle Variationsmöglichkeiten des Programms
- Geräte, Lieferfristen
- Bitten Sie um Kataloge.
- Tauschen Sie die Visitenkarten.

→ Mandani:  Guten Tag.
  Einkäufer: _____

→ Mandani:  Aber gern. Das hier ist unser Programm 2001. Gefällt es Ihnen?
  Einkäufer: _____

→ Mandani:  Von Qualität und Verarbeitung vertreiben wir eigentlich ausschließlich höherwertige Küchen. Mit unserem Programm zielen wir auf den gehobenen Mittelstand. In der Grundausstattung kommt diese Küche auf einen Verkaufspreis von etwa 15 000 Mark.
  Einkäufer: _____

→ Mandani:  Unsere Komponenten bestehen aus Holz, Massivholz und hochwertigen Furnieren, Edelstahl, Glas und Kunststoff.
  Einkäufer: _____

  Mandani:  Wir verwenden in der Regel heimische Hölzer, also Birke, Buche, Ahorn und Kirsche.
  Einkäufer: _____

→ Mandani:  Ja. Wir verwenden nur noch umweltfreundliche Lacke. Die bringen wir mit einer neuen Wasserlack-Technologie auf. Wenn Sie uns besuchen, werden wir Ihnen das gern einmal vorführen.
  Einkäufer: _____

→ Mandani:  Das können Sie praktisch unendlich variieren. Mit diesem Programm können Sie auch auf ganz individuelle Kundenwünsche eingehen.
  Einkäufer: _____

→ Mandani:  In der Regel können wir innerhalb Europas sehr zügig liefern, also ungefähr drei Monate nach Eingang der Bestellung. Außerdem bauen wir gerade ein eigenes Vertriebssystem in Deutschland auf.
  Einkäufer: _____

→ Mandani:  Aber selbstverständlich. Herr Franz wird Ihnen gleich das geeignete Material zusammenstellen. Und hier ist meine Karte. Moment, die Durchwahl hat sich geändert. Das ist jetzt die 329. Ich würde mich sehr freuen, wenn ich von Ihnen wieder hören würde. Rufen Sie mich doch an, ich bin immer für Sie zu sprechen.
  Einkäufer: _____

→ Mandani:  Auf Wiedersehen, Herr Gonzales.

Hören Sie jetzt einen Beispieldialog und vergleichen Sie mit Ihrem Text. Setzen Sie dann den Dialog in die indirekte Rede.

Bei den folgenden Abbildungen handelt es sich um Kurzbeschreibungen von Fachzeitschriften. Wer Anzeigen schalten will, kann sich hier informieren, ob es sich um die richtige Zeitschrift handelt.

Beschreiben Sie die Zeitungen.

REDEMITTEL **Eine Zeitung beschreiben**

| | |
|---|---|
| An wen wendet sich die Zeitschrift?<br>Worüber informiert sie ...?<br>Um was für eine Zeitschrift handelt es sich? | Die Zeitschrift wendet sich an ... (Akk.)<br>Sie informiert über ...<br>Es handelt sich um eine ... zeitschrift.<br>... ist eine ... zeitschrift. |
| Wie oft erscheint die Zeitschrift? | monatlich, 4-mal jährlich, alle 3 Monate, wöchentlich |
| Welche Auflage hat die Zeitschrift? | ... hat eine Auflage von ... Exemplaren. |
| Wie sieht die Verbreitung aus?<br>Was kostet ...? | Die ... wird vor allem in ... gelesen.<br>Das Abonnement kostet ...<br>Das Einzelexemplar kostet ... |

**Industrieanzeiger**

Charakteristik: Der Industrieanzeiger bietet Entscheidern und Führungskräften in der mittelständisch strukturierten und orientierten deutschen Industrie und in industrienahen Dienstleistungsunternehmen wöchentlich aktuell, exklusiv und praxisnah Informationen und Hintergrundberichte über Produkte und Branchen sowie über Neuerungen und Trends, die für eine erfolgreiche Betriebsführung wichtig sind.

Zielgruppen: Der Industrieanzeiger erreicht Betriebe des Maschinenbaus, des Maschinenhandels, der metallbe- und verarbeitenden Industrie, des Stahl- und Leichtmetallbaus, der EBM-Industrie, der Elektrotechnik, der Kunststoffverarbeitung und der chemischen Industrie in Deutschland.

Erscheinungsweise: wöchentlich montags

Jahresbezugspreis: Inland DM 322,40 / Ausland DM 369,20

Verbreitete Auflage: 53974 IVW (II/97)

**BM Bau- und Möbelschreiner**

Charakteristik: Führende Fachzeitschrift mit internationaler Verbreitung für die Holz-, Kunststoff- und Leichtmetallverarbeitung im Innenausbau, in der Möbelherstellung und der Bauelementefertigung, Vertrieb und Montage.

Zielgruppen: Innenausbaubetriebe, Möbelfertigung, Bauelemente-Herstellung, Montage und Vertrieb.

Erscheinungsweise: monatlich + 1 Sonderausgabe

Jahresbezugspreis: Inland DM 215,80 / Ausland DM 231,40

Verbreitete Auflage: 27253 IVW (III/96-II/97)

**bba BAU BERATUNG ARCHITEKTUR**

Charakteristik: Resonanzstarke, produktorientierte Kennziffer-Zeitschrift, die handfeste Lösungen für die tägliche Praxis aufzeigt.

Zielgruppen: Architekten, Planer und Bauingenieure, Bauabteilungen der Industrie, Wohnungsbaugesellschaften, Bauämter der öffentlichen Hand.

Erscheinungsweise: 10 x jährlich

Jahresbezugspreis: Inland DM 143,– / Ausland DM 145,–

Verbreitete Auflage: 20040 IVW (III/96-II/97)

## 9 Eine Reportage im Radio

Christian Sachsinger, der Wirtschaftsjournalist des Bayerischen Rundfunks, berichtet am 7. 1. 1997 von der *Internationalen Möbelmesse*. Hören Sie Ausschnitte aus seiner Reportage.

Was haben Sie gehört?

| | Ja | Nein |
|---|---|---|
| Die deutsche Möbelbranche hat Konkurrenz aus Osteuropa bekommen. | ○ | ○ |
| Die polnische Möbelindustrie verkauft in Deutschland mehr Möbel als die deutsche Möbelindustrie. | ○ | ○ |
| Die Deutschen geben sehr wenig für Möbel aus. | ○ | ○ |
| Sie kaufen immer mehr Billigmöbel aus Osteuropa. | ○ | ○ |
| Der Umsatz von 1996 ist so hoch wie der von 1995. | ○ | ○ |
| Der Umsatz der Möbelbranche betrug 1996 42 Milliarden Mark. | ○ | ○ |
| Mit Qualität, Komfort und Ökologie will sich die deutsche Möbelindustrie gegen die Konkurrenz aus dem Ausland wehren. | ○ | ○ |
| Die Deutschen kaufen sehr gern Möbel aus Tropenhölzern. | ○ | ○ |

## 10 Hören Sie den Beginn der Reportage noch einmal.

Wie erweckt der Moderator das Interesse der Hörer an dem folgenden Bericht?
**Was** ist das Hauptproblem **der deutschen Möbelindustrie?**

_____

**Beispiel:** _____
**Wo?** _____
**Wann?** _____

„Auf der Internationalen Möbelmesse, die vom 13. bis zum 19. Januar in Köln stattfindet, **hat** die Branche nun **die Gelegenheit, verlorenen Boden gutzumachen**.“

Was bedeutet der Begriff? Kreuzen Sie an.
○ Sie kann wieder stärker als die Konkurrenz sein.
○ Sie kann einen Schaden gutmachen.
○ Sie hat an Image verloren.

**Von wem** hat Christian Sachsinger seine Informationen?

_____

Hören Sie jetzt den Bericht von Christian Sachsinger noch einmal, bevor sie die folgenden Fragen beantworten.

Wie beginnt der Bericht? An welche Aussage aus der Anmoderation wird angeknüpft?

_____

Christian Sachsinger sagt über die Verbraucher:
„Die Treue der Kunden hat allerdings etwas nachgelassen. Im vergangenen Jahr griffen sie eher zu den billigen Möbeln.“

Drücken Sie den Satz anders aus. Ergänzen Sie die Lücken.

*kaufen – treu bleiben – Billigmöbel – die deutsche Möbelindustrie*

Die deutschen Verbraucher geben noch immer sehr viel Geld für Möbel aus,
aber die Kunden sind _____ nicht mehr so
_____. Letztes Jahr _____ sie eher
_____.

Herr Sachsinger sagt, dass der Umsatz 1996 leicht zurückgegangen sei. Warum kann man ihn nicht durch Preiserhöhungen ausgleichen?

_____.

Wie versucht die deutsche Möbelbranche, den Herausforderungen auf dem Markt zu begegnen? _____.

Finden Sie in den beiden Artikeln Antworten auf die folgenden Fragen.

Mit welchen Möbeln würden Sie auf den deutschen Markt gehen?
Wie müssten Sie Ihr Verkaufspersonal schulen?
Auf welche Quellen haben die Journalisten zurückgegriffen?
Bei wem haben sie sich informiert?

Rekonstruieren Sie die Fragen, die der Journalist des Handelsblatts auf der Messe gestellt hat.

14. 1. 1997
**Möbelmesse/Trend zu langlebigen Möbeln**

**Keine Zeit für Experimente**

HANDELSBLATT, Montag, 13. 1. 97, mwb Köln. In der Möbelbranche sind härtere Zeiten angebrochen. Waren die Hersteller in der ersten Hälfte der 90er Jahre im Gegensatz zu anderen Konsumgüterbranchen noch von Wachstumsraten verwöhnt, so mussten sie 1996 ein Umsatzminus von 1 % auf 42 Mrd. DM verkraften, der Handel gar um 4 %.
Die frostige Konjunktur zeigt ihre Wirkung auf die Trends der Internationalen Möbelmesse in Köln (13. 1. bis 19. 1. 1997). Die Verbraucher halten sich zurück, und wenn sie sich zum Kauf entschließen, legen sie Wert auf langlebige und funktionale Möbel, wie Erich Naumann, der Sprecher des Verbandes der Möbelindustrie, behauptet. Bei knappen Haushaltskassen machen die Kunden keine Experimente mit. Die Zeit modischer Wegwerfmöbel scheint endgültig vorbei.
Der wohnliche Landhausstil mit Möbeln aus Massivholz sowie strenge Formen im Designbereich haben sich in den vergangenen vier Jahren durchgesetzt. Bei den Hölzern und Furnieren bleiben weiterhin die helleren Töne von Buche und Ahorn vorherrschend. Besonders die Buche gilt nach einer Marktuntersuchung des Verbandes der Deutschen Möbelindustrie als Trendholz Nummer 1 der Möbelmesse in Köln. . . .
„Eine Wohnrevolution wird bis zum Jahre 2000 nicht stattfinden", glaubt Naumann.

16. 1. 1997
**Möbelkauf/Neue Marktanalysen**

**Qualität und Design wichtiger als Preis**

HANDELSBLATT, Mittwoch, 15. 1. 97 ho Köln. Qualität, Design und erst an dritter Stelle der Preis, das sind die Kriterien, die den Möbelkauf bestimmen. Wie die Deutsche Gütergemeinschaft Möbel zusammen mit dem Institut der deutschen Möbelwirtschaft bei Befragungen feststellte, verbinden Verbraucher Qualität auch immer mit gesundem Wohnen.
Von den Befragten, die durch ihren Besuch auf der Möbelmesse schon ein überdurchschnittliches Interesse bekunden, halten 96,1 % Wohnhygiene für sehr wichtig oder wichtig. Möbel sollten keine Schadstoffe abgeben oder Geruchsbelästigungen verursachen. Wer sollte dies überprüfen? Bei dieser Frage wiesen 73,3 % auf unabhängige neutrale Instanzen hin. Dem Handel sei nicht zuzumuten, diese Prüfung vorzunehmen, das sei auch nicht seine Aufgabe. Noch 24,2 % aller Befragten würden sich mit einer Prüfung durch die Industrie zufrieden geben.
Was die Branchensprecher in Köln besonders überraschte, ist, dass sich zwei Drittel aller Käufer Fachkunde zutrauen. Sie behaupten, Qualität erkennen zu können. Bei der Kaufentscheidung steht die Qualität für 71,5 % der Befragten in ihrer Wichtigkeit an erster Stelle. Dabei sind sie auch überzeugt, dass Qualität und Preis zusammenhängen. Das meinen 79,7 %, und diese Meinung nimmt mit zunehmendem Alter zu. Schneller Möbelkauf kommt kaum vor. 83,7 % bescheinigen sich eine gründliche Vorbereitung. Auch hier wird die Preisfrage mit eingeschlossen. In Verbindung mit der Qualität sind dabei auch SB-Käufe nicht ausgeschlossen. Preiswerte Möbel müssten nicht schlecht sein, das attestierten alle Diskussionsteilnehmer. Etliche Markenhersteller öffneten in Köln ihre Produkt- und Preisschere „nach unten", vereinfachten die Modelle, ohne Abstriche an der Qualität vorzunehmen.

**Worterklärungen:**
SB-Kauf: Selbstbedienungskauf

Sie sind Möbelhersteller und wollen Ihre Möbel auf dem deutschen Markt absetzen. Werten Sie die beiden Berichte nach für Sie relevanten Informationen aus und tragen Sie sie vor.

Die alphabetische Wortliste enthält nur die wichtigsten Wörter des Grund- und Fachwortschatzes. Die Zahlen hinter den Eintragungen beziehen sich auf das Kapitel, in dem das Wort zum ersten Mal erscheint.
Folgende Zeichen werden in der Wortschatzliste verwendet:

| | | |
|---|---|---|
| auflkaufen | = | trennbares Verb |
| schreiben* | = | unregelmäßiges Verb |
| Abend, -e (der) | = | Pluralendung |
| Absender, - (der) | = | keine Pluralendung |
| Marketing, Ø (das) | = | Das Wort hat keinen Plural. |
| Leute (Pl.) | = | Das Wort kommt nur im Plural vor. |
| Tagungsraum, ~räume | = | Umlaut im Plural |
| Abend 1 | = | Kapitel 1 |
| für (A), mit (D), wegen (G) | = | Präposition mit Akkusativ (A), Dativ (D), Genitiv(G) |

**A**
Abflug, ~flüge (der) 7
ablheben* 3
Abkommen, - (das) 2
abllehnen 5
Abonnement, -s (das) 10
Abonnent, -en (der) 10
Absage, -n (die) 8
ablschließen*, *ein Studium a.* 10
ablsetzen 6
ablsichern 3
absolvieren 5
Abteilungsleiter, - (der) 1
adressatenbezogen 5
Akkreditiv, -e (das) 2
Aktie, -n (die) 3
Aktiengesellschaft, -en (die), AG 6
Aktienindex, ~indices (der) 3
Aktienkurs, -e (der) 3
Aktionär, -e (der) 6
Alltagsleben, ø (das) 9
Aluminiumblock, ~blöcke (der) 6
anlbieten* 2
Anbieter, - (der) 9
Anforderung, -en (die), Anforderungen stellen 6
Anforderungsprofil,-e (das) 4
Angestellte, -n (der/die) 4
angewiesen sein* auf (A) 8
anlkommen* auf (A) 7
Ankunft, ø (die) 1
Anlagenbau, ø (der) 6
Anlass, Anlässe (der), aus diesem Anlass 8
anllegen 3
anlnehmen*5
annullieren 7
anlpassen an (A) 9
anlsiedeln, (sich) 6
anlsprechen* 9
anspruchsvoll 2
anlstoßen* 8
Anteil, -e (der) 5
Anteilschein, -e (der) 6
Anwalt, Anwälte (der) 3
Anwender, - (der) 9
Anwendung, -en finden* 8
Anzeige, -n (die) 10
Apotheke, -n (die) 7
Arbeiter, - (der) 4
Arbeitgeber, - (der) 4
Arbeitgeberverband, ~verbände (der) 6
Arbeitnehmer, - (der) 4

Arbeitsablauf, ~abläufe (der) 6
Arbeitslosenversicherung, ø (die) 6
Arbeitslosigkeit, ø (die) 5
Arbeitstisch, -e (der) 9
Arbeitsweg, -e (der) 10
Art, -en (die), auf diese Art und Weise 8
Ästhetik, ø (die) 9
Atmosphäre, ø (die) 9
attraktiv 10
auflbauen 9
Aufbaustudiengang, ~gänge (der) 10
Aufenthalt, -e (der) 7
auflgeben*, sein Gepäck aufgeben 7
aufgeschlossen 9
aufgrund (G) 3
auflkaufen 6
Auflage, -n (die) 10
auflösen 2
auflnehmen* (Kredit) 3
auflstellen 8
Aufstieg,-e (der) 5
Auftraggeber, - (der) 3
ausldenken* 10
auslfüllen 3
auslkennen*, sich 7
auslschließen* 9
auslgehen* von (D) 2
auslzahlen 3
Ausbildung, -en (die) 4
Ausführung, -en (die) 2
Ausland, ø (das) 2
Ausrüster, - (der) 6
Ausrüstung, -en (die) 9
ausschließlich 2
Außenhandel, ø (der) 6
Außenhandelskammer, -n (die) 6
außerhalb 6
Ausstattung, -en (die) 2
Ausstellung, -en (die) 2
Austausch, ø (der) 9
Auswirkung, -en (die), Auswirkungen haben* auf (A) 8
Auszeichnung, -en (die) 10
avisieren 3

**B**
Bäcker, - (der) 9
Ballett, -e (das) 2
Band, Bänder (das), vom Band laufen* 6
Bank, -en (die) 1
Bankangestellte, - (der/die) 3
Banküberweisung, -en (die) 2
bar 2

basieren auf (D) 10
bauen 1
Baumwolle, ø (die) 7
Beamte, - (der) 4
beauftragen 9
bedauern 8
Bedienung, ø (die) 2
bedingt durch (A) 9
beeindrucken 10
beeinflussen 8
befinden*, sich 1
Beförderung, -en (die) 8
begegnen (D), einer Herausforderung b. 10
begleichen* 3
behaupten, sich 8
bekannt sein* für (A) 1
Bekleidungsgeschäft, -e (das) 7
Belegschaft, -en (die) 5
Beleuchtung, -en (die) 2
benutzerfreundlich 2
bequem 3
beraten* 8
Beratung, -en (die) 8
berechnen 9
Bergbau, ø (der) 6
Bericht, -e (der) 10
berichten über (A) 10
berufen* 9
berufstätig 5
beruhen auf (D) 10
beschaffen, sich, s. Kapitel b. 6
Beschäftigte, -n (der/die) 4
beschichten 8
beschließen* 6
Beschwerden (Pl.) (die) 7
besorgen 2
beständig 10
Bestätigung, -en (die) 1
Bestreben, ø (das) 8
beteiligen, sich an (D) 9
beteiligt sein*an (D) 6
betragen* 3
betreffen* 6
betreiben* 6
Betrieb, -e (der) 6
Betriebsbesichtigung, -en (die) 8
Betriebsklima, ø (das) 8
Betriebsrat, ~räte (der) 6
bewerben*, sich 4
Bewerber, - (der) 4
Bewusstsein, ø (das) 10
Beziehung, -en (die) 2
biegen* 8

**N**

Nachbar, -n (der) **1**
Nachlass, ~lässe (der) **2**
Nachricht, -en (die) **10**
Nacht, Nächte (die) **1**
Nachwuchs, ø (der) **8**
natürliche Person (die) **6**
Nebenkosten (Pl.) (die) **3**
nennen* **1**
nervös **7**
nett **7**
netto **2**
neuartig **9**
neugierig **1**
Nichtraucher, - (der) **1**
Nichtraucherzone, -n (die) **7**
niederllassen*, sich **6**
Niveau, -s (das) **10**
Nivellierung, ø (die) **10**
normgerecht **2**
Not, Nöte (die) **9**
Nötigste, ø (das) **7**
nüchtern **2**
nutzen **9**

**O**

Oberfläche, -n (die) **8**
Oberschicht, ø (die) **9**
Obst, ø (das) **2**
offenlstehen* **7**
offene Handelsgesellschaft, -en (die),
OHG **6**
Öffentlichkeit, ø (die) **8**
öffnen **6**
Ökologie, ø (die) **10**
Öl, -e (das) **9**
Onkel, - (der) **6**
optimistisch **5**
Ordermesse, -n (die) **9**

**P**

packen, einen Koffer p. **7**
Passagier, -e (der) **7**
Passant, -en (der) **1**
passieren **7**
Personalchef, -s (der) **4**
Personalgesellschaft, -en (die) **6**
planen **10**
Planung, -en (die), in der P. sein* **6**
Plattform, -en (die) **9**
Platz, ø (der) **9**
Pleite machen **8**
Politik, ø (die) **6**
potentiell **9**
PR (=Public Relations)-Material, -ien
(das) **8**
Praktikum, -a (das) **5**
praktisch **2**
Preis, -e (der) (= Auszeichnung) **10**
Preisänderung, -en (die) **2**
preisgünstig **9**
Preisklasse, -n (die)
in die P. einlsteigen* **2**
Preisnachlass, ~lässe (der) **2**
Preisstellung, -en (die) **2**
Presse, ø (die) **10**
Presseabteilung, -en (die) **10**
Presseagentur, -en (die) **10**
Pressemitteilung, -en (die) **10**
Pressestelle, -n (die) **10**
primitiv **2**
Privathaushalt, -e (der) **9**
Produktionsanlage, -n (die) **7**
Produktpalette, ø (die) **6**
Projekt, -e (das) **10**
Publikum, ø (das),
das allgemeine P. **9**
Publikumszeitschrift, -en (die) **10**

**Q**

Qualitätssicherung, ø (die) **8**
Quelle, -n (die) **10**

**R**

Rahmen, - (der),
im Rahmen (G), von (D) **9**
Rasierapparat, -e (der) **7**
Rasiercreme, -s (die) **7**
Rat, ø (der) **8**
Rate, -n (die) **3**
Rationalisierung, -en (die) **5**
Raucher, - (der) **1**
Raum, Räume (der) **9**
reagieren auf (A) **6**
Rechnungsdatum, ø (das) **2**
Rechtsform, -en (die) **6**
Redaktion, -en (die) **10**
Rede, -n (die) eine R. halten* **8**
Referent, -en (der) **8**
Referenz,-en (die) **4**
referieren über (A) **8**
Regenschirm, -e (der) **7**
Regierung, -en (die) **6**
Reichtum, ~tümer (der) **9**
reinigen **2**
Rentenversicherung, -en (die) **6**
Rentner, - (der) **1**
Reservierung, -en (die) **1**
Rezept, -e (das), ein R. auslstellen **7**
richten, sich nach (D) **9**
Risiko, Risiken (das) **8**
Rolle, -n (die), eine Rolle spielen **1**
Roman, -e **2**
Rundfunk, ø (der) **10**
Rundgang, ~gänge (der) **7**

**S**

Saft, Säfte (der) **7**
sauber **6**
säubern **2**
S-Bahn, -en (die) **7**
schade **1**
schalten, eine Anzeige s. **10**
Schalter, - (der) **2**
Scharnier, -e (die) **6**
Schaufenster, - (das) **6**
Scheck, -s (der) **3**
Scheibenwischer, - (der) **6**
Schein, -e (der) **1**
scheitern **8**
Schlafanzug, ~anzüge (der) **7**
Schleifmaschine, -n (die) **6**
Schluck, -e (der) **8**
Schlüsselstellung, ø (die) **6**
schmuggeln **2**
Schnupfen, ø (der) **7**
Schublade, -n (die) **9**
Schulaufgabe, -n (die),
die S. machen **9**
Schule, -n (die) **4**
Schwäche, -n (die) **5**
schweißen **6**
Schwester, -n (die) **6**
Schwimmbad, ~bäder (das) **1**
Seefracht, -en (die) **2**
Seife, -n (die) **7**
selbstbewusst **9**
Selbstkritik,-en (die) **5**
selbstsicher **4**
Selbstständige, -n (der/die) **4**
selbstverständlich **7**
Semester, - (das) **10**
Seminar, -e (das) **9**
senken **5**
senken, die Kosten senken **7**
Serienerzeugnis, -nisse (das) **6**
Shampoo, -s (das) **7**

sicher **2**
Sicherheit, -en (die) **2**
Sicherheitsbestimmung, -en (die) **2**
siezen **8**
sinken* **3**
Sirup, ø (der) **7**
Sitz, -e (der), den Sitz haben* **3**
Skonto, -s (der) **2**
Sohn, Söhne (der) **1**
Sonne, -n (die) **1**
Sonnenschein, ø (der) **8**
sorgen für (A) **10**
sortieren **10**
Sortiment, -e (das) **6**
sozial **6**
Sozialhilfe, ø (die) **6**
Sozialsystem, -e (das) **6**
Sozialwohnung, -en (die) **9**
spannend **2**
Sparbuch, ~bücher (das) **3**
Sparkonto, -en (das) **3**
sparsam **9**
Spesen (Pl.) (die) **3**
spezialisieren, sich auf (A) **9**
Spiegelbild, -er (das) **6**
sportlich **7**
Spray, -s (das) **7**
Spüle, -n (die) **9**
Stadtplan, ~pläne (der) **1**
Stahl, Stähle (der) **6**
Stammkapital, ø (das) **6**
Stammkunde, -n (der) **7**
Standbein, -e (das), ein zweites S.
haben* **6**
Standort, -e (der) **6**
Stanztechnik, -en (die) **8**
Stärke,-n (die) **5**
stattlfinden* **6**
Stauraum, ø (der) **9**
stehen*, der Anzug steht Ihnen gut **7**
steigen* **3**
steigern **5**
Steinkohlebergbau, ø (der) **6**
Stellenanzeige, -n (die) **4**
Stellenausschreibung, -en (die) **4**
sterben* **9**
Steuererklärung, -en (die) **9**
Steuerung, ø (die) **2**
Stil, -e (der) **10**
Stilrichtung, -en (die) **10**
Stoff, -e (der) **9**
stoßen* auf (A) **10**
Straßenbahn, -en (die) **1**
Streckennetzplan, ~pläne (der) **7**
Strom, ø (der) **3**
strömen **9**
Strukturwandel, ø (der) **6**
Strumpf, Strümpfe (der) **7**
Studiengang, ~gänge (der) **10**
subventionieren **6**
Suche, ø (die), auf der S. nach (D) **9**
Suchprogramm, -e (das) **10**
surfen **10**
Synergie, -n (die) **10**
Systemtechnik, -en (die) **8**

**T**

Tablette, -n (die) **7**
Tagung, -en (die) **1**
Tarifautonomie, ø (die) **6**
tätigen **3**
Tätigkeit, -en (die) **3**
tauschen **1**
teillnehmen* **2**
Teilung, ø (die) **6**
Telefonhäuschen, - (das) **6**
testen **6**
Theaterstück, -e (das) **4**

Ticket, -s (das) **1**
Tiefkühlkost, ø (die) **10**
Tiefpunkt, -e (der) **3**
Tiefststand, ø (der), einen T.
erreichen **6**
Tod, ø (der) **9**
Toilettenbeutel, - (der) **7**
Trend, -s (der) **9**
Tropfen, - (der) **7**

**Ü**
überflüssig **9**
überlegen **1**
übernachten **1**
Übernachtung, -en (die) **1**
überlnehmen* **6**
übersichtlich **5**
überstehen* **6**
übertragen* **6**
übertreiben* **1**
überweisen* **2**
Überweisung, -en (die) **3**
übrigens **8**

**U**
Umbau, ø (der) **8**
umlformen **8**
Umformtechnik, -en (die) **8**
Umsatz, Umsätze (der), einen U. er-
zielen **6**
Umschulung, -en (die) **5**
umlsteigen* **7**
umlstellen **7**
umweltfreundlich **2**
Umweltschutz, ø (der) **2**
Umzug, Umzüge (der) **10**
unterlbringen* **8**
unterhaltsam **2**
Unterkunft, ~künfte (die) **1**
Unternehmensform, -en (die) **6**
Unternehmensphilosophie, ø (die) **10**
unterschiedlich **9**
unterschreiben* **3**
Unterschrift, -en (die) **3**
unterzeichnen **6**
Ursache, -n (die), keine Ursache **8**

**V**
variieren **9**
Veränderung, -en (die) **9**
Veranstalter, - (der) **9**
Veranstaltung, -en (die) **7**
Verantwortliche, -n (der) **9**
Verantwortung, ø (die) **5**
verantwortungsbewusst **4**
Verbandszeitschrift, -en (die) **10**
verbessern **3**
Verbrennungsmotor, -e (der) **6**
vereinbaren **3**
Verfahren, - (das) **7**
verfassen **8**
Verfassung, -en (die) **6**
verfügen über (A) **1**

Verfügung, -en (die) **1**
vergeben* **10**
vergessen* **1**
verhalten*, sich **1**
Verhältnis, -nisse (das) **2**
verhindert sein* **8**
Verkehrswesen, ø (das) **6**
verkürzen **8**
verlagern **8**
verleihen*, einen Preis v. **10**
verletzt **1**
vermarkten **10**
vermieten **9**
vermissen **7**
Vermögen, - (das) **6**
verpassen **7**
verrechnen **3**
verschaffen, einen Vorteil v. **10**
verschlechtern **3**
verschlossen **9**
verschwinden* **7**
versetzen **4**
Versicherung, -en (die) **3**
Verspätung haben* **7**
Verstopfung, ø (die) **7**
Versuch, -e (der) **6**
Vertriebsorganisation, -en (die) **9**
verwalten **6**
Verzeichnis, -nisse (das) **6**
vielseitig **9**
Vogel, Vögel (der) **1**
Vollpension, ø (die) **1**
Vorauskasse, ø (die) **3**
Voraussetzung, -en (die) **10**
vorlbehalten* **2**
Vorbereitung, -en (die) **9**
Vorbild, -er (das) **9**
Vorgesetzte, -n (der) **5**
vorlherrschen **6**
vorlmerken **1**
vorlnehmen* **3**
vorlschlagen* **1**
Vorstellungsgespräch, -e (das) **4**
Vortrag, Vorträge (der) **7**

**W**
Wachstum, ø (das) **3**
Wahl, -en (die) **2**
wahr **1**
Währung, -en (die) **1**
Wandtafel, -n (die) **9**
warm **9**
Waschmaschine, -n (die) **6**
Wasserpumpe, -n (die) **6**
Wechsel, - (der) **2**
wechseln **1**
wegen (G) **3**
weglwerfen* **9**
wehtun*, der Hals tut weh **7**
weil **3**
Weise, -n (die) **8**
Weiterbildung, ø (die) **5**
wenn **2**

werben* **1**
Werbung, ø (die) **10**
Werk, -e (das) **2**
Werkshalle, -n (die) **8**
Werkstatt, ~stätten (die) **1**
Werkzeugmaschine, -n (die) **6**
Werkzeugmaschinenbau, ø (der) **6**
Wert legen auf (A) **2**
Wert, -e (der) **2**
Wertpapier, -e (das) **3**
Wettbewerb, -e (der) **6**
wettbewerbsfähig **10**
wichtig **1**
Wiederaufbau, ø (der) **6**
Wiese, -n (die) **1**
Wirtschaftsminister, – (der) **6**
Wirtschaftsregion, -en (die) **6**
Wirtschaftssendung, -en (die) **10**
Wirtschaftswunder, ø (das) **6**
Witz, -e (der) **1**
wohl fühlen, sich **9**
wohlhabend **9**
Wohnküche, -n (die) **9**
Wohnlichkeit, ø (die) **9**
Wolke, -n (die) **8**
Workshop, -s (der) **8**
Wunsch, Wünsche (der) **1**

**Z**
zahlbar **2**
zählen zu (D) **1**
Zahlungsauftrag, ~aufträge (der) **3**
Zahlungsweise, -n (die) **3**
Zahlungsziel, -e (das) **2**
Zahnbürste, -n (die) **7**
Zahnpasta, ø (die) **7**
zeichnen **10**
Zeit lassen*, sich **3**
zeugen **6**
Zeugnis, -nisse (das) **4**
Ziel, -e (das) **9**
zielen auf (A) **10**
Zielgruppe, -en (die) **10**
ziemlich **1**
Zins, -en (der) **3**
Zitat, -e (das) **10**
zitieren **10**
Zoll, Zölle (der) **3**
zulbereiten **10**
zufrieden **2**
zulschauen **1**
zulstimmen **7**
zur Verfügung stehen* **1**
zurücklgehen* **6**
zurückllegen **9**
zurücklzahlen **3**
zusammenlschließen*, sich **6**
Zustand, Zustände (der) **9**
Zuverlässigkeit, -en (die) **2**
Zuwachsrate, -n (die) **9**
zuzüglich **2**
zwingen* **1**

# Verben

## Alphabetische Liste der unregelmäßigen Verben (Modal- und Mischverben → Kap. 6)

| Infinitiv | Präsens 3. Person Singular | Präteritum 3. Person Singular | Perfekt 3. Person Singular |
|---|---|---|---|
| anbieten | bietet... an | bot...an | hat angeboten |
| anfangen | fängt...an | fing...an | hat angefangen |
| anrufen | ruft...an | rief...an | hat angerufen |
| anziehen (sich) | zieht (sich)...an | zog (sich)...an | hat (sich) angezogen |
| beginnen | beginnt | begann | hat begonnen |
| beraten | berät | beriet | hat beraten |
| biegen | biegt | bog | hat gebogen |
| bleiben | bleibt | blieb | ist geblieben |
| einladen | lädt...ein | lud...ein | hat eingeladen |
| empfehlen | empfiehlt | empfahl | hat empfohlen |
| entwerfen | entwirft | entwarf | hat entworfen |
| erfahren | erfährt | erfuhr | hat erfahren |
| erhalten | erhält | erhielt | hat erhalten |
| fahren | fährt | fuhr | ist gefahren |
| fallen | fällt | fiel | ist gefallen |
| finden | findet | fand | hat gefunden |
| fliegen | fliegt | flog | ist geflogen |
| geben | gibt | gab | hat gegeben |
| gefallen | gefällt | gefiel | hat gefallen |
| gehen | geht | ging | ist gegangen |
| gelten | gilt | galt | hat gegolten |
| geschehen | geschieht | geschah | ist geschehen |
| gewinnen | gewinnt | gewann | hat gewonnen |
| haben | hat | hatte | hat gehabt |
| halten | hält | hielt | hat gehalten |
| hängen | hängt | hing | hat gehangen |
| heißen | heißt | hieß | hat geheißen |
| helfen | hilft | half | hat geholfen |
| kommen | kommt | kam | ist gekommen |
| lassen | lässt | ließ | hat gelassen/lassen |
| laufen | läuft | lief | ist gelaufen |
| leihen | leiht | lieh | hat geliehen |
| lesen | liest | las | hat gelesen |
| liegen | liegt | lag | hat gelegen |
| nehmen | nimmt | nahm | hat genommen |
| scheinen | scheint | schien | hat geschienen |
| schlafen | schläft | schlief | hat geschlafen |
| schließen | schließt | schloss | hat geschlossen |
| schneiden | schneidet | schnitt | hat geschnitten |
| schreiben | schreibt | schrieb | hat geschrieben |
| sehen | sieht | sah | hat gesehen |
| sein | ist | war | ist gewesen |
| sinken | sinkt | sank | ist gesunken |
| sitzen | sitzt | saß | hat gesessen |
| sprechen | spricht | sprach | hat gesprochen |
| stehen | steht | stand | hat gestanden |
| steigen | steigt | stieg | ist gestiegen |
| sterben | stirbt | starb | ist gestorben |
| tragen | trägt | trug | hat getragen |
| tun | tut | tat | hat getan |
| unterhalten (sich) | unterhält (sich) | unterhielt (sich) | hat (sich)unterhalten |
| unterscheiden | unterscheidet | unterschied | hat unterschieden |
| vergessen | vergisst | vergaß | hat vergessen |
| vergleichen | vergleicht | verglich | hat verglichen |
| verlieren | verliert | verlor | hat verloren |
| vorschlagen | schlägt...vor | schlug...vor | hat vorgeschlagen |
| wachsen | wächst | wuchs | ist gewachsen |
| werden | wird | wurde | ist geworden |
| zwingen | zwingt | zwang | hat gezwungen |

| | |
|---|---|
| **à** | für, zu je, zum Preis von |
| **Abtl.** | Abteilung |
| **AG** | Aktiengesellschaft |
| **ausschließl.** | ausschließlich |
| **Betr.** | Betreff |
| **bez.** | bezahlt |
| **BLZ** | Bankleitzahl |
| **bzw.** | beziehungsweise |
| **ca.** | circa, ungefähr |
| **CDU** | Christlich-Demokratische Union |
| **Co.** | Kompagnon |
| **CSU** | Christlich-Soziale Union |
| **DB** | Deutsche Bahn AG |
| **DGB** | Deutscher Gewerkschaftsbund |
| **d. h.** | das heißt |
| **DIN** | Deutsches Institut für Normung |
| **EDV** | Elektronische Datenverarbeitung |
| **EU** | Europäische Union |
| **e.V.** | eingetragener Verein |
| **evtl.** | eventuell |
| **EWG** | Europäische Wirtschaftsgemeinschaft |
| **Fa.** | Firma |
| **FDP** | Freie demokratische Partei |
| **gegr.** | gegründet |
| **gez.** | gezeichnet |
| **ggf.** | gegebenenfalls |
| **GmbH** | Gesellschaft mit beschränkter Haftung |
| **GS** | Geprüfte Sicherheit |
| **Hbf** | Hauptbahnhof |
| **i.A.** | im Auftrag |
| **i.Allg.** | im Allgemeinen |
| **inkl.** | inklusive |
| **i.V.** | in Vertretung |
| **KFZ** | Kfz, Kraftfahrzeug |
| **KG** | Kommanditgesellschaft |
| **Kto.** | Konto |
| **lfd.** | laufend |
| **Lfg.** | Lieferung |
| **LH** | Lufthansa AG |
| **LKW, Lkw** | Lastkraftwagen |
| **m.E.** | meines Erachtens, meiner Meinung nach |
| **MfG** | Mit freundlichen Grüßen |
| **MwSt.** | Mehrwertsteuer |
| **Nr.** | Nummer |
| **OHG** | Offene Handelsgesellschaft |
| **PDS** | Partei des demokratischen Sozialismus |
| **Pkw, PKW** | Personenkraftwagen |
| **PLZ** | Postleitzahl |
| **s.** | siehe, **s.o.** siehe oben |
| **sog.** | so genannt |
| **SPD** | Sozialdemokratische Partei Deutschlands |
| **St.(ck)** | Stück |
| **TÜV** | Technischer Überwachungsverein |
| **u. a.** | unter anderem |
| **usw.** | und so weiter |
| **u.U.** | unter Umständen |
| **vgl.** | vergleiche |
| **z. B.** | zum Beispiel |
| **z.H.** | zu Händen von |
| **zus.** | zusammen |
| **z.Zt.** | zur Zeit |

## 1. Tourismus

| | | |
|---|---|---|
| Deutsche Zentrale für Tourismus | Beethovenstraße 69<br>60325 Frankfurt<br>Tel. +49-69-97464-0 | Internet: http://www.germany-tourism.de |

## 2. Industrie und Wirtschaft

| | | |
|---|---|---|
| Ausstellungs- und Messeaus-schuss der deutschen Wirt-schaft e.V. (AUMA) | Lindenstraße 8<br>50674 Köln<br>Tel. +49-221-209070<br>Fax: +49-221-2090712 | E-mail: info@auma.de<br>Internet: http://www.auma.de |
| Bund der deutschen Industrie (BDI) e.V. | G.-Heinemann-Ufer 84-88<br>50968 Köln<br>Tel. +49-221-3708566<br>Fax: +49-221-3708650 | E-mail: presse@bdi-online.de<br>Internet: http://www.bdi-online.de (nur mit Zugangs-berechtigung) |
| Bundesministerium für Wirt-schaft<br>Zentrum für die Betreuung von Auslandsinvestoren | Scharnhorststr. 34-37<br>10115 Berlin<br>Tel. +49-30-2014-7751<br>Fax: +49-30-2014-7036 | E-mail: 101350.3305@compu-serve.com<br>Internet: http://www.bmwi.de |
| Bundesstelle für Außenhandels-information (Bfai) | Agrippastraße 87-93<br>50676 Köln<br>Tel. +49-221/20570<br>Fax: +49-221/2057212 | E-mail: @geod.geonet.de<br>Internet: http://www.bfai.com |
| Bundesverband deutscher Banken e.V.(BdB) | Burgstraße 28<br>10178 Berlin<br>Tel. +49-30-1663-0<br>Fax: +49-30-1663-1399 | Internet:<br>http://www.bdb.de |
| Centralvereinigung der Han-delsvertreter (CDH) | Geleniusstraße 1<br>50931 Köln<br>Tel. +49-221-514043<br>Fax: +49-221-525767 | E-mail: cdh.centralvereini-gung@t-online.de<br>Internet: http://www.cdh.de |
| Deutscher Industrie- und Han-delstag (DIHT)/Industrie- und Handelskammern (IHK) | Breite Straße 29<br>10178 Berlin<br>Tel. +49-30-20308-0<br>Fax: +49-30-20308-1000 | E-mail: Vorname (1. Buchstabe) + Nachname (1. bis max. 7. Buchstabe) + Internetzusatz @bonn.ihk.diht.de<br>Bsp.: fscho-ser@bonn.ihk.diht.de<br>Internet: http://www.ihk.de/diht |
| Industrial Investment Council IIC The New German Länder indu-strial investment Council GmbH | Charlottenstraße 57<br>10117 Berlin<br>Tel. +49-302094-5660<br>Fax:+49-30-2094-5666 | E-mail:<br>info@iic.de<br>Internet:<br>http://www.iic.de |
| Verein Deutscher Ingenieure (VDI) | Graf-Recke-Str. 84<br>40239 Düsseldorf<br>Tel. +49-211-62140<br>Fax: +49-211-6214575 | Internet:<br>http://www.vdi.de |
| Verband Deutscher Maschinen- und Anlagenbau e.V. (VDMA) | Lyoner Str. 18<br>60528 Frankfurt/Main<br>Tel. +49-69-66030<br>Fax: +49-69-66031511 | Internet:<br>http://www.vdma.org/ |

## 3. Medien

| | | |
|---|---|---|
| Deutsche Welle | Raderberggürtel 50<br>50968 Köln<br>Tel. +49-221-389-0<br>Fax: +49-221-389-3000 | Internet:<br>http://www.dwelle.de |

# WIR SAGEN DANK

Bei der Arbeit an Exportwege standen uns viele Firmen, Institutionen und Einzelpersonen mit ihrem Fachwissen, ihren Kommentaren und ihrer Hilfe bei der Suche nach Bild- und Informationsmaterial zur Seite. Für ihre freundliche Unterstützung, ohne die dieses Werk nicht hätte gelingen können, bedanken wir uns sehr herzlich.

Unser besonderes Dankeschön geht an:
Stefan Bauer, Commerzbank Nürnberg
Jürgen Bohl, Kolbenschmidt AG, Neckarsulm
Gerd Bulthaup, Beatrix Neulinger, Bulthaup Küchensysteme, Aich
Bundesstelle für Außenhandelsinformation (BfAI), Köln
Design Forum Nürnberg, Iris Laubstein, Susanne Paulitsch
Giuseppe Dini, Scuola Media Superiore, Fermignano
Peter Frommer, Maschinenfabrik Heller, Nürtingen
Prof. Dr. Jürgen Gatz, FH Hof
Herbert Gehring, Stadtkämmerei der Landeshauptstadt Dresden
Irma Gersbach-Krieg, päd-aktiv, Heidelberg
Patrizia Giacomini, Faber Spa, Fabriano, Italien
Elmar Hahn, Fotostudio Hahn, Veitshöchheim
Frau Hintermaier, Pieralisi, Fabriano
Dieter H. Kaiser, IHK Stuttgart
Dr.-Ing. Mathias Kammüller, Trumpf GmbH + Co., Ditzingen
KölnMesse, Frau Wolff, Presseabteilung
Sonja Kustermann, Übersetzungsbüro Sonja Kustermann, Memmingen
Werner Kustermann, ftm, Memmingen
Prof. Klaus Lehmann, Staatliche Akademie der Bildenden Künste, Stuttgart
Dr. Annette Koeppel, Universität Erlangen-Nürnberg
Heinrich Längerer, Längerer & Reich GmbH, Filderstadt
Thomas Laue, Längerer & Reich GmbH, Filderstadt
MinRin Manneck, Jürgen Millhahn, Bundesministerium für Wirtschaft, Berlin
Loretta Menghi, M.I.T. Marche, Ancona
Dietmar Müller, Müller's Weinparadies, Bamberg
Dr. Gunter Naumann, Amt für Wirtschaftsförderung, Dresden
Neubert, Einrichtungshaus, Würzburg, Herr Kosowski, Frau Ales
Dr.-Ing. Than Nhan Nguyen, Wuppertal
Marco Perini, Elica Spa, Fabriano, Italien
Firma Poggenpohl Küchenmöbel, Herford
Karl Detmar Prümer, Stuttgart
Hansjörg Rölle, Kolbenschmidt AG, Neckarsulm
Rosemarie Rumberger, Längerer&Reich GmbH, Filderstadt
Harry Schröder, Commerzbank AG, Zentraler Stab Kommunikation, Frankfurt
Prof. Dr. Werner Schülen, Dr. Lipfert GmbH, Stuttgart
Hartmut Schütt, Maschinenfabrik Heller, Nürtingen
Friedemann Schweizer, Trumpf GmbH + Co., Ditzingen
RAin Ute Sellhorst, CDH, Köln
Dr. Gaetano Sinatti, Associazione Terre dell'Adriatico, Urbino
Helmut Siol, DaimlerChrysler AG, Stuttgart
H. Sittenauer, Sachs Fahrzeug- und Motorentechnik GmbH, Nürnberg
Letizia Urbani, Meccano, Fabriano
Jörg Veitner, Phoenix Kommunikation Werbeagentur, Düsseldorf
Ann Volgnandt, Timelin & Volgnandt AB, Klagstorp, Schweden
Günter Wahl, Trumpf GmbH + Co., Ditzingen
Sibylle Waldenmeier, Universität Stuttgart
Harry Walter, ABR, Stuttgart

Der Verlag
Die Autoren